O EFEITO MARINA

ALFREDO SIRKIS

O EFEITO MARINA

Bastidores da campanha que mudou o rumo das eleições

Editora Nova Fronteira Participações S.A.
Rua Nova Jerusalém, 345 – Bonsucesso – 21042-235
Rio de Janeiro – RJ – Brasil
Tel.: (21) 3882-8200 – Fax: (21)3882-8212/8313

Texto revisto pelo novo Acordo Ortográfico.

CIP-BRASIL. CATALOGAÇÃO NA FONTE.
SINDICATO NACIONAL DOS EDITORES DE LIVROS, RJ.

S634m Sirkis, Alfredo, 1950-
O efeito Marina / Bastidores da campanha que mudou o rumo das eleições / Alfredo Sirkis. - Rio de Janeiro : Nova Fronteira, 2011.
272p. : 14 x 21cm

ISBN 978-85-209-2686-4

1. Silva, Marina. 2. Campanha eleitoral - Brasil. 3. Brasil - Política e governo - 2003-2010. I. Título.

CDD: 324.7
CDU: 324

A Chico Mendes,
que acompanhou essa
viagem lá de cima.

Vou votar Marina porque
meu coração assim ordenou.

Gilberto Gil

PREFÁCIO

AO LER *O EFEITO MARINA*, um relato pessoal de Alfredo Sirkis sobre o processo eleitoral de 2010, pude reviver cada momento desse magnífico período que partilhamos com milhares de militantes verdes, colaboradores, simpatizantes e *marineiros* de todo o país. Foi uma experiência fantástica, enriquecedora, mas nem por isso fácil. Enfrentamos máquinas político-partidárias poderosas, que há tempos estavam anunciadas como as únicas na disputa, ao mesmo tempo que nos deparávamos com as anomalias da legislação eleitoral brasileira. Foi um desafio complexo.

Porém, a despeito das diferenças abissais entre minha campanha e a de meus principais concorrentes, pude perceber a ousadia do povo brasileiro, que me honrou com um terceiro lugar, com quase 20 milhões de votos, levando o Brasil a uma escolha em segundo turno.

Alfredo rememora suas experiências e os passos dessa nossa coragem. Desde o momento em que me fizeram o convite de filiação ao Partido Verde, passando pela decisão da candidatura à Presidência, pela campanha eleitoral de 2010 propriamente dita, até a importante manifestação dos verdes pela independência no segundo turno, o livro reúne os artigos postados no blog de Sirkis, intercalados com resoluções partidárias e notícias de jornais. Temperado pelo calor do debate público daquele momento, sua narrativa nos faz mergulhar novamente nas grandes provocações do processo político do ano de 2010.

Com o olhar ao mesmo tempo crítico e autocrítico que lhe é peculiar, Alfredo não deixa de revelar momentos surpreendentes, como sua própria incredulidade acerca de minha filiação ao PV, depois transformada em potente esperança, que foi decisiva para levar à frente, junto com outras pessoas igualmente esperançosas, a proposta de um Brasil sustentável, tão carinhosamente acolhida por milhões de brasileiros.

Os textos apresentados trazem ainda a importante discussão sobre a necessidade de uma reforma política no país. Assim, ao revisitar o passado próximo, tornam-se uma leitura importante para dialogar com o presente e com uma visão de futuro embalada na proposta de um novo jeito de fazer política, com ética e sustentabilidade.

A ideia de uma nova forma de fazer política foi uma das propostas centrais da plataforma de minha candidatura presidencial, e continuará sendo defendida, agora dentro do partido e na sociedade civil.

O efeito Marina relembra também os compromissos e os desafios da Direção Nacional do PV para efetivar uma revisão programática — em conjunto com a democratização do partido —, que me foram anunciados como um movimento em curso, quando convidada a ingressar na legenda, com a qual tenho uma ligação histórica.

A democratização e a atualização do programa dos verdes brasileiros, que vejo como uma espécie de antecipação da reforma política no interior do PV, são cruciais para o diálogo com os milhões de eleitores, particularmente os jovens, que voltaram a sonhar com uma política transformadora, democrática, ética, sustentável e voltada para o século XXI. Ao mesmo tempo, podem modernizar o partido, capacitando-o para tomar parte nas novas lutas socioambientais que virão.

Boa leitura!
Marina Silva

Marineiros em primeira viagem

A IDEIA DE REUNIR ESSES ESCRITOS variados sobre a campanha de Marina Silva à Presidência em um livro a ser publicado de bate-pronto me ocorreu logo após o primeiro turno das eleições de 2010. Das muitas campanhas das quais participei ou vivi intensamente, esta foi com certeza a mais extraordinária. Não apenas pelo resultado — 20 milhões de votos, quase 20% do eleitorado, cem vezes mais do que a última campanha presidencial realizada pelo Partido Verde, a minha, em 1998. Foi uma das experiências mais ricas que já presenciei em 43 anos de vida política, e, sem dúvida, uma das mais emocionantes.

Tenho dito a muitas pessoas que, afinal, "não gosto de política tanto assim". Olham-me céticos, incrédulos, não acreditam, veem-me essencialmente como um "político". Como então posso dizer que não gosto dela tanto assim? Mas é a pura verdade. Não gosto de boa parte das coisas que um político deve fazer e gostar. Prosseguir na vida política institucional é algo que me problematiza constantemente, um dilema que carrego no dia a dia, embora isso só transpareça ocasionalmente para os outros.

Defendo com muita veemência a tese de que nosso sistema eleitoral está na base dessa desfuncionalidade desesperadora que condiciona nossa vida política, que o fato de votarmos nos políticos individualmente, e não em partidos e programas de ação, engendra uma cultura de feroz individualismo. Isso traz embutidos os centros assistenciais, os currais rurais e urbanos, a corrupção — cujo objetivo primeiro é mantê-los —, a ocupação e o uso indevido do serviço público, com grave comprometimento de sua qualidade, a compra de votos, o troca-troca de partidos, que, em sua quase totalidade, funcionam apenas como "legendas" destinadas a servir de canal à participação eleitoral e depois aos cargos que viabilizem a reeleição. Ao longo dos meus 22 anos de vida política institucional, desde minha primeira eleição para vereador, em 1988, só tenho visto piorar a composição das casas legislativas que conheço e se retrair, eleição após eleição, o chamado "voto de opinião", do qual dependo, junto com uma minoria sempre minguante.

No início de cada campanha eleitoral, tenho um enorme problema de motivação, que acabo conseguindo superar no curso daqueles dias que passam como um trem de alta velocidade, carburados por adrenalina e emoções fortes. Acabo gostando novamente de fazer aquilo. Na verdade, gosto de diversas coisas relacionadas com o "fazer política". Andar na rua, falar com as pessoas, abordá-las, panfletá-las, vencendo pela milésima vez uma bem-disfarçada mas renitente timidez, é bom. Graças a Deus minhas trocas humanas nessas ocasiões têm um saldo amplamente favorável. Para cada transeunte que xinga — os políticos em geral ou, mais raramente, os verdes ou a mim em particular —, ainda aparecem uns dez que me tratam com carinho, admiram meu trabalho, leram algum dos meus livros (quase sempre *Os carbonários*) e que me fazem pensar que, afinal, ainda vale a pena.

Em modo de campanha, nas ruas, sou incansável. Posso caminhar dez, doze horas seguidas. Falo com milhares de pessoas. Mas no dia seguinte não seria capaz de reconhecê-las. Às vezes reajo mal às provocações. Não levo desaforo para casa. Se não aprendi até hoje, acho que sou um caso perdido. Também gosto de elaborar material de propaganda, roteirizar e fazer programas de TV, analisar pesquisas. Mas, ao final, ouço sempre aquela voz insistente dentro de mim: qual é o sentido disso tudo? O que de fato estamos mudando? O que de fato a política pode prover de verdadeiramente positivo e transformador? Qual é o preço a pagar? Quais são os sapos a engolir? Os amigos a perder? Vem à tona, pela milésima vez, aquilo que Gramsci escreveu sobre o otimismo da vontade *versus* o pessimismo do intelecto.

Há quem diga que quem lê, se informa, estuda e pensa demais não pode ser um bom político. Acaba paralisado por dilemas, dúvidas existenciais e outras, próprias dos intelectuais e filósofos, e não dos homens de ação. Aprendi ao longo do tempo a compartimentar dúvidas e perplexidades, de forma a não entravar minha ação, em geral rápida e decidida. No PV já me apelidaram de "tanque polonês", metáfora que não é assim tão feliz se lembrarmos a geração do meu avô Alfred Binensztok, que enfrentou de modo temerário os blindados nazistas com a cavalaria ligeira.

Os fanáticos, os "sem dúvidas", me assustam, mas por vezes sinto inveja instantânea de suas certezas e nostalgia do tempo que as tinha. No instante seguinte, me recordo do mal que a intoxicação ideológica da qual padecemos em certa época provocou, sobretudo quando se fez poder. Sobre minhas sessões hamletianas, paira aquela frase de Max Weber, em *Politik als Beruf*, que Vargas Llosa fez questão de colocar como epígrafe do livro de memórias de sua campanha presidencial peruana: *El pez en el agua* (O peixe na água). Diz Weber:

> Os cristãos primitivos também sabiam com muita precisão que o mundo é governado pelos demônios e que aquele que se mete em política, ou seja, aquele que admite utilizar o poder e a violência como meios, selou um pacto com o Diabo, de tal modo que deixa de ser verdade que em sua atividade o bom produza apenas o bem, e o mau, o mal, mas que frequentemente acontece o oposto. Quem não vê isso é uma criança, politicamente falando.

Sou de fato capaz de relembrar diversas circunstâncias históricas em que o bom acabou engendrando, por inadvertência ou a contragosto, o mal, e vice-versa. Isso não é de natureza a facilitar a vida nesses momentos.

Quando digo que não gosto da política tanto assim, também reconheço que tenho com ela uma relação instrumental. É um meio, um caminho a ser percorrido, buscando evitar os abismos e atoleiros. É honesto dizer que gosto do poder. Não do poder formal, do *status* do poder ou da possibilidade de seu exercício arbitrário, despótico ou narcíseo. Mas do poder de fato, do poder de realizar projetos, de tirar sonhos e ideias do papel e fazer delas realidade. Do poder de fazer acontecer. É claro que não me é indiferente que os outros saibam, que as minhas realizações sejam conhecidas. No entanto, o mais importante é que eu mesmo saiba que fiz. Dá um sentido à existência, à passagem por aqui, agora, neste lugar, neste ano, neste século, neste planeta. Atrai-me mais trabalhar em funções executivas, sobretudo no poder local, em que as coisas ficam visíveis, palpáveis. Mas nem sempre isso é possível, e a experiência me ensinou que muitas vezes o preço a pagar é alto. O Fausto de Goethe, em suas peripécias com Mefistófeles, descobriu algo a respeito.

Esse mesmo sentimento de realização, do "fazer", posso experimentar, com muito mais tranquilidade, escrevendo um livro, um roteiro, fazendo um projeto para o terceiro setor. Então, afinal, por que ficar preso à política, a não ser pela relação estranha de amor e ódio que tenho por essa espécie de obra bizarra e inacabada, em parte boa, em parte ruim, que é o Partido Verde, que fundei e do qual venho sendo um dos mais abnegados e persistentes condutores? Entre as instituições humanas, uma das mais problemáticas são os partidos políticos. No Brasil, onde o sistema eleitoral os condiciona para uma cultura de refúgio de concorrentes, time de rivais, seleção de potenciais desafetos, é tudo ainda mais difícil. Há dias em que meu ressentimento contra essa instituição é imenso. Tenho raiva de mim mesmo pelo que plantei e reguei com tanta abnegação nos últimos 25 anos. Não é muito agradável... Estava me preparando para mais uma temporada de cruéis dilemas e dúvidas hamletianas, quando meu otimismo do coração foi fortemente mobilizado por uma figura totalmente fora do comum: Marina Silva.

Gilberto Gil, que é possivelmente o amigo com quem mais compartilho dessas minhas perplexidades, definiu a coisa muito claramente na nossa pré-convenção, em junho de 2010, na Riosampa, em Nova Iguaçu, quando clamou: "Voto em Marina porque meu coração ordenou!"

O amor é algo, se não ausente, muito raro nas lides políticas. Na política na qual me formei, aquela da esquerda, vivi companheirismos, amizades e cumplicidades de quem arrisca a vida para resgatar o outro. Mas o sectarismo, a inimizade, a hostilidade e a paranoia eram sentimentos bastante dominantes. Trabalhava-se principalmente com energias negativas: denunciar, desmascarar, revelar propósitos ocultos tenebrosos, exercer a crítica (e a autocrítica) como jogo de poder. Marcar posição, dividir, isolar os desviantes é o que domina.

Na política tradicional, há mais um jogo de interesses materiais e de poder, em que a amizade é sempre instrumental e a inimizade explode assim que aqueles interesses são contrariados. As rivalidades são intensas, entre abraços de tamanduá e cotoveladas. Quando as duas se combinam, a política de esquerda e o fisiologismo, como de uns tempos para cá passou a ser dominante, chegamos a um estágio superior do horror político. Entre os verdes, já tivemos de tudo um pouco. Embora o clima seja bem menos tóxico do que nos outros partidos, não seria possível ter algo totalmente distinto da cultura política dominante.

Marina, no entanto, representou uma mudança de jogo ou, se preferirem, de paradigma, para usar a palavra da moda. Pela primeira vez em quatro décadas do fazer político, experimentei o trilhar sistemático de um caminho do coração, tanto na sua relação com uma vasta e diversificada equipe que trabalhou na campanha quanto na sua relação com milhões de eleitores. Num país de céticos, que despreza a política e os políticos — o que não impede a popularidade dos que aportam aos eleitores progressos materiais palpáveis, como no caso de Lula —, Marina, sem oferecer ou ter aportado ainda qualquer fração desse ganho material palpável, conseguiu criar com milhões de pessoas — mulheres, homens, jovens, idosos, pobres, classe média, ricos, de instrução mínima ou superior — uma relação de grande afeto. Antes de entrar em qualquer diferenciação de natureza política, programática, midiática ou outra do nosso universo racional, o fenômeno Marina, como Gil sacou de primeira, foi um acontecimento do coração.

Embora tivesse cruzado com ela algumas vezes em vários eventos ambientalistas, conheci de fato a senadora Marina Silva em dezembro de 2007, em Bali, na Conferência do Clima da qual participei na dupla condição de membro da (vasta) delegação brasileira e enviado especial do *JB*. Depois nos encontramos algumas vezes no Ministério do Meio Ambiente. Um laço afetivo já nos unia: a admiração por Chico Mendes, que fora seu mentor e meu amigo e companheiro dos primórdios de nossas campanhas em defesa da Amazônia nos anos 1980. Minha relação com Chico também passava pelo coração. Conheci-o em minha viagem a Xapuri, em 1987. Ficamos amigos e passei a organizar uma rede de apoio à sua luta no Rio. Em novembro de 1988, realizamos o "Salve a Amazônia". No mês seguinte, às vésperas do Natal, Chico Mendes foi assassinado. No vídeo que fizemos do evento, há um diálogo nosso gravado dentro do meu carro, um velho Opala verde-oliva, que depois ficou como a crônica da morte anunciada. Discutíamos sua precária condição de segurança, os guarda-costas estranhos que um major da PM do Acre escalara para protegê-lo, a notícia inquietante de que o fazendeiro Darli Alves, que o ameaçava de morte, movia-se com desembaraço nas vizinhanças de Xapuri, "esperando a hora"...

Confesso que recebi com certo ceticismo a notícia que ouvi pela primeira vez de meu amigo Sérgio Xavier de que havia chance de Marina Silva vir para o Partido Verde. Ela deixara no ano anterior o Ministério do Meio Ambiente ("Posso perder a cabeça, mas não o juízo") e havia uma campanha na internet iniciada por um jovem de Brasília, Eduardo Rombauer, lançando-a para presidente da República. O professor José Eli da Veiga e o próprio Sérgio vinham replicando isso em suas redes sociais pela internet. Era uma ótima ideia e uma tábua de salvação para o PV, que na eleição municipal de 2008 havia conseguido uma campanha memorável para a Prefeitura do Rio, com Fernando Gabeira, que chegou ao segundo turno, mas que nacionalmente andava cheio de problemas. Gabeira já avisara que não aceitaria ser candidato à Presidência, e não tínhamos ninguém de peso para uma missão que ele próprio, em 1989, e eu, em 1998, havíamos assumido numa precariedade constrangedora, e com um resultado inexpressivo; em 1989, 125 mil votos; em 1998, 250 mil. Apliquei a Marina um raciocínio político perfeitamente lógico e convencional. Ao contrário de Cristovam Buarque, em 2006, ela já ia para o último ano de seu mandato de senadora pelo Acre. Abriria mão de uma segunda reeleição segura em troca de uma candidatura presidencial de chances reais remotas?

Comecei de fato a levar mais a sério essa ideia quando o deputado Zequinha Sarney — um político realista e experiente — me confidenciou que tinha conversado com ela rapidamente e sentira que ali havia possibilidade real. Parei de repetir que achava aquilo "o sonho de uma noite de verão" e decidi explorar o improvável. Tivemos uma primeira reunião num apartamento em Brasília e uma conversa franca, que para alguns pareceu "sincericida". Disse-lhe tudo que achava do PV, fiz uma radiografia realista, sem enfeites, de como estávamos, do que achávamos e do que poderia dar essa liga. Havia uma notável coincidência em relação ao que pensávamos do Brasil, da política, do que cabia fazer dali para frente.

Exatamente neste ponto começa a narrativa fragmentada deste livro, que consiste basicamente em anotações e textos de 2009 a outubro de 2010. A maior parte deles foi postada nos meus blogues nesse período. Há algumas entrevistas, anotações inéditas que fiz. Enxertei entre colchetes algumas observações atuais da visão pós-campanha, para que ficassem bem caracterizadas como tal. Não é um diário de campanha, pois não cobre todos os dias. É mais um caderno de notas. Penso que em algum momento escreverei um livro mais completo sobre essas jornadas tão marcantes, quando o tempo me permitir decantá-las apropriadamente e com distanciamento. Meu propósito aqui é fazer um relato "a quente", de bate-pronto. Não será, por certo, uma história completa dessa campanha, que faça justiça a todos os protagonistas e descreva todos os episódios — nem os mais importantes. Em linguagem de cinema, eu diria que é apenas meu "ponto de vista", um caleidoscópio de momentos que vivi e anotei. É o registro de uma das muitas câmaras.

Costumo dizer que se faz história duas vezes. No turbilhão efêmero e fugaz dos acontecimentos que vivemos e/ou protagonizamos. E, depois, quando eles se transformam em história escrita, passando pelos filtros da subjetividade, mesmo a dos pesquisadores mais rigorosos e isentos. Ao colar os textos de meus blogues e de minhas anotações, procuro não me distanciar em demasia da primeira sem ter ainda a profundidade de campo da segunda. Nessa campanha, participei dos principais momentos decisivos e influenciei mais o discurso e a estratégia do que a organização, a agenda e o dia a dia, pelo menos aquela posterior ao final de junho. Assisti a maior parte das grandes cenas, reuniões decisivas, debates, atos públicos e decisões que possivelmente serão lembrados na história.

Guardo com um carinho particular algumas delas, como aquela primeira reunião, em Brasília; o ato de filiação de Marina, em São Paulo, no Rosa Rosarum; a elaboração dos dois primeiros programas no tempo anual de TV dos verdes, dirigidos por Marcelo Maia, e que coincidiram com um período em que Marina saiu da casa dos 3% e chegou na dos 10%; aquela memorável pré-convenção, na Riosampa, em Nova Iguaçu, na presença de Gilberto Gil, Adriana Calcanhoto, Thiago de Mello, Paulinho da Mocidade, com uma eletricidade fantástica no ar, que prenunciava nossa explosão nas periferias. A véspera da eleição em jipão aberto, com Marina pelas ruas de Madureira vendo o povo nas calçadas aderindo em massa e cantando a marchinha de Adriana: "Gente, gente, gente, Marina presidente!" A reunião, às vésperas de nossa convenção, que decidiu a posição de "independência" no segundo turno. O traço comum de todos esses lances foi a emoção, o pulsar do coração.

Desde o início, no que pese minha tendência ao gramsciano pessimismo da mente referido acima, nunca tive a menor dúvida de que a campanha presidencial de Marina Silva iria ter um resultado muito expressivo, tanto em termos do despertar de importantes segmentos da sociedade brasileira quanto do desempenho eleitoral propriamente dito. No dia de sua filiação, concluí meu discurso dizendo: "Iremos muito mais longe do que eles imaginam, muito mais longe do que nós mesmos imaginamos." De fato, fomos.

Esta coletânea de anotações "a quente" certamente não contempla todas as pessoas que tiveram um papel de destaque na campanha nem todas as ações e meios que contribuíram para seu sucesso. Também não sei se todas as críticas que fiz nos blogues foram justas. Aconteceram no calor da contenda, e peço tanto a adversários quanto a amigos eventualmente atingidos que não levem a mal. Não quis, *a posteriori*, cortar ou reescrever o que foi redigido em clima de campanha. Procurei ser sempre o mais elegante possível no embate político, mas numa campanha presidencial não há como deixar de ser enfático e por vezes mordaz nas críticas referentes às ações públicas e às responsabilidades de governo ou políticas. O presidente em fim de mandato e a presidente eleita receberam várias estocadas, mas penso nunca ter extrapolado a contenda eleitoral civilizada.

Reclamei bastante da cobertura da imprensa, perdoem-me os coleguinhas. Jornalista, feroz defensor da liberdade de imprensa, irredutivelmente hostil a qualquer mecanismo de "controle", sou também duro com o que me parecem defeitos, cacoetes ou limitações do trabalho jornalístico, tanto o de reportagem quanto o do comentarismo, quando privam o leitor de elementos para uma melhor compreensão do que acontece ou mesmo de fatos importantes ou, ainda, fornecem-lhe distorções ou mesmo informações objetivamente inverídicas. A era da mídia eletrônica, da internet, dos blogues, do Twitter e das redes sociais nos dá ao menos um espaço alternativo para a crítica à cobertura jornalística. Embora também dê novos espaços ao jornalismo marrom.

A verdade é que embora Marina tenha merecido o respeito e, em geral, a simpatia da grande maioria das redações, em diversas ocasiões sua campanha foi prejudicada por *parti pris* do "jornalismo de tese": ia ser uma Heloísa Helena II, estava a serviço de Serra para ser sua vice, estava estagnada, não ia passar dos 5%, não ia passar dos 9%, não estava na disputa a sério, era monotemática na questão ambiental, era fundamentalista religiosa. Quantas matérias não foram feitas em torno dessas pautas. A do fundamentalismo religioso, então! O surto de carolice no segundo turno por parte dos dois candidatos remanescentes — que abjuraram suas posições, recentes no caso de Dilma e mais antigas no de Serra, de militantes de esquerda sobre o aborto e usaram o fator religioso como carta política — foi altamente elucidativo do quanto fora descabida essa implicância com a fé de Marina, que a todo momento se manteve firme em sua postura de não misturar política e religião, e que, mesmo em suas pregações religiosas diante de milhares de evangélicos ávidos para ouvi-la, recusava-se a fazer qualquer menção à campanha eleitoral ou a política. No final, com seu minuto e meio de TV (mal aproveitado), ela chegou ao limiar dos 20%, mostrando que poderia ter ido ao segundo turno e vencido a eleição com mais uma semana de campanha ou com uma campanha de meios mais robustos e melhor organização.

Praticamente não houve cobertura que não a considerasse, *a priori*, "fora do grande jogo" e que não validasse a ideia do plebiscito Dilma x Serra. Isso funcionava por parte da imprensa como uma *self-fulfilling prophecy*, a profecia que engendra sua própria realização. E, no entanto, os dados estavam lá, as análises eram possíveis. Nossos adversários, sobretudo a campanha de Dilma, com seu sofisticado sistema de pesquisas, viram a coisa chegando, mas a imprensa foi a última a se dar conta de que Marina, ao contrário do que normalmente acontece com os terceiros lugares, trucidados pelo "voto útil", ia disparar na reta final e chegar aos 20%.

Os institutos de pesquisa erraram no primeiro turno, frequentemente fora da margem de erro. Fico atento às discussões sobre metodologias e universos de amostragem. Penso que há campo para aperfeiçoar ambos. Também acho que houve empresas de pesquisa vinculadas a candidaturas que trabalharam para elas, e, por conta disso, suas pesquisas e análises não poderiam ter tido o destaque de imprensa que tiveram. Mas, no caso de Marina, acredito que a dificuldade maior de os institutos perceberem seu potencial foi um forte fenômeno de "voto oculto" nos segmentos mais pobres. No segmento evangélico, muitos fiéis simplesmente não ousavam declarar aos pesquisadores um voto diferente do recomendado pelo pastor de sua igreja. Sabemos que a maioria dos líderes — sobretudo os neopentecostais — foi cooptada pelos métodos de sempre por parte das duas campanhas mais bem forradas. Também deve ter havido um componente de "voto oculto" em Marina por parte de beneficiários do Bolsa Família e outros programas sociais do governo, eventualmente temerosos de represálias.

Tenho lido análises de alguns escribas da esquerda governista que atribuem o crescimento de Marina, na reta final e no próprio segundo turno, a uma implacável campanha da direita religiosa contra Dilma com o tema aborto. Vi rebatimentos dessa análise até em meios intelectuais franceses, que ouviram o galo cantar mas não sabiam onde. É um caso típico da história reescrita ao velho estilo stalinista. O próprio marqueteiro de Dilma, João Santana, o Patinhas — para cuja competência tiro o chapéu duas vezes —, reconheceu que o fator dominante do desgaste de Dilma naquela reta final do primeiro turno foi o caso Erenice, da mesma forma que Lula, em 2006, sofrera com os "aloprados".

Quem acha que o voto das mulheres pobres e cristãs se voltou para Marina por causa de uma campanha antiaborto de twitteiros ou youtubeiros de Serra — que na verdade só se explicitaria no segundo turno, levando Dilma a abjurar suas posições históricas sobre o tema — não faz a menor idéia do que é a relação dessas pessoas com Marina: pura e simplesmente uma relação de amor. Não votaram Marina porque desgostaram de Dilma. Votaram em Marina porque se identificaram profundamente com ela e a amaram. Bastaria ter andado com ela por áreas pobres nos últimos dois meses de campanha, quando os institutos a consideravam "estagnada" em 9%, e nós víamos nas ruas e nos bairros pobres aquela onda do coração se erguendo.

Uma onda que se levantou também — e, do mesmo modo, em grande parte movida pelo coração — na classe média e na juventude, com uma influência inquestionável do site www.minhamarina.com, do Twitter, de outras redes sociais, em um trabalho incansável desenvolvido por Caio Túlio, Juliano Spyer e equipes. Elas jamais, em momento algum, recorreram às campanhas sujas que infelizmente marcaram a ação na internet, tanto petista quanto tucana. Foi uma campanha que à imagem e semelhança da candidata sempre manteve a coerência entre meios e fins. Uma das frases marcantes de Marina foi aquela do "ganhar perdendo e perder ganhando". De fato, ela soube perder ganhando.

Uma das cenas mais emotivas de toda a campanha se deu na nossa última reunião antes da convenção para o segundo turno. Estavam presentes Marina, Guilherme Leal, Basileu Margarido, José Luiz Penna, Maurício Brusadim, João Paulo Capobianco, Carlos Vicente, Marco Mroz e eu. O consenso estava sendo constituído em torno da posição de "independência" no segundo turno. Houve uma pressão de última hora, de grande carga emocional, por parte de Leonardo Boff para levá-la a apoiar Dilma, com argumentos maniqueístas e um recado de Lula comprometendo-se a assimilar a totalidade dos pontos da nossa Agenda Verde. Guilherme fez uma intervenção muito lúcida e inspirada, reafirmando a posição que vínhamos construindo com olhos no futuro. Manifestei meu apoio e outros fizeram o mesmo. Havia consenso.

Marina deu a palavra final, mas curiosamente saiu do terreno político para um relato pessoal, a fim de explicar algo que estava em princípio fora da pauta daquela reunião: a razão de ela não ter se saído bem no debate da Bandeirantes. (Na verdade, ela não foi mal, mas isso não vem ao caso). Ela nos contou, em lágrimas, que ao chegar ao palco da Band e olhar para Dilma e Serra, viu neles não os adversários com os quais deveria se digladiar, mas dois seres humanos. Dilma, com quem, apesar das versões em contrário, tivera uma relação próxima e bons momentos. Dilma, que fazia aquele esforço sobre-humano para vencer suas limitações de comunicação e empatia, e que lutou com tanto heroísmo e determinação contra a doença grave que tivera; que ia pouco a pouco vencendo os obstáculos e sobrevivendo às críticas, aos ataques dos muitos que a ela se opunham tão exacerbadamente. Olhou também para Serra, "com aquelas olheiras profundas", e viu nele o homem que há tantos anos lutava e trabalhava para melhorar as coisas, para melhorar o Brasil, e que tinha conseguido realizar tantas coisas meritórias em sua trajetória de resistente, político e gestor público.

"Senti por eles um grande amor. Não me senti à vontade para atacá-los, criticá-los, como esperam de nós num debate de TV de uma campanha presidencial", ela concluiu, em lágrimas.

Lágrimas contagiosas. Poucos naquela plateia masculina não as derramaram. A emoção ficou no ar por bastante tempo. Fiquei pensando naquela hora que Marina era a única política cristã, entre tantos que eu conhecera, que de fato conseguia ser cristã no fazer política. Aquela história tinha um significado para aquele segundo turno. Em geral, o voto de segundo turno daqueles cujo candidato ficou pelo primeiro é "contra". Os serristas tentavam nos convencer de que tínhamos de apoiá-los "contra o PT e Dilma que ameaçavam a democracia". Os petistas, como no *e-mail* de Boff, de que tínhamos de votar em Dilma "contra a direita", "contra Serra", que representava "os ricos contra os pobres". Mas Marina amou ambos e se recusou a votar contra um ou outra, já que nenhum deles nos deu argumentos suficientes para votar a favor.

Já ouço as ironias com que essa história periga ser recebida. Ela parece piegas, fica completamente de fora do registro da política clássica, com sua cadência marcial e a noção de que é preciso golpear impiedosamente e demolir o adversário. Foi o que tentou fazer naquele mesmo debate da Band, com algum sucesso de crítica, Plínio de Arruda Sampaio, com aquela paciência e ironia que Lenin atribuía aos velhos bolcheviques.

Há lugar para o tipo de política subjacente a esse sentimento de Marina, que gosta de se definir como "mantenedora de utopias"? Não será o que os franceses chamam de "*l'angelisme*" (angelismo), naquela citação de Weber, o bom que, em política, pode eventualmente produzir o mal? Não será "mais político" o caminho de Collor, quando derrotou Lula, e agora o de Lula, quando derrotou Serra pela segunda vez? O que não dá trégua, o que se permite ironizar o rolo de adesivos que este levou na cabeça, em Campo Grande, no Rio, confundindo-o com a inofensiva bolinha de papel jogada minutos antes, permitindo-se injustamente acusá-lo de farsante, tal qual o Rojas, goleiro do Chile, que se automutilara naquela eliminatória. "É da política", dirão.

Pois essa política é justamente aquela que está afastando mais e mais as pessoas, sobretudo os jovens, do processo de participação democrático. É ela que envenena ou desvia a pulsão idealista de lutar para melhorar as coisas, e a transforma em uma guerra para abater adversários e ter mais poder, que logo se transforma em poder pelo poder (e pelo dinheiro). O que levou 20 milhões de pessoas a optarem por um personagem tão improvável na Presidência da República quanto Marina Silva não foi apenas sua mensagem, vinculada ao futuro do planeta, à ecologia, à sustentabilidade, à revolução na educação. Foi também uma difusa, imprecisa mas límpida sensação de que o fazer política deveria ser diferente. E que, afinal, não é apenas a capacidade de consumir mais, comprar melhor a crédito, possuir mais bens, ostentar *status*, o que conta na vida. Que em algum lugar nisso tudo cabem outros valores, outros sentimentos, outros propósitos. Que em algum lugar cabe o caminho do coração. A força disso é gigantesca, e seu futuro não deve ser subestimado. Sua fragilidade também é patente, no entanto. Seu futuro, totalmente em aberto. Uma coisa é certa: vale a pena continuar prestando atenção em Marina Silva.

Rio de Janeiro, 22 de novembro de 2010.

NOTAS DE CAMPANHA

A REUNIÃO DA EXECUTIVA NACIONAL DO PARTIDO VERDE, na segunda semana de julho de 2009, em Brasília, é o marco inicial desta narrativa: ali decidimos, por consenso, uma proposta que apresentei, detalhada abaixo, segundo a qual o PV, ao contrário de 2002 e 2006, teria novamente candidatura própria à Presidência da República. A razão fundamental era a necessidade de veicular com força nossas ideias, num contexto novo que se abrira com a campanha de Fernando Gabeira à Prefeitura do Rio, no ano anterior. Ele fora ao segundo turno e perdera a eleição por 1,5%.

O próprio Gabeira, no entanto, havia descartado claramente a hipótese de ele ser o candidato. Já o fizera em 1989, como eu também o fiz em 1998, com um resultado pouco expressivo. Nenhum de nós se dispunha a repetir a dose. O escasso tempo de TV era considerado o maior impeditivo para uma campanha de fato marcante. Na reunião, foi lembrado o nome do presidente nacional do PV, José Luiz Penna, e foi mencionado por mim o de Cristovam Buarque (em quem eu votara no primeiro turno de 2006). Marina Silva chegou também a ser mencionada como nome ideal, mas considerada improvável. Mais tarde, entrou em cogitação o do escritor Augusto Cury. De qualquer modo, decidimos colocar Marina como "preferencial", ainda que a dúvida fosse predominante.

Havia uma segunda razão, sub-reptícia mas não desimportante, que era evitar a desagregação do partido no primeiro turno. Se tivéssemos de optar por alianças, haveria uma clara divisão entre os favoráveis a apoiar o governador José Serra e os favoráveis a apoiar a ministra Dilma Rousseff. Isso ocorrera na eleição de 1994, quando apoiamos Lula mas o PV de São Paulo, na época minoritário, fez a campanha de FHC. Em 2002 e 2006, por força da "verticalização", o PV não lançou candidato à Presidência e "abriu o voto". Na eleição de 2002, o PV do Rio e de alguns outros estados apoiou Lula, no primeiro e no segundo turno. No segundo, essa posição terminou apoiada pelo resto do partido. Em 2006, apoiamos informalmente Cristovam Buarque, do PDT, no primeiro turno. No segundo, "abrimos". Eu votei em branco.

Naquela reunião, minha preocupação era garantir uma candidatura própria, ainda que simbólica e pouco expressiva, no primeiro turno, e criar um mecanismo de gestão da inevitável divergência, no segundo. Na época, meu cuidado era no sentido de preservar companheiros como Juca Ferreira, que eu sabia que optariam por Dilma no segundo turno, quando pelos meus cálculos o mais provável era a maioria do partido optar por Serra. Propus, e a Executiva aceitou por consenso, uma forma de, no segundo turno, o Partido garantir à minoria o direito a um posicionamento individual, sem uso dos símbolos e qualificativos partidários.

Foi esta a decisão:

9/7/2009

O Partido Verde terá candidatura própria à Presidência em 2010

Em uma reunião concorrida e animada, a Executiva Nacional do PV tomou, no dia 8/7, em Brasília, por consenso, diversas decisões importantes que deverão nortear a atuação nacional do Partido nos próximos dois anos.

1 — Candidatura própria à Presidência

O PV não apoiará nem o governador José Serra (PSDB) nem a ministra Dilma Rousseff (PT) no primeiro turno das eleições de 2010. A decisão é lançar uma candidatura verde que expresse claramente nossa visão, que não é contemplada por nenhuma das duas alas da social-democracia desenvolvimentista que se alternam no governo do Brasil, cada uma delas aliadas, a seu tempo, com setores atrasados da política e da sociedade brasileira. Há vários nomes disponíveis, e essa questão deverá ser equacionada até o final de agosto. Há, nesse momento, uma clara e consensual preferência pela ex-ministra e senadora Marina Silva, caso ela se disponha ao desafio.

2 — Mobilização pelo clima

O movimento "Brasil no Clima" deverá se remobilizar para manifestações em todas as cidades onde exista o PV. As primeiras duas serão de caráter nacional, no Rio e em São Paulo, em setembro. O objetivo é pressionar o governo brasileiro com vistas à Conferência do Clima de Copenhague, entre os dias 7 e 21 de dezembro.

[Naqueles dias, dei uma entrevista a uma publicação da Fundação Getúlio Vargas, que também postei no meu site, com nossa análise do processo eleitoral que se abria:]

25/7/2009

Entrevista para *Página 22*, da FGV

Página 22: Na sua visão, é possível que as questões socioambientais apareçam entre os grandes temas do debate pré-eleitoral? Se sim, com que força, com que maturidade?

Sirkis: Se depender das candidaturas já postas, não. Nem Serra, nem Dilma, nem Ciro Gomes simpatizam com esse tema. Essa é a razão pela qual é importante existir uma candidatura verde à Presidência.

Página 22: A eleição presidencial pode ser vista como uma oportunidade de envolver toda a sociedade nesse diálogo? Pode ter importância para o movimento socioambiental, independentemente de haver ou não um candidato a apoiar?

Sirkis: Uma candidatura verde à Presidência colocará a questão da sustentabilidade no debate em condições de, no segundo turno, forçar um acordo programático com quem ficar na disputa final.

Página 22: A sustentabilidade tem condições de mirar o poder? É possível fazer com que o diálogo sobre modelo de desenvolvimento, tão presente na sociedade organizada, penetre nas estruturas políticas? Quais são os eventuais caminhos ou estratégias para que isso aconteça?

Sirkis: É um caminho a ser feito seguindo diversas estradas, picadas, atalhos, túneis, etc. É um movimento que vai perpassando a sociedade por diversos vasos comunicantes — hoje a internet ajuda muito — até chegar a formar massa crítica, como aconteceu nos Estados Unidos, com Barack Obama, que assimilou a questão e está usando a crise para emplacar uma agenda de sustentabilidade. Claro, ele tem como dificuldade lidar com o Congresso, no qual os republicanos são monoliticamente contra e uma parte dos democratas conservadores também. No Brasil, estamos atrasados, mas ainda chegaremos lá.

Página 22: Obama parece repensar a agenda de desenvolvimento nos EUA. É uma utopia imaginar que o Brasil também possa vir a ter uma liderança com esse perfil no futuro? Se não, onde essas lideranças podem estar sendo formadas? Há espaço para elas nos partidos?

Sirkis: Em 1986, quando surgiu o PV, pregávamos no deserto. Hoje, nossas ideias ganharam, pelo menos em parte, a grande mídia, setores do empresariado moderno, da classe média, e segmentos dentro do aparelho de estado. Quase todos os partidos têm seus ambientalistas, menos ou mais sinceros. É um processo de acumulação histórica, como a abolição da escravidão, a república, o voto feminino, etc. Vai acontecendo, até um dia acontecer, mas o problema é que estamos correndo contra o tempo. Na questão do clima, há uma janela de oportunidade de uns dez, quinze anos. Se nesse período não revertermos a destruição da Amazônia, no caso do Brasil, e o uso de combustíveis fósseis para a energia (carvão) e o transporte (petróleo), o aquecimento global ficará fora de controle e se autorrealimentará exponencialmente. O futuro de nossos filhos e netos estará terrivelmente comprometido.

Página 22: É notório o descompasso da atual administração federal com os movimentos ligados à sustentabilidade. É uma característica deste governo ou o buraco é mais embaixo? Ou seja, há entraves também no funcionamento da política, como as alianças escusas pela governabilidade ou pela própria vitória nas urnas?

Sirkis: Lula, com seu extraordinário poder de comunicação, tragicamente considera tudo isso uma grande babaquice, embora politicamente perceba que isso, no plano internacional, tem importância e que é bom para manter uma imagem positiva. Por isso, mantém um ministro isolado, Minc, ou, antes, Marina — que se prestava menos a esse jogo —, para vocalizar posições ambientalistas. Ao mesmo tempo, vai puxando o tapete desses seus ambientalistas e apoia quase sempre os setores desenvolvimentistas imediatistas, atrasados, tipo pecuária, soja, etc. O quadro político brasileiro é uma competição entre duas vertentes da social-democracia (PT e PSDB), que, para obter governabilidade, aliam-se ao atraso quando estão no poder. Em ambos os partidos, há setores sensíveis à causa ambiental, mas são mais fracos que os setores desenvolvimentistas e têm aquela clássica dificuldade de quem defende os interesses difusos do planeta e da população contra interesses concentrados e perfeitamente concatenados, que produzem retorno econômico imediato.

Página 22: Uma reforma política poderia facilitar a ascensão da agenda de sustentabilidade sobre desenvolvimento? De que forma?

Sirkis: Claro! Se tivéssemos o voto proporcional por lista, como na Espanha ou em Portugal, ou o voto distrital misto, como na Alemanha, o processo político seria programático e não fisiológico-individualizado. Haveria discussão sobre agendas. Com nosso sistema eleitoral, é tudo um jogo individual, carreirista, de políticos e de aspirantes a políticos buscando sucesso nas respectivas carreiras. Os partidos são meras legendas para agrupar ambições individuais.

Página 22: Como o senhor avalia o atual momento do PV? O partido pode vir a se fortalecer? De que forma? Como o PV se compara a outros partidos verdes no mundo? Qual é sua opinião sobre a aproximação do PV com Marina Silva?

Sirkis: O PV está diante de sua hora da verdade. É o mais programático dos partidos brasileiros, mas também sofre uma forte infiltração fisiológica por força do sistema eleitoral e das concessões que fez em 2006, quando recrutou em massa para tentar superar os 5%, a "cláusula de barreira", que então aparecia como uma ameaça terminal. Por um lado, o PV tem hoje uma parte dos principais líderes ecologistas do Brasil. Por outro, tem uma bancada de deputados na qual metade nada tem a ver com esse ideário.

Talvez, nas próximas eleições consigamos, no plano nacional, uma melhoria qualitativa e quantitativa. A experiência das eleições para prefeito no Rio, ano passado, com a candidatura de Gabeira, foi indicadora do que pode acontecer em nível nacional. Não é certo que ocorra, mas pode se dar, e seria um fato de grande importância para a causa verde planetária.

Marina Silva seria uma grande candidata à Presidência da República pelo PV. Só não será se não quiser. O PV já decidiu lançar candidato (a) à Presidência e o nome prioritário é o dela. Não subestimo as dificuldades, mas penso que pode eventualmente se viabilizar, e será um fato de repercussão gigantesca, não só nacional como planetária. Hoje, Marina é um símbolo verde internacional. E nossa responsabilidade é planetária. O papel do Brasil na negociação do clima é central. É a hora da verdade para os verdes.

[No final de julho as coisas se precipitaram. Pela internet, circulavam textos assinados pelo professor José Eli da Veiga e por Sérgio Xavier, defendendo a candidatura da senadora Marina Silva à Presidência, e um jovem de Brasília, Eduardo Rombauer lançara um site chamado "Marina Presidente". A repercussão na rede era forte. Sérgio Xavier e o deputado Zequinha Sarney encontraram-se com Marina e tiveram a nítida impressão de que ela "não excluía a ideia de todo". Sérgio sugeriu que eu telefonasse para ela, marcando uma reunião formal. Vencendo meu ceticismo inicial, passei a cultivar a esperança e telefonei para Marina. Senti-a muito cautelosa, mas interessada. Marcamos a primeira reunião em Brasília.]

29/7/2009

Com Marina Silva, os primeiros passos. Marina Silva recebeu, junto com seus mais próximos auxiliares e amigos, uma delegação de dirigentes do PV, integrada pelo presidente, José Luiz Penna; de Pernambuco, Sérgio Xavier; o presidente da Fundação Verde Hebert Daniel, Marco Antônio Mroz; e por mim. A reunião durou cerca de quatro horas, com uma análise aprofundada da situação do país e das suas perspectivas de futuro. Os verdes manifestaram à senadora seu desejo de que ela venha a ser candidata à Presidência em 2010. Já estava previamente acertado que essa reunião seria apenas a primeira, e não teria caráter decisório, até porque não se tratava de discutir simplesmente uma candidatura, mas um processo político e histórico. Evidenciou-se uma grande identidade de visões entre os dois grupos. Há consenso de que houve um esgotamento do modelo fragmentado da social-democracia desenvolvimentista, associada às velhas elites políticas brasileiras, que para obter governabilidade tanto o PSDB quanto o PT encarnaram, cada qual a seu tempo. Esgota-se esse ciclo histórico, que cumpriu a promessa de trazer algumas melhorias sociais à população brasileira, controlando a inflação, compensando a miséria absoluta e distribuindo um pouco da renda, mas fracassou na criação de um novo marco institucional e ético, um novo modelo de nação. Não soube enfrentar a questão do desenvolvimento sustentável nem o desafio socioambiental.

Num quadro que apresenta uma polarização envelhecida entre José Serra e Dilma Rousseff, há uma forte demanda por algo novo, diferente. Há um consenso de que os verdes devem buscar criar uma alternativa política, não para antagonizar uma ou outra vertente da social-democracia, mas para, no futuro, permitir sua unificação num bloco histórico, que possa prescindir do atraso para governar com estabilidade e incorporar a sustentabilidade ecológico-econômica e social como nossa perspectiva de futuro, e promover a participação brasileira no desafio planetário diante da questão do clima.

Essa identidade, constatada entre os verdes e Marina, poderá ou não se expressar futuramente numa candidatura da senadora à Presidência da República pelo PV, mas ela já é um fato consagrado, que irá se refletir num processo programático conjunto. O PV prevê realizar, em novembro, seu congresso para a elaboração de um novo programa partidário e de um programa de governo. Marina e sua equipe deverão participar ativamente desse processo.

Em setembro, Marina também comparecerá a grandes manifestações nas cidades brasileiras em defesa do clima, que servirão como preparativo para a participação brasileira na Conferência de Copenhague. "Nesse momento, o que posso dizer é que aposto no processo e numa construção programática em conjunto com os verdes. Quanto ao resto, o futuro dirá", disse Marina, à saída da reunião. Penso hoje que demos um passo importante, iniciamos uma caminhada conjunta para construirmos algo novo que transcende o PV enquanto partido. Independentemente da questão presidencial, que segue em aberto, estamos juntos.

5/8/2009

Hoje escancarou geral! Marina deu entrevista para *O Globo* e toda a grande imprensa está correndo atrás. A net está quente de adesões, há um frenesi no ar. Hora de manter a tranquilidade e o foco. Temos de respeitar o tempo da Marina, é uma decisão difícil.

Duas coisas preocupam: um eventual jogo bruto do PT leninista e, num registro completamente diferente, a questão do PT do Acre. Em relação ao Acre, as relações PT-PV ali são antigas, profundamente fraternas e instituídas por Chico Mendes. Uma eventual candidatura de Marina à Presidência pelo PV em nada prejudicará o PT do Acre. Pelo contrário, como candidata à Presidência, Marina terá condições de oferecer um apoio mais poderoso ainda, com uma reverberação muito maior. E, pragmaticamente, o cacife interno do PT do Acre, tantas vezes escanteado, se valoriza.

4/8/2009

***O Globo* informa** um fato que até agora havíamos evitado divulgar, que é a existência de uma pesquisa feita pelo PV para verificar a receptividade do nome de Marina na arena presidencial. A pesquisa foi paga pelo PV e realizada pela empresa de Antonio Lavareda. A referência na coluna de Ilimar Franco a uma afirmação minha, de ter sido "oferecida", diz simplesmente respeito ao fato de ter sido oferecida a um preço palatável. A partir daí, a relação foi profissional e, estou seguro, foi feita com rigor e critério. Nos EUA, são comuns pesquisas telefônicas nacionais com universos amostrais até menores que esse, de 2 mil pessoas. A maior parte das pesquisas em campanha presidencial é feita assim nos EUA. Pessoalmente, no entanto, penso que são pouco exatas, por isso devem ser vistas com cautela.

Uma pesquisa telefônica por telefone fixo tende a excluir boa parte do eleitorado D e E, que, por outro lado, não é fundamental nessa fase preliminar em que buscamos tendências e movimentos de influências. Nessa fase, a pesquisa vale menos pelos números precisos — esses mudam o tempo todo — e mais pelos movimentos que possamos detectar dentro dela. Nesse sentido, embora telefônica e com um universo de amostragem limitado, ela sem dúvida tem utilidade e demonstra certas tendências. Decidimos não a divulgar. Assim, vou me limitar a analisar o que a imprensa já apurou e informou.

Marina aparece como a mais bem posicionada para captar os votos dos candidatos que possivelmente não o serão, como Ciro Gomes. Outro dado é que seu nome vai além do voto de protesto, além da classe média, e penetra bem no Nordeste. Não é Lula nem anti-Lula, mas pós-Lula, e tem bom potencial. Tende a não ser circunscrita pelo voto ideológico, simplesmente "ético" ou de protesto, no gênero Heloísa Helena. Tem potencial para ir além disso. No mais, é aguardar, pois há uma decisão pessoal, de foro íntimo a ser tomada por ela. Uma decisão solitária, difícil. Nada tem a ver com pesquisas melhores ou piores.

Ela tem plena consciência de que há um chamado histórico, há uma convocação planetária. Mas todos nós temos consciência de que não é mais o tempo de impor às pessoas sacrifícios que possam ir além do que elas possam dar. Já militei, há muitos anos, numa organização que me exigia, como mínimo, dar a vida. Não dei. (E tive sorte de não me a terem tomado antes...). Por outro lado, já estive em uma campanha presidencial, embora em condições totalmente diferentes e infinitamente mais isolada, mas sei como é. Por isso, penso que nada há a cobrar ou pressionar Marina. Cabe apenas esperar.

6/8/2009

Dia cheio de repercussões. Na *Folha*, uma matéria daquelas típicas do "jornalismo da tese *a priori*", reduzindo tudo a uma manobra qualquer de José Serra. Serra nada tem a ver com isso. Nunca teve.

Marina tira voto de Dilma por ser mulher e pela história petista, mas tira voto de Serra por ser forte na classe média. E, objetivamente, como alguém que conhece os bastidores da coisa e que articulou a reunião em Brasília, posso garantir que nada tem a ver com Serra ou quem quer que seja da grande política. Mas, quando a repórter da *Folha* me telefonou, a tese deles já estava pronta e precisavam apenas de aspas para tirar do contexto e ilustrá-la.

A *Folha de S.Paulo*, ao longo dos 23 anos de existência do PV, jamais publicou uma única matéria que não tivesse sido entre muito, mais ou menos ou um pouco hostil aos verdes, no que pese um tratamento um pouco mais generoso com o Gabeira, pessoalmente, que até pouco tempo foi colaborador do jornal.

> [A posição da *Folha*, na verdade, mudou. Passou a ser editorialmente muito simpática a Marina. Na reportagem, prosseguiu no entanto no que chamo de "jornalismo de tese". Você já tem a história que acha que deve ser publicada, e sai apenas atrás de aspas para corroborar a tese. Isso acaba fixando esteriótipos. Não era algo especificamente contra o PV, mas um estilo geral em relação à esfera política brasileira em geral.]

Marina deu uma entrevista importantíssima ao site do Terra no Acre. Estou começando a achar que vai dar samba!

9/8/2009

> [Artigo meu publicado no jornal *Folha de S.Paulo*, domingo, 9 de agosto de 2007]

A hipótese Marina

É compreensível que a possibilidade de uma candidatura da senadora e ex-ministra do Meio Ambiente Marina Silva cause, por um lado, entusiasmo e excitação e, por outro, preocupação. Milhões de brasileiros sensíveis à causa ecologista, à sustentabilidade ambiental e social de nosso modelo econômico, aos destinos do planeta ameaçado pelo aquecimento global, à devastação de nossos ecossistemas e à qualidade de vida nas nossas cidades, vivem na expectativa de dispor de uma voz própria, eloquente, na campanha presidencial, até agora arena exclusiva dos defensores do desenvolvimentismo clássico dos anos 1960.

Por outro lado, entende-se que haja políticos inquietos, cada qual fazendo seus cálculos: afinal, uma eventual candidatura de Marina me ajuda ou atrapalha? Quanto ajuda? Quanto atrapalha? Bombardear? Não bombardear? É curioso que as reações políticas e a maioria das análises jornalísticas gravitem em torno desses cálculos pragmáticos enquanto escamoteiam o essencial. Marina representa ideias e aspirações hoje compartilhadas por milhões de brasileiros. Não será legítimo e até importante para a democracia brasileira que elas estejam representadas em uma eleição de dois turnos? Numa dimensão minimalista teríamos uma campanha altamente instrutiva e educativa, não apenas naquele discurso clássico, defensivista, do ambientalismo: deter a destruição da Amazônia e de sua biodiversidade, a contribuição das suas queimadas em emissões de CO_2, etc., mas também na didática daquilo que as vertentes hegemônicas do desenvolvimentismo clássico não conseguem perceber. O futuro econômico e social do Brasil hoje depende de mergulharmos de cabeça numa economia verde!

Nenhum outro país está tão bem-posicionado para atrair investimentos para um ecodesenvolvimento — embora insistamos em monoculturas, na devastação da biodiversidade para estender mais e mais a fronteira pecuária, em subsidiar veículos poluentes e emissores de carbono, em novas termoelétricas a carvão e novas rodovias no coração da floresta. No entanto, Marina tem um potencial além do eloquente discurso de primeiro turno para depois arrancar compromissos programáticos. Pode contribuir para a superação dessa abissal fenda na política brasileira: a compulsória aliança das duas vertentes da social-democracia com as oligarquias políticas, na busca da governabilidade. PT e PSDB disputam, como lucidamente notou em certa ocasião o ex-presidente Fernando Henrique Cardoso, "quem vai liderar o atraso". No instável sistema político-institucional, produto do nosso "voto jabuticaba", proporcional personalizado, ambos dependem do clientelismo e do fisiologismo profissional para governar.

Melhor fariam em se aliar em algum momento. Mas como a disputa central se dá entre eles, isso dificilmente acontecerá, e a rivalidade é feroz. Nós, verdes, nos relacionamos com ambos, reconhecemos o papel que tiveram nos inegáveis avanços econômicos e sociais vividos pelo Brasil desde 1994. Marina é bem talhada para promover uma nova governabilidade com ambas as vertentes que, enfim, supere essa polarização bizarra, isole o atraso e abra caminho para uma reforma do nosso sistema eleitoral, secando sua dependência do clientelismo, do fisiologismo e do assistencialismo, fontes maiores da corrupção, do excesso de cargos comissionados, do mau uso da máquina pública e da compra de votos, direta ou via centros assistenciais. O direito de ter um sonho para um país e lutar para tirá-lo do papel é inalienável. Os verdes não abrem mão dele, mas também reconhecem que isso transcende suas limitadas fileiras.

Neste momento, é impossível saber se Marina será ou não candidata. É uma decisão difícil, de fé íntima. Temos de aguardar. O caminho político, no entanto, é claro: não é anti-PT. Nossa fraternidade, muito particularmente com o PT do Acre, remonta a Chico Mendes. Também não é antitucanos. Certamente não é anti-Lula, embora não possamos abrir mão de criticar sua postura frequentemente atrasada e deseducativa na questão ambiental. Pode, eventualmente, vir a ser pós-Lula...

[Marina passou a ser o grande tema dos comentaristas políticos. Mas o foco da análise era a quem interessaria ou a quem prejudicaria sua candidatura. Decidi colocar minha colher de pau no debate, mandando um e-mail para o Merval Pereira, de *O Globo*, que reproduzi no blogue:]

12/8/2009

Caro Merval, você tem razão quando observa que Marina tira votos tanto de Dilma (por ser mulher ex-PT) quanto de Serra (classe média, região Sudeste). Se assim decidir, ela será candidata porque existe um espaço político e cultural legítimo que nenhum dos outros candidatos é capaz de ocupar, e que transcende o simples voto de protesto ou a crítica de esquerda ao governo Lula. As pesquisas que temos valem menos pelos números do que pelas tendências, e essas mostram que ela vai além do protesto, da classe média e entra bem no Nordeste. Por outro lado, embora tanto PT quanto PSDB sofram perdas com essa eventual nova alternativa, não é algo que estrategicamente lhes seja tão ameaçador assim. Se a hipótese Marina prosperar para além de um bom desempenho no primeiro turno, nossa proposta é um realinhamento histórico com ambas as vertentes hoje rivais da social-democracia no Brasil, numa perspectiva de sustentabilidade e de economia verde.

Propugnamos esse realinhamento histórico também com o objetivo de promover uma reforma do sistema eleitoral que seque o espaço do nosso gigantesco sistema clientelista-assistencialista-patrimonialista produzido pelo nosso "voto jabuticaba" (sistema proporcional personalizado). Só uma mudança no modelo eleitoral pode dar uma institucionalidade mais estável e mais ética, propiciando a mudança da cultura política hegemônica no país. Fora isso, é tudo uma dança das cadeiras com o político "bola da vez" de bode expiatório. Torcemos para que caia o Sarney, mas já derrubamos da presidência do Senado Jader Barbalho, ACM, Renan Calheiros... E o que mudou? Temos de ir à raiz do sistema eleitoral, que torna cada político brasileiro uma instituição por si mesmo, obcecado pela reeleição e acreditando-se destinado, por graça divina, aos "espaços" condizentes com seu peso político: centros assistenciais, esquemas de compra de votos, cargos comissionados para cabos eleitorais, etc. Os senadores são eleitos pelo voto majoritário, mas a base de suas carreiras e compromissos foi constituída antes, dentro do sistema do "voto jabuticaba".

Marina sinaliza uma nova visão econômica que se distancia do desenvolvimentismo dos anos 1960, compartilhado por Serra e Dilma, e se aproxima das tendências de ecodesenvolvimento esboçadas nos EUA por Barack Obama, e que na Europa já são assimiladas tanto pela social-democracia quanto por alguns conservadores modernos. O Brasil está singularmente bem situado para liderar essa tendência à economia verde, mas segue preso à velha visão de crescimento predatório, desperdício, imediatismo e lucro máximo, em detrimento de tudo o mais.

17/8/2009

Passadas as duas semanas de grande euforia e virtual unanimidade em torno da possibilidade de uma candidatura de Marina, chegou o momento da chamada "queda na real". A pesquisa Datafolha e os primeiros ataques.

O fato de a pesquisa ter-lhe atribuído 3% não tem a menor importância. Não se anunciou candidata, não é vista como tal pela população e tem tido uma exposição pequena na TV. Nós que fazemos parte do mundinho da "opinião pública", ao sabor da imprensa escrita e da net, muitas vezes não nos damos conta do quanto a grande maioria da população está distante dos temas políticos em geral. Para que as pesquisas possam medir um novo candidato é preciso uma considerável exposição ou um forte *recall* da eleição anterior ao mesmo posto. No caso, Dilma, Serra e Ciro vêm mantendo forte exposição. Serra e Ciro têm um *recall* presidencial da mesma forma que Heloísa Helena, cuja tendência é perder consistência sempre que a campanha ganhe atenção e densidade.

Marina está fora desse universo, e no momento seu movimento se dá entre os formadores de opinião. Por tudo isso, tive reservas em relação àquela pesquisa feita pela empresa do Lavareda e fui contrário à sua divulgação.

[Em meados de agosto, foi se esboçando a saída de Marina do PT, sua filiação ao PV e, muito provavelmente, sua candidatura à Presidência. Para mim, isso ficou claro num *post* do Blog da Amazônia, do Altino Machado, em que ele citava o marido da Marina, Fábio Vaz Lima, assessor do Binho Marques, governador do Acre, admitindo que Marina já decidira deixar o PT. No dia seguinte, ela me telefonou para confirmar. Ela teve sua primeira reunião com a Executiva Nacional do PV em Brasília.]

20/8/2009

O "*day after*". Ainda estamos medindo nos sismógrafos políticos o impacto da decisão oficial de Marina. Ela está tranquila e seguindo serenamente a agenda que combinamos. Conversamos duas vezes ontem e tudo vai bem. Também estive, ontem à noite, com Gilberto Gil. Não foi para falar de política, mas para matar saudade do querido amigo. Naturalmente, conversamos sobre a vinda de Marina e seus desdobramentos. Ele está animado e simpático ao movimento e, ao contrário do que afirma Juca Ferreira hoje em *O Globo*, tentando interpretá-lo, considera muito bom para o PV todo esse processo.

Lamento as declarações do nosso companheiro Juca Ferreira hoje nas folhas. Foram de grande infelicidade. Destoam completamente da conversa que tivemos na véspera e de tudo que dele ouvi nos últimos dias. Dizer que o partido está despreparado para receber Marina, que não sabe se vai votar nela e comparar o Penna ao ditador sanguinário da Coreia do Norte — mesmo como metáfora de longevidade presidencial — me pareceu totalmente fora do tom. Entendo que seja uma consequência de suas circunstâncias políticas — de fato complicadas — e dos equilibrismos que se sente compelido a fazer para permanecer no Ministério da Cultura e concluir um trabalho ao qual está tão apegado, e que tem sido essencialmente positivo. Por isso, devemos ter compreensão, permanecer zen e deixar o incidente se esvair naturalmente, sem respostas agressivas ou retaliações.

Reunião decisiva. Dependendo ainda de anúncio oficial da senadora Marina Silva, já está montado o cenário para seu ingresso no PV. Ele se daria no dia 30 de agosto, domingo, em São Paulo, numa convenção nacional festiva do PV, precedida de uma reunião da Executiva Nacional, possivelmente no mesmo dia pela manhã, ou no sábado, dia 29. Marina indicará nove integrantes de sua equipe, que juntos com ela ingressarão na Executiva Nacional do PV. A eles se somarão onze membros atuais da Executiva, para formar uma Coordenação Nacional, destinada a tratar prioritariamente da elaboração do texto-base para os novos programas partidário (vinte anos) e de governo (cinco anos) pela campanha presidencial — a decisão de Marina não é automática à filiação, será tomada em momento posterior —, e outros assuntos centrais, como a mobilização do partido em torno da Conferência de Copenhague.

Questões estaduais serão tratadas pela Coordenação, caso influenciem as outras esferas. Os novos programas, partidário e de governo, serão fechados no Congresso Verde, previsto para novembro. Foi também acordado propor a inclusão nos estatutos de uma "cláusula de consciência", que permita aos filiados e eleitos se absterem em relação a pontos do programa partidário que possam, de alguma maneira, contrariar convicções religiosas, sem prejuízo da posição oficial do partido.

Foi reiterada a importância da campanha de mobilização Brasil no Clima, que deverá conscientizar a população brasileira em relação ao papel de destaque de nosso país na Conferência de Copenhague, de 7 e 21 de dezembro, e da necessidade de o Brasil assumir metas audazes de redução de suas emissões de carbono e metano, tanto nas queimadas na Amazônia quanto nas fontes energéticas, vazadouros de lixo e agropecuária.

A campanha Brasil no Clima será relançada com a presença de Marina, no Rio de Janeiro, no domingo 27 de setembro, numa caminhada pela orla marítima.

20/8/2009

Os comentaristas políticos começaram a fazer as mais variadas conjecturas de alianças. Uma que surgiu foi de um apoio a Marina por parte do PSOL. O deputado Chico Alencar colocou uma notinha no Informe Político de *O Globo*, simpaticamente chamando o PV de "partido de aluguel". Uma forma de ele se engajar no que seria um "diálogo crítico". Topei.

Diálogo farpado... O deputado Chico Alencar, do PSOL, chamou o PV de "partido de aluguel", o que segue uma recorrente postura sua de questionar moralmente os politicamente diferentes, procurando, no entanto, manter sua imagem de bom-mocismo. Limitei-me a observar para a mesma coluna que ele se rebaixava, já que seu partido havia se aliado ao PV em Porto Alegre. É claro que naquela única modalidade de aliança que concebem: serem eles os apoiados. Atualmente, tenho ouvido do pessoal do PV de Porto Alegre que se arrependem daquela aliança, que, no entanto, permite que Chico lhes conceda a abençoada condição de "progressistas". Na realidade, o PV de Porto Alegre é fraco e tem pouca expressão.

Lendo a carta de Chico, em detalhe e nas entrelinhas, notei que afinal talvez exista ali certa busca, ainda que desajeitada, de diálogo. Para tanto, é preciso respeitar o outro e a diferença. Isso é algo que a extrema-esquerda, classicamente, tem uma dificuldade enorme em fazer. Ela se acha ungida por uma ideologia superior. Também, é preciso saber reconhecer os próprios problemas e limites. O PV não tem tanta dificuldade de fazer isso, pois, diferentemente do PSOL, não possui essa cultura de autoglorificação, característica da esquerda clássica, que a herdou da coisa religiosa. De qualquer maneira, dialogar é sempre bom e reproduzo aqui nossa troca de e-mails.

Caro Sirkis, embora reconheça que não é oportuna a divergência pública que se estabeleceu a partir da minha menção ao PV, não considero que "difamei" o partido ao dizer que ele "tem funcionado como legenda de aluguel". É que vejo aqui, no cotidiano da Câmara dos Deputados, parlamentares que são claramente apenas "inquilinos" da legenda, como Gabeira bem o sabe e já disse — e alguns até o "processam" por isso. Ao convidar Marina, li que vocês buscam uma "refundação" e que as candidaturas indiscriminadas, em 2006, obedeceram a uma necessidade de superar a cláusula de barreira. A coligação PSOL/PV em Porto Alegre, ano passado, aprovada pela nossa convenção local, seguiu a definição nacional do PSOL para que, no pleito municipal, fossem consideradas as realidades locais, a partir de diretrizes programáticas, claro. O PV de Porto Alegre sempre teve posições progressistas, como algumas outras sessões, no "caleidoscópio ideológico" que é o partido.

No plano nacional, reitero que não nos furtamos a dialogar, até pelo enorme respeito que a trajetória de Marina, sua provável nova filiada, merece, bem como a de vários de vocês. Mas nosso debate será sempre em torno de ideias e causas, e não do "tempo de TV" e outros pragmatismos que têm degenerado a política no Brasil. Você sabe bem que por esses critérios de "sopa de letrinhas", no horário eleitoral, tempo é dinheiro e a chantagem corre solta. O pequeno PSOL, como nosso II Congresso deste fim de semana vai confirmar, é flexível na tática, firme na estratégia e intransigente com certos princípios. Espero que essa "rusga" não impeça o diálogo político, que Marina e HH já desenvolvem com grandeza. O abraço do Chico A.

Minha resposta:

Caro Chico, não é uma boa maneira de abrir um diálogo ir logo acusando os interlocutores de "partido de aluguel". Como presidente do PV do Rio, evidentemente me sinto difamado. Até porque jamais me "aluguei". Depois de vinte anos de política institucional, tenho hoje o mesmo padrão de vida de classe média que há vinte anos, quando ambos começamos, e minha motivação continua a ser passar por essa vida e por esse planeta dando uma contribuição para o bem, local e globalmente. Uma das coisas que limita muito nosso diálogo é a dificuldade que vocês têm de reconhecer que podemos ter visões diferentes da política, posições diferentes sobre alianças e avaliações distintas sobre como melhorar as coisas na sociedade brasileira sem necessariamente padecermos de algum desvio ideológico, ético ou moral tenebroso.

Há entre nossos dois pequenos partidos uma diferença fundamental de postura diante da política. Ela expressa dois caminhos que se oferecem a forças minoritárias como as nossas. Vocês cultivam um isolamento altivo, acreditam ser os únicos que sabem defender consequentemente o interesse público, os trabalhadores, a cidadania. A base de sua atuação é o protesto, a crítica, a mobilização de energias do "não". Adoram vaiar, gritar palavras de ordem hostis e, eventualmente, ocupar algum espaço na mídia falando mal de alguém ou de alguma coisa. Não participam de nenhum governo e pouco transformam a realidade concreta, com raras e honradas exceções. Nos últimos anos, a única contribuição positiva que me recordo de alguém do PSOL, no Rio — posso estar sendo injusto —, é a do deputado Marcelo Freixo, que fez um belo trabalho em relação à segurança.

Não penso que esse papel de vocês seja inútil na sociedade brasileira. Há uma imensidão de coisas a serem criticadas. Mas a gente tem de ter poder também para transformar a vida real no tempo atual. Em relação à transformação do real, essa política tende à soma zero. O PT soube praticá-la durante muito tempo para acumular forças até chegar ao poder. Depois passou ao total pragmatismo, colocando os mecanismos tradicionais da política brasileira para trabalhar a seu favor. Nisso, reproduziu a triste trajetória histórica internacional da esquerda quando no poder. Vocês romperam com esse processo, mas simplesmente recriaram, na essência, o PT pré-delubiano. Nós temos uma visão política diferente. Em primeiro lugar, cultivamos um campo de hostilidade e de crítica menor. Nosso elenco de vilões é mais restrito, e nosso campo de diálogo, consideravelmente mais amplo.

Por exemplo, não satanizamos o mundo empresarial. Para nós, empresários não são estruturalmente maus em sua essência. Avaliamos as empresas pela qualidade ambiental e social de seus produtos, serviços e relações com a sociedade, não como padecendo de um pecado original de classe. Não fazemos essa dicotomia entre o estatal bom e o privado ruim. Por outro lado, não temos vedações em relação a dialogar ou até realizar acordos programáticos locais, com o que vocês chamariam de "direita", ou seja, setores que acreditam mais que nós na autorregulação do mercado ou defendem valores culturais conservadores. Se assumirmos que a democracia pressupõe pluralismo e alternância de poder, direita e esquerda são ambas legítimas na sociedade. Não trabalhamos com a ideia de "eliminar", de algum modo, a direita, mas de superá-la culturalmente, como recentemente nos EUA, com o fenômeno Obama.

[Fica hoje claro que essa superação foi momentânea e efêmera.]

Essa postura diferente do maniqueísmo ideológico que vocês cultivam possibilita estabelecer diálogos e até acordos programáticos, que nos permitem ir, como força minoritária, emplacando, na realidade do dia a dia, muitas realizações concretas que podem melhorar a vida de cidades e de pessoas, fazer avançar nossas agendas ambiental, social ou cultural. Foi o que fiz, para horror de muitos de vocês, que me atacaram incessantemente, negando-me um mínimo sequer de boa-fé, quando fui secretário municipal. É o que faz Eduardo Jorge, hoje em SP. Foi, para mim, uma experiência de alto risco e, nos dois anos finais, de terrível convivência e angústia, mas ando pelo Rio e posso me orgulhar de muitas realizações. Tenho a sincera convicção de ter ajudado a melhorar diversas coisas na nossa cidade. É uma opção diferente daquela de privilegiar sempre o espaço crítico. Contém riscos consideráveis quando se depende, como é nosso caso, do sempre minguante voto de opinião. Mas não é uma opção moralmente menos respeitável que a sua.

Outra coisa: vejo em vocês uma singular dificuldade em respeitar e tentar compreender a posição dos outros. Em geral, tendem a simplificá-la grosseiramente e reduzir problemas complexos a um simplismo assustador. Não procuram discutir as visões diferentes pelo que são, mas distorcê-las para que caibam dentro de um universo muito primário, essencialmente paranoico, em que qualquer visão diferente é uma monstruosa conspiração contra o povo por parte de seus traidores.

Por exemplo: nós acreditamos que a gestão pública, em algumas esferas, e dentro de certos limites, pode se dar via organizações sociais, sem que por isso participemos de alguma tentativa tenebrosa de destruir o serviço público. A postura extremamente sectária da junção de visões ideológicas de ultraesquerda com interesses corporativos (no fundo, extremamente conservadores) acaba balizando limites de transformação do real muito estreitos e condicionando uma agenda negativa — podem eventualmente paralisar alguma coisa, não deixar fazer outra, mas raramente trazem alguma solução para melhorar a vida de quem quer que seja.

Finalmente, em relação a composição do PV. Entendo perfeitamente o que você sente quando olha para boa parte de nossa bancada federal. Sinto o mesmo. Não concordo com você quando afirma que é um "partido de aluguel", pois sua direção e sua maioria se move por propósitos programáticos. Sua motivação central é idealista. Há no PV um componente da política tradicional brasileira: políticos que vieram se "abrigar" na "legenda" porque é "simpática" ou porque frequentemente é possível se eleger no PV com menos votos que por partidos grandes. Esse problema se agravou tremendamente em 2006, sobretudo em SP e MG, e derivou em grande medida do pânico diante da "espada de Dâmocles" da cláusula de barreira, que depois caiu no STF. Isso, no entanto, não é o fator principal. O "xis" do problema é o próprio sistema eleitoral que temos, do voto personalizado.

É muito difícil, ao se passar do estágio grupuscular e começar a trabalhar a sociedade como ela é, numa escala maior, evitar sistematicamente essas pessoas que veem na política uma carreira individual, uma profissão. Filtros podem ser criados, exclusões podem ser promovidas — é penoso fazê-las —, mas a verdade é que atuamos numa cultura política clientelista, engendrada por um sistema eleitoral que a reproduz incessantemente. É um problema que temos e que qualquer partido, a partir de certa escala, terá. Vide o PT! Por isso defendemos a reforma eleitoral, com o voto por lista ou o distrital misto. Imagino que estejamos de acordo em relação a isso.

De qualquer maneira, essas figuras não dão o tom do partido nem definem suas decisões. Não podem ser confundidas com o todo, como você fez.

É isso, Chico. Se você buscou, à sua maneira, o diálogo, é como podemos fazer. De forma absolutamente sincera. Por um lado, gostaríamos de tê-los no processo histórico que estamos iniciando com Marina, e que vai servir inclusive para alterar as coisas internamente no PV; por outro, temos diferenças bastante importantes no campo programático e naquilo que classicamente chamaríamos de "ideológico": diferenças de cultura e postura diante da política, da tolerância, daquilo que pensamos ser o processo democrático. Se olharmos para o espectro político à nossa volta, para essa hegemonia persistente das oligarquias, do clientelismo, do assistencialismo, do patrimonialismo, das diferentes formas de atraso cultural, econômico e social, para a agressão sistemática ao meio ambiente, o grau de violência que existe na sociedade, percebemos também que temos pelo menos importantes preocupações e alguns elementos programáticos em comum, que justificam um diálogo. Para tanto, o primeiro passo é nos respeitarmos mutuamente e reconhecermos o outro como diferente, não pior. Também não sei se caneladas na grande mídia são a melhor forma de iniciar esse diálogo. Mas não deixa de ser um início.

Abraço,
Sirkis

Ele não deu sequência a essa troca inicial de e-mails.

21/8/2009

O natural volta a galope. A recepção entusiástica a Marina Silva em Belém do Pará, descrita pelo nosso companheiro José Carlos Lima, secretário de Meio Ambiente de Belém e membro da Executiva Nacional, é sintomático do "rastilho de pólvora" a que nos referimos aqui há dias. Não sabemos onde esse processo vai dar, mas sabemos que vai ser histórico.

Na verdade, Marina não definiu ainda sua candidatura à Presidência, e não está ingressando no PV com isso como postulado ou condição prévia nossa ou dela. É plausível e mais que provável que aconteça, mas tudo tem seu tempo. Já a ansiedade da mídia em torno da campanha presidencial vem se tornando um problema preocupante, pois estamos a mais de treze meses das eleições e a campanha só começa legalmente em junho de 2010.

A culpa, no entanto, não é tanto dos coleguinhas que precisam todo dia de alguma notícia para publicar, mesmo que não haja notícia alguma. A culpa então é de quem? A culpa é, em primeiro lugar, do presidente Lula, que desencadeou a campanha presidencial de 2010 logo no início de 2009. Ele o fez para tentar emplacar como fato consumado, fatura liquidada, fim de papo. Uma candidatura presidencial atípica e com grande potencial de fragilidade. Talvez por isso mesmo tenha agido assim. De fato, "nunca antes neste país", em tempos democráticos, tivemos um presidente da República que não tenha passado por algum cargo eletivo ou processo eleitoral anterior.

A única exceção — não estou evidentemente contando os generais da ditadura — foi o marechal Eurico Gaspar Dutra (1945-50), que quando era ministro da Guerra depôs o presidente Getúlio Vargas, então ditador do Estado Novo, e se elegeu derrotando outro militar, o brigadeiro Eduardo Gomes. Foi um momento de transição muito peculiar. Fora isso, da volta de Getúlio até Jânio Quadros, e de Collor a Lula, os presidentes são políticos com larga trajetória, com frequência ex-governadores. Lula foi apenas deputado constituinte, mas era um grande líder popular na sua quarta eleição presidencial.

Conheci Dilma Rousseff bastante bem, nos anos 1980, quando fazia o lançamento dos meus livros em Porto Alegre e ficava na casa dela e de seu então marido, o advogado e exuberante gauchão Carlos Araújo, deputado estadual e chefe do PDT. Dilma, uma ótima figura, era inteligente, articulada, mas a estrela da casa era o Araújo. O bom e velho companheiro Max, principal dirigente da VAR Palmares, em tempos idos. A carreira de poder (não diria tanto "política") de Dilma foi de uma *insider*, de corte mais tecnocrático.

Saiu do PDT, veio para o PT, foi secretária estadual e depois virou ministra das Minas e Energia. Impressionou Lula pela sua competência na gestão das situações palacianas e pepinos governamentais. Substituiu Zé Dirceu na crise e se firmou como indispensável junto a Lula, que reina mas não governa. Dilma virou uma espécie de primeira-ministra que não responde ao Parlamento, e sim ao presidente, um pouco no estilo francês. Convenhamos que isso é muito pouco para moldar um(a) candidato(a) presidencial num país de política personalista por força do sistema eleitoral, que tanto critico, e da nossa cultura. Presidente tem de ser uma "personalidade", um personagem marcante, carismático ou de estatura e tônus presidencial. Isso nenhum Duda Mendonça ou João "Patinhas" Santana, por mais talentosos que sejam, são capazes de fabricar, se a coisa não estiver lá.

A decisão de Lula foi o que os franceses chamam *une fuite en avant* (uma fuga para a frente), e o levou a começar prematuramente a campanha com imenso prejuízo ao país. As campanhas no Brasil desorganizam o funcionamento normal do serviço público nas três esferas de governo, criam hostilidades e emperramentos, exacerbam conflitos, criam polêmicas artificiais na mídia, crises parlamentares, e quem sofre sempre é o contribuinte, o povo. Não temos uma estrutura de governo estável, de carreira: a política comanda a administração por meio de dezenas de milhares de cargos comissionados, que dependem da vitória eleitoral de seus provedores. Isso traz o psicodrama eleitoral para dentro do serviço público quando a disputa se inicia.

Quando os repórteres me procuram, tentando fazer arder mais alto as chamas do circo em relação às infelizes declarações do ministro Juca Ferreira, respondo culpando Lula pela sua "saia justa". Está apegado, compreensivelmente, ao trabalho — ao cargo também, ao *status*, sem dúvida —, às realizações que deseja fazer antes de sair. De repente, viu-se diante de um dilema, entre o presidente a quem serve e o partido que garantiu sua presença na saída de Gil, e que, como qualquer outro, tem seus problemas, suas brigas. Não justifico sua atitude num momento tão importante para os verdes e para o Brasil; num momento de tanta esperança, jogar água na fervura, possivelmente — estou quase certo disso — pressionado pela tradicional truculência petista. Mas entendo o drama. Isso não estaria acontecendo se uma agenda eleitoral prematura não estivesse estuprando os tempos normais da gestão da coisa pública. Teríamos esses dramas no meio do primeiro semestre do ano eleitoral de 2010.

Eu costumava dizer, com meus oito anos de experiência de governo, que no Brasil a gente governa só nos anos ímpares; nos pares, as eleições embolam tudo. Agora, Lula resolveu embolar tudo já num ano ímpar, e ao que parece a razão dessa embolação — a candidatura de Dilma — vai se embolar junto. Nem Lula, com todo seu poder de comunicação e popularidade, tem condições de impor a ferro e fogo algo que seja "contranatura" em relação à forma com que as coisas acontecem na história e na política brasileiras. O *tsunami* em torno de Marina é justamente o retorno do natural, e vou abusar mais um pouco do frasismo dos franceses: *chassez le naturel, il revient au galop* (enxotem o que é natural, e ele volta a galope).

22/8/2009

Ah, a imprensa que temos... A *Istoé* e o *JB* hoje publicaram matérias negativas. Parece mais ser o reflexo de uma cultura jornalística, que atualmente influencia até o mais tenro foca, do que uma campanha urdida.

Nessa cultura, tudo o que tem a ver com política é sujo, feio e mau. Toda reportagem jornalística é a busca do mal escondido em algum lugar. Por outro lado, o que as pessoas dizem pouco importa: são meras aspas para ilustrar a tese já previamente elaborada; suas palavras podem ser distorcidas à vontade. E apurar os fatos com o mínimo de rigor, isso já não se usa há muito tempo...

Como sei que é assim que as coisas são atualmente, já nem me surpreendo mais. Paciência, vai ser assim e vamos ter de recorrer cada vez mais à internet e às novas mídias.

23/8/2009

Dirceu repele nossa mão estendida, Juca *rides again*. Meu amigo José Dirceu responde hoje, na *Folha de S.Paulo*, ao meu artigo "A hipótese Marina". É um texto claramente destinado aos petistas perplexos com a saída dela do partido, e pratica aquilo que os franceses chamam de *la langue de bois*, literalmente, a língua de pau, que tem certo parentesco com a cara de pau, mas se refere a um discurso panfletário, estereotipado, próprio de seitas políticas ou religiosas. Respondi com a seguinte carta à *Folha*:

*José Dirceu (*Folha, *23/8) repele a mão estendida dos verdes para promovermos, a médio prazo, um realinhamento histórico entre PT, PSDB e PV para* *uma governabilidade diferente dessa aliança com as forças do clientelismo, do patrimonialismo e do atraso. Felizmente, no mesmo domingo, em* O Globo, *o companheiro Jorge Viana defende posição oposta à sua, mostrando que há vida inteligente no PT. O texto de Dirceu parece destinar-se ao "público interno". Faz grande alarde da participação de Eduardo Jorge e da minha nas gestões dos prefeitos Gilberto Kassab e César Maia. No caso paulistano, Eduardo Jorge faz um trabalho internacionalmente reconhecido e Kassab mostra-se um bom prefeito. Minha colaboração com César, no Rio, resultou em notórias realizações ambientais e urbanísticas — a criação da secretaria de Meio Ambiente; a maior rede de ciclovias do país; o mutirão de reflorestamento, internacionalmente reconhecido; a volta do Circo Voador, etc. —, não obstante seu final conflituoso. Como bom jacobino, Dirceu subestima a dinâmica própria da gestão local. Mas, convenhamos, criticar-nos por trabalhar ou ter trabalhado com prefeitos do DEM e ter como aliados nacionais Jader Barbalho, Renan Calheiros, José Sarney e Fernando Collor chega a ser cômico.* ***Alfredo Sirkis, vice-presidente do PV.***

Para minha nova surpresa, Juca Ferreira aparece em *O Globo*, no mesmo tom e argumento, levantando o fantasma de alianças com o DEM. Será jogo combinado? Volto a repetir: nossa perspectiva estratégica é o realinhamento e uma governabilidade baseada num bloco PT, PSDB, PV, que Marina poderá unificar no futuro.

Já a direita, tamos combinados, só o PT é que tem permissão de se aliar com ela...

25/8/2009

Verdes e Marina se enturmando. Marina se reuniu junto com seu grupo e membros da Executiva Nacional, já num clima de enturmação partidária. Foi em São Paulo, na sede da avenida Rebouças. Houve vários papos, mas hoje vou revelar apenas as imagens. Na quarta-feira, 26/8, a Executiva Nacional se reúne em Brasília para cuidar das formalidades. A filiação de Marina foi confirmada para a Convenção Festiva do PV, no próximo domingo, no Centro de Convenções Rosa Rosarum.

A tragédia do voto jabuticaba. Os recentes e recorrentes escândalos, as mazelas cotidianamente expostas da política brasileira têm raiz no nosso sistema eleitoral de voto proporcional personalizado, e que apelidei de "voto jabuticaba", lembrando aquela velha frase de Tancredo Neves: "Se só existe no Brasil e não é jabuticaba, então não presta!" Não que inexista — longe disso — corrupção no sistema majoritário-distrital anglo-saxão, no proporcional por lista partidária da Espanha e de Portugal ou no voto distrital misto alemão.

Os escândalos na Câmara dos Comuns britânica, os recentes envolvendo o setor imobiliário espanhol ou aquele famoso, dos anos 1990, de financiamento eleitoral, envolvendo um estadista do calibre de Helmut Kohl, na Alemanha, atestam isso. Mas sua escala e grau de entropia sobre a vida nacional são sensivelmente menores comparados à catástrofe que temos aqui — todo um sistema de poder fundamentado na noção de que a política é uma carreira individual, que cada político é uma entidade em si mesmo. Os partidos são meras legendas de abrigo de operadores com redutos individuais, cujo somatório — e não a identificação do eleitorado com programas ou propósitos — confere aos partidos maior ou menor "espaço". Já "espaço" é tudo aquilo que serve à reeleição: cargos comissionados, controle sobre contratos e serviços públicos, corrupção para manter centros assistenciais com clientelas eleitorais cativas e até compra direta e descarada de voto.

Esse sistema fabricará incessantemente os Jaders, Renans, ACMs e Sarneys da vida, cuja estigmatização individual não produzirá, por si só, nenhuma mudança sistêmica. Mudar essa lógica e adotar um sistema de voto distrital misto ou proporcional por lista poderia eventualmente propiciar uma vida política mais programática, um serviço público menos clientelista e uma governabilidade mais estável. Uma eventual maioria parlamentar não teria mais que ser obtida pela "negociação" individual com um baixo clero parlamentar. As campanhas se tornariam muito mais baratas, os partidos representariam alguma coisa a mais que meros grupamentos de pessoas se acotovelando atrás de voto. O debate político poderia girar mais em torno de problemas e soluções. Outras mazelas surgiriam. É previsível, por exemplo, que haja corrupção, favoritismo ou nepotismo no interior dos partidos, em torno da confecção das listas eleitorais durante convenções. Porém, tais práticas deixariam os partidos responsáveis muito mais expostos à pronta punição coletiva pelo voto.

Não me iludo. Não haverá tão cedo mudança no sistema eleitoral, pois os atuais parlamentares não desejam alterar o sistema pelo qual foram eleitos e porque certos formadores de opinião, equivocadamente, consideram sistemas adotados por democracias mais adiantadas, como o voto proporcional por lista ou o distrital misto, sinônimos de "tungar" do eleitor o direito de votar no "seu" candidato individual — na maioria das vezes, nosso bom e velho provedor de assistencialismo. O voto proporcional "jabuticaba" produziu esse quadro de alianças anômalo, de dois partidos com propostas de governo na realidade não muito diferentes, o PSDB e o PT, que, fortemente polarizados, buscam no mundo do atraso e do clientelismo suas alianças de governo, e delas resultam prisioneiros.

Essas duas vertentes da social-democracia, à brasileira, contribuíram para uma melhoria do quadro econômico e social, nos últimos quinze anos, mas atingiram o limite de seu paradigma comum no que diz respeito a duas questões fundamentais: a sustentabilidade ecológica-econômica e a sustentabilidade institucional. No momento em que boa parte do mundo se sensibiliza pela urgência de alterar profundamente seu modelo de desenvolvimento, adotar padrões de redução drástica de emissões de carbono, investir em energias limpas, preservar a biodiversidade e encará-la como um grande potencial econômico, rediscutir mobilidade, urbanismo, reciclagem — vivemos ainda a hegemonia de um desenvolvimentismo dos anos 1960, predador de recursos naturais, fomentador de desperdícios e destruidor de ecossistemas.

O lucro imediato dita caminhos que a médio prazo levam a grandes impasses e tremendos prejuízos coletivos. A proposta verde busca um compromisso histórico futuro capaz de ajudar a aproximar essas duas vertentes da social-democracia — hoje polarizadas —, separá-las de sua dependência ao atraso e propor-lhes uma nova agenda por uma sociedade ecológica, social e institucionalmente sustentável.

Para que isso seja possível, todo um corpo de novas ideias precisa ser exposto e oferecido como alternativa política no debate da campanha presidencial. Além de uma economia verde, de um novo modelo de desenvolvimento sustentável, defendemos um novo modelo político-eleitoral, lançando as bases sistêmicas para uma vida política menos corrupta, clientelista e assistencialista, um serviço público "lipoaspirado" de empreguismo e cargos comissionados de provimento eleitoreiro. Buscaremos uma aliança de governo, programática, assentada num realinhamento histórico das duas vertentes, hoje rivais da social-democracia, sob uma égide verde de sustentabilidade ambiental, social e política. Essa é uma das ambiciosas motivações para a eventual candidatura de Marina Silva à Presidência.

27/8/2009

Marina, sim! Marina Silva fez sua primeira reunião com a Executiva Nacional do PV. Tudo certo para a filiação no domingo. Foram escolhidos os onze primeiros componentes da nova Coordenação Nacional. Foi tudo tranquilo. Nenhuma dificuldade, nenhuma divergência. A Executiva Nacional do PV, reunida na quarta-feira, 25/8, em Brasília, aprovou por aclamação o acordo esboçado por Marina com os dirigentes verdes, com os quais vinha se reunindo, entre eles Luiz Penna, Alfredo Sirkis, Fernando Gabeira, Marco Mroz e Eduardo Jorge. Uma Comissão Nacional, com a missão de coordenar o processo de revisão programática do PV, para elaborar o novo programa partidário e o de governo, bem como a eventual campanha presidencial, foi instituída pela Executiva Nacional, *ad referendum* da Convenção Nacional, a ser realizada em outubro. A maioria dos membros da Convenção estará presente no Encontro, no qual deverá ser aprovada uma Declaração Verde sobre a situação do Brasil.

Farão parte da Comissão Nacional os membros da Executiva Nacional dos verdes: deputado federal Fernando Gabeira; vereador Alfredo Sirkis, presidente do PV do Rio; vereador José Luiz Penna, presidente nacional do PV; Marco Mroz, presidente do Instituto Verde Herbert Daniel; Sérgio Xavier, presidente do PV em Pernambuco; Regina Gonçalves, presidente do PV em São Paulo; Carla Piranda; Reinaldo Nunes, presidente do PV em Sergipe; deputado federal João Paulo Tóffano; deputado federal Zequinha Sarney; e o secretário de Meio Ambiente de Belém, José Carlos Lima.

Marina indicará dez nomes, entre os quais se acredita, estarão João Paulo Capobianco, Basileu Margarido, Roberto Kishiname, Carlos Novaes e Luciano Zica, e mais cinco nomes que ela deverá indicar até domingo.

Informei sobre uma decisão que tramita no governo federal, de suspender uma resolução do Ibama que obriga as novas usinas termoelétricas a carvão a compensarem suas emissões com reflorestamento. A bancada federal do PV deverá intervir sobre o tema. Marina chegou ao final da reunião, depois de uma audiência com os ministros do STF, Ayres Britto e Marco Aurélio Mello. Num discurso emocionado, ela lembrou Chico Mendes: "Foi Chico Mendes quem criou o PV no Acre, para ter um partido que se aliasse a ele, para ajudar seus aliados do Rio, Gabeira, Sirkis e Minc", recordou. Manifestou também seu desejo de manter boas relações com o PT. "O fato de eu mudar de casa não impedirá que continuemos a ser bons vizinhos", frisou.

30/8/2009

Foi uma tarde memorável, a da filiação de Marina Silva, entupiu de gente. Foi algo nunca d'antes visto na história desse partido — parafraseando nosso presidente —, umas duas mil pessoas na sala e muitas outras fora, assistindo pelos telões. A decoração em grandes painéis, com Marina em verde, amarelo e azul, em serigrafia, ficou bacana. Levamos nossa faixa do Chico Mendes, que encaixou direitinho. A cobertura da TV do PV e a organização foram impecáveis. Gabeira fez um discurso emocional, inspirado: "Valeu a pena ter mantido o PV vivo por vinte anos à espera desse momento." Consegui falar por apenas quatro minutos, e de improviso. Basicamente, narrei meu convívio com Chico Mendes às vésperas de sua morte — fiquei emocionado pra cacete —, e cunhei uma frase que acho que vai dar samba: "Iremos muito mais longe do que eles imaginam. Iremos muito mais longe que nós mesmos imaginamos."[1] Será? Acho que sim. É bom quando conseguimos passar ao mesmo tempo emoção e conteúdo.

Mas nada chega aos pés do discurso de Marina.[2] Foi uma das peças de oratória mais extraordinárias que já ouvi, e olha que em 43 anos de política já ouvi muitos discursos, em muitos países. Nisso de combinar conteúdo com emoção, ela chegou ao ápice com um verso de Santo Agostinho que dedicou aos verdes : "Tarde vos amei, beleza tão antiga e tão nova. Tarde vos amei." Tive vontade de chorar. Houve lances

1 Ver a íntegra da minha intervenção na seção "Documentos".

2 Ver a íntegra do discurso de Marina na seção "Documentos".

engraçados também: a história dela e de outra menina de dezesseis anos, a mando de dom Moacir Grecchi, levando mantimentos para os seringueiros envolvidos num "empate". Na volta, ela agradeceu a d. Moacir por ter confiado tanto nas duas jovenzinhas tão inexperientes. Ele retrucou secamente: "Minha filha, quem não tem quem mandar, manda qualquer um."

Havia na sala um monte de jovens novidades no PV — inclusive meu filho Guilherme, que fez questão de ir. Muito cético em relação à política, ele agora está totalmente mobilizado por Marina e com vontade de contribuir com o PV. Há muito tempo não saio tão gratificado de um evento político. Pensei o tempo todo no Chico Mendes; de certa forma senti sua presença. É um elo fortíssimo que me une a Marina. Sempre me queixei, com meus botões, que seu assassinato foi um crime quase perfeito. Só os executores diretos pagaram. Os outros fazendeiros e políticos metidos no caso ficaram impunes. E não havia ninguém à altura para assumir seu lugar. Penso que isso foi verdade no âmbito sindical, do movimento de seringueiros. Politicamente, Marina encarna esse legado e lhe dá uma dimensão muito além daquela luta pela floresta amazônica. Ela é a sucessora.

O ato no Rosa Rosarum foi seguido pelo nosso programa nacional de TV, semestral. Fiquei encarregado de coordená-lo, depois de uma intrincada negociação com o Penna. Chegamos a um acordo salomônico. A produtora que ele tem contato junto com o pessoal do Lavareda faria as inserções, e eu me responsabilizei pelo bloco. Convidei o Marcelo Maia, que considero um craque em comunicação política, um ramo muito especial da publicidade. Muita gente pensa que entende, mas poucos dominam o assunto.

10/9/2009

PV na TV: bem-vinda, Marina! O Partido Verde optou por dedicar seu programa ao ingresso no partido da senadora Marina Silva. Marina aparece em várias intervenções temáticas, gravadas em seu gabinete, em Brasília, e no seu discurso de filiação, em São Paulo. Narrado pelo ator Otávio Augusto, o programa apresenta Marina explicando suas visões e posições políticas, sua fé, sua visão do futuro do Brasil. Ela fala de sua infância, de como se alfabetizou, aos dezesseis anos, pelo Mobral, de sua luta junto com Chico Mendes e de sua trajetória política, no Acre, no Senado e no Ministério do Meio Ambiente. Marina consegue algo muito raro no discurso político: criar intensa emoção, capaz de cativar corações, e, ao mesmo tempo, manter um alto padrão de racionalidade, capaz de mobilizar mentes.

Na segunda-feira passada, o programa foi submetido a uma pesquisa qualitativa com um grupo de mulheres e outro de homens da classe C da Grande São Paulo. As mulheres sentiram-se intensamente mobilizadas por Marina, e o grupo masculino, embora não no mesmo grau de intensidade, também manifestou grande simpatia pela senadora.

O programa foi realizado pelos diretores Marcelo Maia e Fabiano Maciel, do Rio de Janeiro. O essencial, nessa fase, é tornar Marina conhecida pelo grande público, ganhar os corações da classe C, que é a grande multiplicadora, e as mentes dos "formadores de opinião". A aparição de outros dirigentes do PV no programa é bastante rápida, com breves passagens dos discursos do deputado Fernando Gabeira, do deputado Zequinha Sarney, da prefeita de Natal, Micarla de Souza, do presidente do PV, José Luiz Penna, e do meu, na cerimônia de filiação de Marina ao PV, em São Paulo. No encerramento, Marina dá o grande diferencial que pretende instituir em relação aos políticos convencionais: "Não se trata mais de governar para as pessoas, e sim de governar com as pessoas, com os jovens, os empresários, os artistas, os trabalhadores."

O PV terá ao longo do mês de setembro mais quatro dias de inserções nacionais — dez *spots* de trinta segundos. Alguns estados, como o Rio, terão, além disso, seus comerciais regionais. Penso que toda essa presença na TV terá influência nas pesquisas que vários institutos farão este mês. O Ibope acaba de fazer uma, que aponta Marina com 8%, num cenário sem Heloísa Helena, que parece ter decidido ser candidata ao Senado.

10/9/2009

Marina em comício doméstico, na casa de João. O primeiro comício doméstico da temporada foi na casa de João Augusto "Gui" Fortes, na Fonte da Saudade. Para ouvir Marina, cerca de quarenta convidados, entre os quais Gilberto Gil, Flora Gil, Susana de Moraes,

Guido Gelli, Letícia Sabatella, Jair de Sousa, Armando Strozemberg, Márcio Seccin e muitos outros cariocas. Marina e eu fizemos rápidas intervenções. O programa do PV foi exibido, em *avant première*, e depois todos se deliciaram com um almoço natureba. Fato político relevante foi a manifestação de "total apoio" de Gilberto Gil.

12/9/2009

Ata que redigi da primeira reunião da nova Coordenação Nacional

A primeira reunião da nova Coordenação Nacional do PV realizou-se em São Paulo, com a presença de Marina Silva. Foi uma reunião produtiva e fraterna, mostrando perfeita integração. Foi deliberado:

1 — **Seminário sobre pré-sal**. Há necessidade técnica de se aprofundar nossa análise. Grosso modo, havia duas avaliações: a) o pré-sal é inevitável. Os verdes não podem ir frontalmente contra. O que se pode conseguir é utilizar a partilha como instrumento de indução a uma política governamental que transforme o pré-sal em última fronteira dos combustíveis fósseis e o utilize para financiar a transição para a era das energias limpas; b) O pré-sal vai começar a operar efetivamente daqui a vinte anos, e até lá o mercado mundial de petróleo estará significativamente alterado, de um modo que não imaginamos hoje. Não podemos fazer projeções levando em conta os dados atuais, pois por volta de 2029 as políticas de redução de emissões de CO_2 já terão obtido um corte de mais de 40% (meta do IPCC para 2020) ou estaremos vivendo uma crise climática muito mais séria e fora de controle. Qualquer um desses cenários implicará num mercado de petróleo bem diferente do de hoje. Portanto, seria mais inteligente deixar o pré-sal como reserva estratégica e investir esses bilhões, direto e desde hoje, em tecnologias limpas. Como se vê, uma boa discussão.

2 — **Fechar a posição sobre Copenhague**. Discutiram-se várias questões relativas à posição a ser adotada em relação ao governo brasileiro e à Conferência de Copenhague, especificamente no que se refere a metas de redução para além do setor florestal, em relação ao qual o Brasil já anuncia disposição de assumir compromissos. Houve

uma discussão acerca do realismo, ou não, de se propor uma meta específica para o setor não florestal (energia — térmicas a carvão, por exemplo —, transportes, indústria, cimento, agropecuária). Uma questão inicial a se debater é uma redução, nesse setor, de 20% até 2020 (50% da meta da União Europeia), que chegou a ser colocada, mas gerou contestações, discutindo sua factibilidade. Um grupo de trabalho vai apresentar uma proposta de consenso. Em termos de expressão política, aceitam-se as palavras de ordem: desmatamento zero e térmicas a carvão zero.

3 — **Questões estaduais.** Foi deliberada a reestruturação do PV em três estados amazônicos: Amazonas, Rondônia e Roraima. Em todos eles, haverá ingresso de novos filiados, vinculados a Marina Silva, e a direção será reestruturada. No Amazonas, destaca-se o ingresso ao PV do companheiro Marcos Barros.

4 — **Finanças partidárias.** Foi reiterada a decisão da Executiva Nacional de colocar na internet as contas de 2008 e 2009. Estão sendo criados os mecanismos para tanto. Foi informado o parecer favorável da área técnica do TSE à aprovação das contas de 2005 — que haviam sido previamente rejeitadas — depois das correções feitas. Foi decidido que terão início estudos para a contratação de uma empresa de auditoria, com reconhecida capacidade em certificação, para dar total consistência pública e transparência às contas. A dificuldade é que a maioria das empresas com essa qualificação (a Price, por exemplo) não trabalha para partidos políticos, em geral.

5 — **Seminários com Marina.** Discutiu-se a necessidade de um melhor suporte para a movimentação nacional da senadora Marina Silva, e foi constatado que a melhor forma seria montar uma estrutura especial — os Seminários Programáticos — e potencializar o poder multiplicador dos comícios domésticos, com apoio da TV do PV, a emissora verde pela internet, que passaria a transmiti-los, possibilitando a realização simultânea. Também se deliberou uma "agenda proativa", com uma viagem semanal a cidades dotadas de poder de multiplicação regional em circuitos de universidades e na mídia. A primeira será Campinas.

29/9/2009

No domingo, 28, fizemos na orla marítima carioca o segundo "Brasil no Clima". Dessa vez com Marina. Usamos os *spots* estaduais de TV do PV do Rio para convocar a manifestação. No ano anterior, fomos, quando muito, uns quatrocentos; dessa vez éramos mais de 1.500. O entusiasmo das pessoas com Marina é impressionante, assustador. Em vários momentos, achei que iam esmagá-la. Em muitas ocasiões, tive de dar uma de segurança, expondo-me a desgastes e incidentes. Uma mulher agarrou-a e não queria largar, xingando-me de tudo e mais alguma coisa quando finalmente consegui que ela largasse do abraço de tamanduá. Logo depois, um blogueiro abusado deu uma gravata em Marina para conseguir filmar ambos na sua máquina digital fazendo uma "entrevista". Avisei: só uma pergunta. Na segunda, tirei o braço dele de cima de Marina e, claro, ganhei um desafeto na internet...

Para mim, a caminhada foi meio penosa porque na véspera, descendo de *skate* aquela ladeira em curva, perto da pista de aeromodelismo do Parque do Flamengo, perdi o equilíbrio e levei um tombo cinematográfico. Ralei o pé, o joelho, a bunda e o cotovelo. Felizmente, não houve fratura nem, como no tombo anterior, distensão muscular.

A caminhada contou com a presença de vereadores verdes do interior do estado e de líderes verdes de outros estados, e obteve a adesão de pelo menos dois parlamentares de outros partidos: a vereadora Clarissa Garotinho e o deputado federal Índio da Costa, que manifestaram seu apoio aos objetivos da caminhada e cumprimentaram a senadora Marina Silva.

O objetivo dos verdes foi desencadear uma campanha nacional para pressionar o governo brasileiro a se posicionar claramente em relação à urgência e à emergência da situação do clima na Conferência de Copenhague, de 7 a 19 de dezembro deste ano. A posição dos verdes é que todos os países, inclusive os emergentes como China — hoje o principal país emissor —, Índia e Brasil, devem reduzir suas emissões, e que os EUA, a Europa e o Japão, responsáveis por 70% do acúmulo de gases de efeito estufa (GEE) na atmosfera, devem pagar o correspondente nos investimentos para uma economia mundial de baixo carbono, o que, segundo recente relatório do Banco Mundial, corresponderia a US$ 330 bilhões/ano. Em relação ao Brasil, os verdes propugnam que se assumam metas de redução que correspondam a 50% das que forem assumidas pelos países do Anexo 1 do Protocolo de Kioto: Europa, EUA e Japão.

Isso pode ser feito se impondo o desmatamento zero da Amazônia, cerrado e outros ecossistemas, e se impondo metas na geração de energia — não mais pela instalação de térmicas a carvão — na indústria, nos transportes e na agropecuária. O Brasil é um país onde a transição para uma economia de baixo carbono é relativamente menos difícil, e em função disso e pelo papel diplomático que poderia desempenhar com facilidade, deveria, segundo o PV, assumir a liderança do processo em Copenhague. Em vez disso, Lula deixa de mencionar a questão do clima na Assembleia Geral da ONU, não participa das discussões com os principais chefes de Estado presentes e se dedica a tratar da questão de Honduras, em dueto com o histriônico Hugo Chávez.

Para o Brasil no Clima, o PV divulgou um documento detalhando sua posição e levando a discussão para a sociedade. Nada disso, no entanto, perpassou nossa imprensa, indigente e pavloviana. Em função de alguns gritos de "Brasil urgente, Marina Presidente", por parte de populares que aderiram à manifestação espontaneamente, alguns jornais resolveram apresentar a marcha como um ato de campanha. Usei um megafone para pedir que nenhum manifestante se afastasse das palavras de ordem relativas ao clima e fui prontamente atendido.

A caminhada demonstrou o imenso carinho da população carioca por Marina, o que provocou, inclusive, tumultos e situações tensas, na medida em que constantemente acorriam pessoas para abraçá-la e tirar fotos com ela, o que acabou por cansá-la. A condição física da senadora é boa em relação aos problemas crônicos de saúde resultantes de um envenenamento por mercúrio durante a infância, mas não convém abusar. Preocupados com o tumulto, encerramos a participação de Marina no posto 6 de Copacabana. Uma parte dos que aderiram à caminhada se desmobilizou naquele ponto. Logo a participação se reduziu a menos da metade do número de manifestantes que havia no seu auge. Após consultas aos restantes, decidimos encerrar o ato em Copacabana justamente para evitar que a imprensa fizesse ali sua foto de referência da caminhada com muito menos gente. A foto foi evitada, mas os coleguinhas de um jornal fixaram em quatrocentos o número de pessoas presentes, o que não resiste a uma simples olhada nas fotos e vídeos realizados durante o ato.

No final do ato, no posto 6, discursaram Gabeira, Marina e eu. Concentramo-nos no tema da posição do Brasil no que se refere à questão do clima, tentando evitar as insistentes perguntas dos repórteres, que de modo pavloviano perguntavam sobre a campanha presidencial. Em relação a esta, os verdes só irão se mobilizar em 2010, por discordarmos de sua precipitação prematura por parte do presidente Lula, que graves prejuízos tem trazido ao país, porque nada mais consegue ser discutido sem interferência de cálculos e especulações vinculadas à futura disputa presidencial. A posição dos verdes sobre o clima e a razão da caminhada não interessam. O que interessa é se Marina vai falar mal de Dilma (como sempre, não o fez). No final, foi um grande sucesso que anima novos passos. No Rio, o Brasil no Clima prevê voltar às ruas, no Méier. Aguarda-se o segundo grande ato em São Paulo.

30/9/2009

[Entrevista ao *JB*. Acabou não não sendo publicada, mas postei no blogue.]

Sirkis: "Marina foi o raio de luz em um panorama sombrio"

JB: Como o senhor vê o atual cenário político brasileiro, com o ingresso da senadora Marina Silva no PV? Que perspectivas a eventual candidatura de Marina trará para o debate sucessório?

Sirkis: Marina foi um raio de luz num panorama sombrio e enfadonho. Muita gente se sentia frustrada por ter como opções Serra, Dilma e Ciro, cada um com sua personalidade — pouco estimulante, digamos — e um mesmo projeto desenvolvimentista dos anos 1960. Marina representa um caminho diferente no fazer política e prioridades diferentes para o futuro do Brasil.

JB: Pesquisas de opinião recentes indicam que a presença de Marina Silva no rol de candidatos a presidente afeta, neste momento, as chances da candidata do governo federal. A que o senhor deve isso?

Sirkis: Penso, e as pesquisas confirmam, que ela disputa intenções de voto tanto de Dilma quanto de Serra e que, no momento, até subtrài mais de Serra no voto de opinião da classe média na região Centro-Sul. Na verdade, a grande diferença é que nossa proposta não é "anti", é "pós". Não somos anti-Lula, mas pós-Lula. Reconhecemos as coisas positivas que ocorreram no Brasil tanto nos governos de Fernando Henrique quanto no de Lula. Controlou-se uma inflação brutal que atingia sobretudo os mais pobres. Isso foi bom. Investiu-se no ensino básico e surgiram projetos de compensação social. Estabeleceu-se um equilíbrio macroeconômico. Lula teve o grande mérito de não fazer tábula rasa dessa política, mas de continuá-la e colher seus frutos. Aprofundaram-se algumas políticas sociais.

JB: PAC ou sustentabilidade ambiental — que tema dominará o debate sucessório?

Sirkis: O planeta está numa encruzilhada. A questão climática é de uma seriedade atroz, assustadora. Estamos correndo contra o tempo. Todo dia há notícias preocupantes. Ontem, por exemplo, tivemos mais tornados em Santa Catarina e saiu um estudo de uma instituição britânica seriíssima dando conta de que o aquecimento poderia alcançar quatro graus por volta de 2050, o que representaria uma catástrofe, pois é consenso científico que não podemos passar dos dois graus. O Brasil está singularmente bem-situado para entrar na era de uma economia de baixo carbono. Mas estamos insistindo num modelo desenvolvimentista clássico dos anos 1960. Penso que a questão da sustentabilidade ambiental, social, econômica e política vai dominar o debate.

JB: O senhor está otimista quanto aos resultados da Reunião Internacional Sobre o Clima de Copenhague, a se realizar em 2 de dezembro?

Sirkis: Gostaria de dizer que sim. Mas, na verdade, não. Estamos tremendamente distantes do mínimo necessário. Só a União Europeia se propõe a reduzir em 40% suas emissões até 2020. Com toda a mudança trazida por Obama, muito em função dos seus problemas com o Congresso, tudo que oferecem de fato é voltar aos níveis de 1990, o que seria uma redução de uns 17% em relação a 2005. Não existe sequer um entendimento em relação ao ano-base. Kioto determinava 1990, mas eles querem tomar 2005 como base para mostrar que estão reduzindo. O Japão está numa posição intermediária. Há um avanço, mas é muito, muito, aquém do necessário. A China hoje emite mais que os EUA. Não aceita metas de redução, mas apenas um crescimento menor de suas emissões em comparação ao que emitiria habitualmente. Vem fazendo um esforço importante em várias áreas — em breve a China vai ser a campeã dos carros elétricos —, mas na questão crucial de sua matriz energética a carvão tem dificuldades enormes. A Índia tem uma postura ainda mais reticente.

O Brasil tem mais possibilidades de reduzir emissões, pois, com toda dificuldade, é muito mais fácil chegar ao desmatamento zero subsidiando socialmente a preservação da floresta e reprimindo os recalcitrantes do que um país mudar sua matriz energética a carvão no prazo de uma década. O Brasil tem essa relativa facilidade e um posicionamento internacional que nos permitiria assumir uma liderança inédita, nos faria o que muitos americanos falavam deles próprios: "O país indispensável." Mas aí Lula vai à Assembleia Geral da ONU e prefere ficar falando do bafafá de Honduras, não menciona o clima, não participa das articulações cruciais entre chefes de Estado, que já estão determinando por antecipação os destinos da Conferência de Copenhague. Lamentável...

JB: Qual deve ser, na sua opinião, a posição brasileira no encontro?

Sirkis: Três pontos: 1- Todos devemos participar do esforço de redução de emissões de gases de efeito estufa (GEE) — isso inclui os países emergentes, como China, Índia e Brasil. 2- Os países do Anexo 1 de Kioto — Europa, EUA e Japão —, responsáveis historicamente por 70% das emissões acumuladas, devem se responsabilizar por 70% do financiamento da transição mundial para uma economia de baixo carbono. Se a conta do Banco Mundial estiver certa, isso significa mais ou menos US$ 330 bilhões por ano. Daria US$ 100 bilhões para os EUA. O Obama, até agora, acenou com um décimo disso. Se considerarmos que o orçamento de defesa norte-americano é de quase US$ 600 bilhões, e que um trilhão foi gasto na Guerra do Iraque e quase o mesmo na estabilização da crise financeira, verificamos que não é tanto assim. Porque os custos da omissão serão infinitamente mais altos. O furacão Katrina, que destruiu New Orleans, vai ser pinto perto do que vem aí... O Brasil deve se comprometer a reduzir suas emissões de GEE, até 2020, em 50% do que for assumido pelos países do Anexo 1, desde que consigamos nos entender com eles em relação ao ponto "2".

JB: A defesa de uma mudança efetiva das matrizes energéticas para fontes mais limpas deve ser um argumento mais bem explorado pelo Brasil, afinal o país é vanguarda no uso de etanol e em pesquisa sobre biocombustíveis?

Sirkis: É um absurdo o Brasil construir termoelétricas a carvão só para dar rentabilidade aos navios que voltam vazios da China e de outros países carvoeiros. Isso interessa a uma ou outra grande empresa, mas é simplesmente criminoso no atual contexto de emergência climática. Também é triste constatar que, enquanto Obama obriga a General Motors a investir pesado em carros elétricos e híbridos, nosso governo venha a subsidiar a aquisição de carros usados e nossas montadoras estejam totalmente fora dessa corrida, quando poderíamos desenvolver aqui um modelo híbrido de carro a álcool e eletricidade. E por aí vai...

JB: Voltando ao âmbito da cidade do Rio, o senhor é um defensor antigo do desenvolvimento da zona portuária. O senhor vê com esperança a perspectiva de revitalização da região?

Sirkis: Estou muito feliz com a vontade política do prefeito Eduardo Paes de dar continuidade e aperfeiçoar o programa Porto do Rio, com dezoito projetos que desenvolvemos no IPP, entre 2001 e 2003, e cuja implementação ficou restrita à Vila Olímpica da Gamboa e à Cidade do Samba, quando o ex-prefeito mandou parar tudo, em 2003. O "Porto Maravilha" inclui uma segunda fase, em parceria com a iniciativa privada, com a criação de uma companhia de desenvolvimento e uma operação urbana consorciada. A primeira fase seria executar os projetos que desenvolvemos, e a segunda seria a operação que a Câmara deve votar em breve. Estou otimista.

JB: A prefeitura tem o "Porto Maravilha" como uma de suas grandes ambições para o atual mandato. Segundo sua sensibilidade, há boa vontade dentro da Câmara de Vereadores para que a revitalização decole?

Sirkis: Penso que será aprovado por ampla maioria. Apresentei algumas emendas que aperfeiçoam o projeto, e penso que não haverá dificuldades em aprová-lo. Me preocupam apenas duas coisas: é preciso estimular desde já a economia local, quem já mora e já trabalha na região. É preciso atrair moradia de classe média, estabelecimentos de ensino e juventude para a área. São necessárias linhas de microcrédito, crédito a juro baixo e estímulos fiscais para a parte antiga da área, aquela que possui o casario histórico e está dentro do projeto Sagas.

JB: Como foi a aproximação com o governo Paes, tendo o projeto "Porto Maravilha" como ponto de convergência?

Sirkis: Jamais teremos a menor dificuldade de nos entender quanto a questões que digam respeito aos interesses do Rio. O Rio já sofreu muito por causa de brigas políticas, e nós cariocas precisamos nos unir e trabalhar juntos.

JB: Estamos a dias da possível escolha do Rio de Janeiro para ser sede dos Jogos Olímpicos de 2016. Se isso acontecer, qual deve ser a conduta do governo estadual, da prefeitura e do empresariado para que esse evento represente uma real oportunidade para o desenvolvimento econômico da cidade?

Sirkis: Não podemos repetir o Pan, que deixou pouco legado em termos ambientais, sociais e de infraestrutura urbana para além dos equipamentos desportivos. Essa chance, se existir, terá que ser aproveitada para tirar do papel projetos ambientais, urbanísticos, de segurança e sociais que de fato mudem a qualidade da nossa cidade. No momento, estamos pendentes da decisão do COI. Vamos cruzar os dedos, rezar e torcer.

[Dias mais tarde o Rio venceu a disputa para sediar os Jogos Olímpicos de 2016.]

5/11/2009

Clima: Brasil sem metas? Ontem tivemos as declarações da ministra Dilma Rousseff, a chefe da delegação brasileira para a Conferência COP-15 em Copenhague, de que o Brasil não se comprometeria *a priori* com metas específicas de redução de emissões de GEE. É uma posição que contraria aquela que vem sendo vocalizada pelo ministro do Meio Ambiente, Carlos Minc, que aponta para dois cenários alternativos para 2020, que na prática seriam: voltar àquele ano de 2005 ou chegar perto do que eram as emissões de 1990. O governo brasileiro não aceita o princípio de redução de emissões em relação ao ano-base do Protocolo de Kioto, que é 1990. Os verdes defendem que se adote metade da redução de emissões que venha a ser acordada pelos países do chamado Anexo 1 do Protocolo de Kioto (Europa, EUA e Japão), o que acabaria dando algo entre 5% e 10% em relação a 1990.

O ministro Carlos Minc me disse que considerava esse objetivo "totalmente irrealista". Pode até ser... De qualquer jeito, é nosso dever pressionar por objetivos mais radicais, até para permitir que o próprio Minc emplaque seu cenário mais interessante, o que deixaria o Brasil na liderança do processo, melhor que os EUA, a China e a Índia. Mas, como o Ministério da Indústria e Comércio, no qual pontifica o indefectível José Miguez, e o resto do governo encara Copenhague como um vulgar toma lá dá cá comercial, devemos esconder o jogo e só mostrar o nosso se eles mostrarem o deles. Desgraçadamente, não se trata de uma rodada comercial tipo GATT ou aqueles regateios da OMC. Trata-se do futuro do planeta, dos nossos filhos e netos, das geleiras que estão derretendo, do aquecimento que já não conseguiremos mais segurar em dois graus, da perspectiva de consequências catrastróficas.

Dilma não quer que o Brasil venha com metas, mas quer que projetemos o crescimento para 5% ou 6%, o que tornaria praticamente impossível sequer assumir as metas propostas por Minc, que começa a ficar na situação em que colocaram Marina quando começou sua fritura. Eu o aconselharia a botar o pau na mesa e se dispor a sair se Lula endossar a posição atrasada de Dilma e Miguez. Afinal, ele vai sair de qualquer jeito, em abril, para se candidatar, e caso se disponha a correr o risco, penso que consegue dobrá-los. Certamente, terá nosso total apoio, se é que isso lhe importa algo. Se botar o galho dentro, prevalecerão os desenvolvimentistas tacanhos. Entretanto, Dilma corre um risco político considerável indo a Copenhague "chefiar" a delegação brasileira nessas condições. Até porque Marina vai estar lá.

7/12/2009

Cheguei a Copenhague na véspera do meu aniversário. Faz um frio de rachar, que só vai piorar nos próximos dias. Fui me credenciar no Bella Center, um gigantesco centro de convenções a uns trinta quilômetros de Copenhague. Missão dupla: preparar a chegada de Marina e cobrir a conferência para os sites da Fundação Verde Herbert Daniel e do PV. A primeira é de longe a mais complexa. Dilma e Serra vão estar aqui com suas equipes, apoio governamental, etc. Marina sofreu uma intoxicação alimentar, e em certo momento tememos que não pudesse ir. Hoje tive um acesso de fúria pelo telefone quando um de seus assessores me disse que ela ia viajar de classe econômica! Fiz a viagem nesses condições, mas com uma estadia de três dias em Paris, vindo de Bogotá. Ainda assim cheguei a Copenhague todo empenado, com muita dor nas costas. Fiquei imaginando Marina num voo direto Brasília–São Paulo–Lisboa–Copenhague, em classe econômica, ainda convalescendo de uma forte intoxicação que a levou ao hospital. Ela se recusava a ir com passagem do Senado — embora tivesse todo o direito e legitimidade política — porque não queria ser considerada parte da delegação oficial da Casa, na qual havia personagens envolvidos com um recente escândalo e outros que vinham só para fazer turismo na Europa. Telefonei para o Penna, e imediatamente resolvemos a coisa, pagando sua passagem em classe executiva pelo Partido.

[Enquanto Marina não chegava, iniciei minha cobertura da COP--15, para os dois sites e meu blogue.]

7/12/2009

Sauditas e ex-KGB contra o planeta. A COP-15 começou hoje com seus discursos de praxe. Estavam presentes o primeiro-ministro anfitrião, Lars Rasmussen, o prefeito de Copenhague, Ritt Bjerregaard, o indefectível Yvo de Boer, secretário da ONU para a Convenção do Clima, e o presidente do IPCC, Rajendra Pachauri. No pano de fundo desse primeiro dia, a provocação dos hackers a serviço do negacionismo, que penetraram no sistema de uma das instituições científicas que suprem o IPCC de estudos, a Universidade de East Anglia. Os e-mails revelando tensões entre cientistas não são evidência, muito menos prova, de nada que desminta o aquecimento global como produto da ação do homem, como pretendem os negacionistas. Mas a fofoca dá margem a certa especulação de mídia, e na era da blogosfera tudo pode ser inflado fora de proporção. Com o desfalque da administração Bush, que até um ano atrás fora um aliado importante dessas ideias, surgiram novos patrocinadores.

O mais visível deles, com seus óbvios interesses, é a Arábia Saudita, cujo representante provocou um imenso constrangimento na sala de conferências do Bella Center, quando bombasticamente acusou o IPCC de "falta de transparência" e considerou que o episódio dos hackers expunha uma "dúvida científica importante", e que não se justificavam as "perdas econômicas" que muitos países teriam (notadamente os exportadores de petróleo) com o que considerou possíveis decisões "açodadas" da COP-15. A Arábia Saudita dando ao mundo lições de transparência e rigor científico! Seria cômico se não fosse potencialmente trágico, na medida em que a situação da conferência já é bastante difícil sem essa provocação claramente destinada a entravar seu avanço.

Por trás de toda essa intriga internacional, que recorda as famosas provocações de espionagem da guerra fria, estaria outro grande produtor e exportador de petróleo: a Rússia. Especula-se que a ação dos hackers teria sido obra do FSB, sucedâneo da legendária KGB. Estudantes teriam sido utilizados, como numa recente operação que colocou fora do ar os sistemas informáticos da Estônia, no marco de uma rusga diplomática e econômica. A COP-15 começou igual a um filme do 007. Petroxeiques e agentes da ex-KGB juntos no ataque. Tempos pós-modernos...

8/12/2009

Gilberto Gil está chegando, vai ficar alguns dias. Inclusive amanhã para meu aniversário. Vou comemorar com minha camisa do Flamengo! Mengoooo! Tá um frio do cacete. Os brasileiros já se movimentam por aqui. Serão uns 600. Os verdes franceses com a bola cheia na mídia: Dany Cohn-Bendit na mesma semana capa do *Nouvel Obs* e da revista do *Le Monde*; Cecile Duflot em entrevista de página inteira no *Le Monde*. As pesquisas estão dando-os na frente do PS nas eleições regionais de março, na região da Ille-de-France, onde fica Paris. Na noite de meu jantar com Dany em Paris um monte de tietes o assediou para dizer que tinha de se candidatar a presidente em 2012. Ele não quer, e é provável que legalmente não possa.

8/12/2009

Roda presa... Há desacordos sérios sobre financiamento de uma economia mundial de baixo carbono. Não existe nenhuma proposta concreta sobre a mesa, por parte dos países desenvolvidos, que sequer se aproxime remotamente dos US$ 470 bilhões por ano, que há alguns meses o Banco Mundial identificou como o necessário para o conjunto de projetos de mitigação e adaptação que se fazem necessários em escala planetária. Concretamente, o que há na mesa são pouco mais de US$ 10 bilhões. No que diz respeito às reduções de emissões, elas somariam no máximo 15% em relação a 1990, no melhor dos casos — distante dos 25% que se aproximariam de fechar a conta para manter o aumento da temperatura em dois graus celsius.

Houve dois pequenos avanços por parte dos EUA: uma regulamentação da EPA, a agência ambiental federal, considerando os GEE "nocivos à saúde humana"; e a inclusão da agricultura no cálculo de redução de emissões norte-americanas. Com isso, Obama abre caminho para atingir sua meta de redução, até 2020, de 17% com base nas emissões de 2005. Isso deixa os EUA próximos do nível de emissão de 1990, ano-base do Anexo 1 do Protocolo de Kioto. A Europa se dispõe a reduzir em pelo menos 20% suas emissões relativas a 1990. A decisão de Obama é um avanço, mas não desfaz o efeito imobilista dos fatídicos oito anos de George W. Bush.

Um dos maiores problemas do momento é a geometria variável das metas de redução: a Europa reduz em relação a 1990; os EUA, em relação a 2005; o Brasil, em relação a uma curva de projeção do que seriam suas emissões caso adotasse o chamado *"business as usual"*, o BAU (daria pra dizer bau-bau!); e a China e a Índia, em relação a quantidade de GEE por ponto percentual do PIB. Essa completa assimetria e pluralidade de termômetros obscurece a febre e o debate, impedindo que se noticie com clareza e transparência o que cada país está fazendo. Os verdes propugnam que se chegue a uma referência comum, um ano-base que possa ser inventariado e que sirva de patamar oficial para todos os cálculos. É evidente que isso não agrada aos países que querem mascarar seu crescimento atrás de uma aparente redução.

Fiz 59 anos em Copenhage. Não sei exatamente aonde isso vai me levar em termos de revolução astral. O Tic-Tac ultrapassou a marca das onze milhões de assinaturas. Os americanos prestigiaram a palestra sobre biocombustíveis brasileiros; a delegação brasileira estava eufórica. O que tem de brasileiro na COP-15 não está no gibi. Gil, tietadíssimo, fica até quinta-feira. Marina vem aí, aguardem! Há uma preocupação no ar de que o grande acordo fique entre parênteses e que a Conferência, basicamente, produza uma declaração genérica dos chefes de Estado na undécima hora. Mas ainda temos dez dias pela frente.

Muita coisa ainda pode acontecer... ou nada.

9/12/2009

Acoxambrando... É possível que a COP-15 produza alguns resultados minimalistas que consagrem um milimétrico avanço, como no geral têm sido as sucessivas COPs, desde Kioto. Na última hora, faz-se uma *mise-en-scène* política, foca-se em algum ponto de avanço e livra-se todos os governantes do desgaste político de um fracasso oficial. Na verdade, há muito tempo desacredito na possibilidade de a estrutura da ONU e da formatação do Protocolo de Kioto lidarem de modo eficaz com o problema das mudanças climáticas. A COP-15, como Bali e as conferências anteriores, é um gigantesco multicirco, no qual milhares de diplomatas sem mandato decisório negociam firulas, enquanto preparam a chegada dos "decididores" chefes de Estado, que conhecem pouco dos problemas e querem sobretudo ficar bem na fita para o público interno dos respectivos países.

Há um avanço após cada uma dessas COPs, mas é milimétrico. Nada próximo do necessário para lidar de maneira eficiente com um tema da complexidade do aquecimento global. Há alguns meses, o Banco Mundial estimou em US$ 470 bilhões anuais a verba necessária para a mitigação das emissões de GEE e para a adaptação ao que já vai ocorrer, irremediavelmente. Na mesa, na COP-15, temos US$ 10 bilhões. Para manter a concentração de GEE na atmosfera em 450 ppm e o aumento de temperatura em dois graus celsius, os países desenvolvidos teriam de cortar em 40% suas emissões até 2020, e os em desenvolvimento mantê-las ao nível de 2005. Nada disso está perto de acontecer.

O fórum adequado para um processo realmente viável seria algo no formato do G-20, com os vinte maiores países emissores e responsáveis históricos pelas emissões acumuladas de GEE na atmosfera. Um acordo costurado num fórum desses poderia depois ser submetido, devidamente mastigado, ao resto das Nações Unidas, que necessitariam sobretudo de recursos para a chamada "adaptação". Dizê-lo é politicamente incorreto, pois vulnera o princípio de igualdade entre todas as nações integrantes da ONU.

A COP-15 não vai resolver sequer a equação das reduções de emissões necessárias, nem de países desenvolvidos nem dos países em desenvolvimento (que já são responsáveis por mais de 60% das emissões); tampouco vai equacionar o problema do financiamento da reconversão planetária para uma economia de baixo carbono, pois a crise tornou os países industrializados (EUA, Europa e Japão) ainda mais refratários. O principal dado novo positivo internacional de Bali para Copenhague foi a eleição de Barack Obama. Mas enquanto ele não resolver a parada da reforma do sistema (ou não sistema) de saúde, ficará refém político dos senadores democratas. Não poderá desagradar a nenhum dos que representam estados onde o carvão joga um papel importante na economia e na geração de empregos. Um senador da direita democrata que se irrite por alguma concessão de Obama "aos europeus" ou às "incertezas científicas" do clima, e Obama perde o voto decisivo que precisa para a reforma da saúde.

Portanto, não pode desagradar nem aos carvoeiros, nem a Israel, nem a ninguém sensível a nenhum dos outros temas que podem lhe custar o mágico voto número sessenta, que ele precisa para impedir os republicanos de bloquearem a histórica reforma, tentada sem sucesso nos EUA desde a época de Roosevelt. E não falo de Franklin, mas de Ted Roosevelt. O fato de a EPA ter definido os GEE como nocivos à saúde humana pode em tese permitir que se prescinda dos senadores para impor a tímida redução de mais ou menos 17%, tomando-se 2005 como ano-base. O problema é que ele não pode baixar por decreto a parte econômica do chamado *cap and trade*, sem o qual a redução norte-americana fica capenga em termos de financiamento.

A China e a Índia não passaram por nenhuma mudança política análoga à transição entre Bush e Obama. Houve uma leve tomada de consciência, até porque são países brutalmente vulneráveis às consequências do aquecimento global (derretimento de geleiras, crise de abastecimento de água, megaenchentes, etc.). Mas também são países que se mexem lentamente, de modo paquidérmico, e têm um problema objetivo de grande monta e difícil saída em curto prazo: sua enorme dependência do carvão, abundante e barato, para geração de energia elétrica.

Nesse contexto, o Brasil pode ficar bem na fita e pontificar à vontade, pois, de fato, nossa decisão nos deixa perto do percentual relativo da redução de emissões norte-americanas. É um processo menos doloroso que o da China ou da Índia, embora esteja longe de ser indolor. Se essa conferência servisse ao menos para estabelecer um padrão comum de referência, que permitisse à opinião pública global entender melhor o problema e o que cada país está (ou não está) fazendo para atacá-lo, já seria um progresso. No entanto, ainda não se vislumbra isso no ar. Então, ficamos reduzidos a esse multicirco, em que se produzem a cada segundo milhares de fragmentos que alimentam as mais diferentes mídias. Uma Torre de Babel, uma cacofonia global, estridente ou sussurrante, invade, caótica, as ondas.

A imprensa tradicional corre de um lado para o outro, insegura a respeito da exatidão dos fatos. Por exemplo, ontem o mui respeitável

New York Times trazia uma matéria sobre uma drástica queda da atividade solar, que teria levado a um relativo esfriamento nos últimos anos — municiando inclusive os negacionistas. Hoje já encontramos uma matéria com recentíssimas projeções de que o ano de 2009 será o quinto mais quente da história. Mas, se você quiser, o grande evento hoje foi o "piti" que o delegado de Tuvalu deu no grande plenário da conferência. Ou será que foi a sub-reptícia retirada do nunca apresentado documento da Dinamarca? Ou a presença do nosso Gil — solicitadíssimo — nos corredores do Bella Center? Ou, quem sabe, a disputa do "fóssil do dia" entre o Canadá e a Ucrânia?

Ao final, virão os chefes de Estado e o verbo a ser conjugado será como "acoxambrar". Fazer "nas coxas". Como vou dizer isso para os amigos gringos não familiarizados com a gíria carioca? *Let's acochambrate, motherfuckers?*

O Brasil e a França estão de acordo para criar uma Organização Mundial do Meio Ambiente e do Desenvolvimento, corolário mais do que lógico de todo o processo vivido desde a Rio 92. Nós, verdes, defendemos que seja sediado no Rio, não precisa explicar, como dizem os franceses: *ça va de soi*. Mas há muita resistência não só a isso, como à ideia, muito menos complicada, de um Rio+20 no Rio de Janeiro, novamente. A alternativa seria fazer a reunião em 2017, quando expira o Protocolo de Kioto, negociado em 1997. Há divergências e necessidade imperiosa de pequenos encontros para ver quando será a próxima grande reunião. É assim a COP-15. Deu para entender?

12/12/2009

Os "passinhos incrementais". Todas as COPs produziram algum avanço incremental e Copenhague não será exceção. Esse fato em nada resolve a questão do aquecimento global, pois a distância entre o máximo que pode ser logrado no consenso da ONU e o mínimo cientificamente necessário, descontando-se o chamado "princípio da precaução", é muito grande. Vejamos os passinhos incrementais que se esboçam, a partir de um documento-base redigido pelo embaixador Luis Alberto Figueiredo, chefe da delegação brasileira:

1- O estabelecimento oficial de um "teto" para concentração de GEE na atmosfera que, teoricamente, garanta que o aumento da temperatura não passe de dois graus celsius.

2- Um aumento na redução dos países do chamado Anexo 1 do Protocolo de Kioto (Europa, Japão e EUA).

3- Pela primeira vez, um compromisso dos emergentes em colocar limites em relação ao crescimento de suas emissões e microavanços no financiamento. A princípio, ficaria entre 15% e 30% da curva BAU (*business as usual*), ou seja, para contemplar a China e a Índia, o limite máximo ficaria abaixo do definido pelo Brasil (37% a 39%).

Considerando que é por aí que vão se dar os maiores aumentos de emissão, fica claro quão capenga seria o acordo. Como em tudo, o diabo se esconde nos detalhes. O primeiro ponto é genérico, e se não for amarrado claramente a metas relacionadas com um futuro próximo (2020, digamos), vai ficar para as calendas gregas. No segundo ponto, era evidente que a UE vinha com umas "gordurinhas" a negociar em Copenhague, mas, no caso dos EUA, não tem muito jogo porque qualquer acordo depende do Senado, e nem o modesto objetivo de reduzir em 17% em relação a 2005 foi ratificado.

[No ano seguinte, o Senado norte-americano mais uma vez reduziria a pó de mico o *Climate Bill* aprovado na Câmara dos Deputados e trazido à COP-15 por Obama.]

No terceiro ponto, estamos mais longe de qualquer acordo razoável. O Banco Mundial considera que seriam necessários US$ 470 bilhões/ano para mitigação e adaptação. Na mesa da COP-15, até agora temos apenas US$ 10 bilhões, e ontem a UE anunciou mais US$ 3 bilhões destinados, a fundo perdido, para os países mais pobres. Se acreditamos nos cálculos do Bird, que não é nenhuma organização radical, temos pouco mais de 1/50 do necessário para financiar a transição planetária em direção a uma economia de baixo carbono e para a adaptação às mudanças climáticas já inevitáveis. Por fim, todos os compromissos a serem acordados precisam, depois, ficar expressos nas legislações nacionais e na implementação prática. É aí que fica o xis do problema: na distância entre intenção e gesto.

15/12/2009

Pré-campanha em Copenhague. Aconteceu o inevitável: a pré-campanha presidencial se mudou para Copenhague. A ministra Dilma chegou e logo meteu o pé na jaca. Lula vem amanhã para salvá-la, assumindo a centralidade no palco. Já se esperava. A partir do momento em que a ministra-candidata Dilma Rousseff chegou à COP-15, tudo virou campanha. Fiel ao estilo, ela apareceu botando banca e, ocasionalmente, cometendo alguma gafe.

A situação lhe era muito favorável. A posição brasileira na COP-15 é muito confortável. Com toda nossa insuficiência e ausência de metas obrigatórias, ficamos melhores que a China, os EUA e a Índia, como resultado de ter prevalecido no governo brasileiro a posição do Ministério do Meio Ambiente, sob pressão da opinião pública e, muito particularmente, a partir do "efeito Marina". Serve de pouco consolo para o planeta, mas politicamente é uma senhora bola levantada.

Em boa linguagem futebolística, para Dilma era só "ir para o abraço", mas ela tentou o chamado *overkill*: além de aparecer como chefe da delegação de um país "bem na fita", quis ser líder de um bloco, junto com China e Índia, "contra" os países desenvolvidos, numa linha semichavista. Aí vieram as gafes. A proposta de Marina, de que o Brasil contribuísse com US$ 1 bilhão para um fundo que beneficiasse os países mais pobres nos seus projetos de adaptação ao aquecimento global, foi criticada por ela, dizendo que "não fazia nem cosquinha" no problema. À parte a infantilidade da observação, não é bem assim. A UE acaba de se oferecer para colocar US$ 3 bilhões nesse fundo. Desprezar a quantia e oferecer menos ainda (nada) a deixa num papel antipático.

Logo, tivemos o monumental ato falho que anda fazendo a delícia dos youtubeiros: "O meio ambiente é uma ameaça ao desenvolvimento sustentável." Todos somos vulneráveis a um *lapsus linguae*, mas quando se olha o vídeo percebe-se que ela vai em frente, não corrige nem percebe a barbaridade, o que dá a exata noção da forma maquinal com que se relaciona com aquele texto, tão perto dos olhos, tão longe do coração. Aquilo que em inglês se chama *lip service*, cuja tradução seria "da boca para fora". Toda a *gestalt* é meio truculenta. Vi-a passar por perto, cercada de dezenas de áulicos e puxa-sacos, o chão tremendo.

A imprensa está cheia de alusões a gestos agressivos dela em relação ao ministro Carlos Minc, a quem deveria ter apenas gratidão, pois foi quem soube, diante do "efeito Marina", estruturar uma proposta consistente para o Brasil, vencendo em tese as resistências do Itamaraty e do Ministério da Ciência e Tecnologia, e permitindo ao Brasil ficar bem na fita. Claro, qualquer um que conheça o Minc — no meu caso, há séculos — sabe como gosta de ser estrela diante da mídia. Poucos tem seu talento, sua desinibição e, ocasionalmente, sua cara de pau. Por outro lado, seu discurso é informado e consistente. Em vez de fazer disso uma "vantagem comparativa", Dilma se sente ameaçada no estrelato, burocraticamente forçado pela evidente familiaridade dele com o tema. Mas, amanhã, o problema vai ser resolvido porque Lula, o grande comunicador, virá à COP-15. Pontificará à sua maneira, possivelmente com aquelas barbaridades que acabamos por perdoar, e que os gringos, de alguma forma, adoram. Não se sabe se isso vai ajudar ou atrapalhar a COP-15, mas com certeza vai ajudar a tirar o foco das escorregadelas de sua candidata.

19/12/2009

Na política pré-eleitoral, o saldo final da nossa presença é positivo. Apesar do extremo desequilíbrio de estrutura, conseguimos que Marina tivesse na mídia um *status* equilibrado ao de Dilma e ao de Serra. O momento decisivo foi quando "invadimos" o espaço oficial do Itamaraty, durante uma mesa na qual estavam o governador José Serra e o ministro Carlos Minc. Eu estava frustradíssimo, sem conseguir espaço para uma conferência de imprensa de Marina. Tudo ocupado, e no espaço oficial havia um gentil mas firme boicote. Um tratamento totalmente diferente daquele de Bali. Também, naquela época, Marina era a ministra e não tínhamos eleições presidenciais. Aí me deu aquele estalo: vamos cavar essa matéria na marra. Eu sabia que a Rede Globo ia cobrir o evento com Serra e Minc. Conversei rapidamente com Marina e fomos lá com um pequeno grupo. Funcionou. A reportagem da Globo pegou Marina para fazer o contraponto, e ela apareceu naquele dia no *Jornal Nacional*, numa situação equilibrada com os dois outros presidenciáveis presentes na COP-15. No evento, Serra gentilmente convidou Marina para a mesa. Ela acabou sentando no lugar do Minc, que educadamente ficou de pé, mas com uma cara preocupada.

Marina e Guilherme Leal me convidaram para uma reunião no hotel dele. Pediram que eu assumisse formalmente a coordenação geral da pré-campanha, até final de junho de 2010, já que vou sair candidato a deputado federal pelo Rio. É uma formalização do que já venho fazendo, embora eu esteja funcionando mais como porta-voz e articulador do que coordenador de algo que é muito difuso, que parece dificilmente coordenável — o mais complicado é a agenda. O estilo de ampla consulta permanente de Marina é bom, por um lado, porque é inclusivo e gera mais transparência, mas, por outro, quando entrarmos em modo de campanha, vamos ter problemas. Não vejo como uma campanha possa funcionar na base de decisões tomadas *ad hoc* sem um foro restrito de decisão institucionalizado.

Tivemos ontem um episódio curioso. Ao chegar, Marina, em vez de ir para um hotel, preferiu um apartamento arrumado pelo pessoal do Greenpeace, bem perto do Bella Center. Quando chegamos ao apartamento, sob um frio de lascar, a primeira imagem que me ocorreu foi a do "aparelho", nome que na época da guerrilha urbana dávamos para as casas clandestinas em que nos escondíamos. Até brinquei com Marina sobre isso. "Candidata à Presidência fica alojada em 'aparelho' do Greenpeace." Quando fazíamos nossa primeira reunião, Marina, Guilherme Leal, Carlos Vicente e dois auxiliares de Leal, Leandro e Ana Maria, surgiu no apartamento um espanhol, todo atrapalhado. Estivera alojado ali até a véspera e esquecera umas coisas, que recolheu atabalhoadamente. Logo percebemos que ele levara inadvertidamente um dos celulares que eu tinha alugado para a equipe... O do Guilherme Leal.

Alguns dias mais tarde o pessoal do Greenpeace, muito nervoso, pediu que Marina saísse do apartamento, pois "havia acontecido um problema". Quando voltamos para evacuar "o aparelho", havia um aviso da polícia dinamarquesa de que o mesmo fora arrombado e revistado. Tudo feito de forma profissional, sem sinais exteriores.

Depois soubemos o motivo: o espanhol trapalhão Juan López de Uralde acabara de ser preso — com brutalidade — pela polícia dinamarquesa, protagonizando uma deliciosa operação *à la* Greenpeace. Comparecera a um rega-bofe de chefes de Estado numa Mercedes estilizada, com um crachá totalmente escrachado, e junto com uma moça abriu no meio do coquetel uma faixa de protesto pelo fiasco da COP-15. Foi preso e ficou em cana durante semanas, por uma vingança totalmente arbitrária da polícia dinamarquesa, que exagerou na agressividade em diversas ocasiões. Fiquei olhando para os caras perto do Bella Center e no centro de Copenhague. Conheço polícia: doidos para baixar o cacete.

Ficamos fazendo piadas sobre a situação, imaginando que Marina fora confundida com uma radical islâmica por causa de um grosso chale preto que usava e chamava de *burka*; na verdade, estava mais para um *tchador* iraniano.

17/12/2009

São 20 horas, de 18 de dezembro de 2009. A conferência já deveria ter terminado. Obama está reunido com Lula e os líderes da China, da Índia e da África do Sul para tentar dar uma acochambrada/guaribada final. Uma coisa já é certa: ficará aquém do que a ciência exige — já sem o princípio da precaução — para manter o aquecimento global em menos de dois graus e a concentração de GEE em 450 ppm. No *draft* mais recente a que tivemos acesso, fala-se de reduzir em 50% as emissões de GEE até 2050. Teria de ser no mínimo 70%. Se não há acerto para 2050, o que dizer de 2020?

Barata voa! Barack Obama, cujas orelhas vi três vezes, passando há poucos metros de mim numa confusão indescritível, acabou negociando o "acordo possível" com Lula e os líderes da China, da Índia e da África do Sul, e a anuência da UE. O acordo possível não é um acordo propriamente dito, e, quando eu saía do Bella Center às 4 da manhã, ainda não tinha sido formalmente referendado pela conferência. Vários países ameaçavam opor seu veto, e a COP-15 terminaria sem texto final.

As grandes linhas da "Declaração de Copenhague": não há novas metas obrigatórias, mas intenções inventariadas num anexo (em alguns casos com informações compiladas da imprensa). Haverá

US$ 10 bilhões por ano apenas, a mesma cifra do início da COP-15. Prometem que até 2020 haveria de alguma forma US$ 100 bilhões anuais, mas nisso estão incluídos os mecanismos de mercado que ninguém pode prever quanto irão somar.

Não há metas para 2020! A meta para 2050 é de 50% de redução sobre 1990, e não garante as 450 ppm e os dois graus estipulados pelo IPCC como limite máximo.

[No final, nem isso aconteceu!]

Há um relatório científico correndo internamente que assegura que passaremos dos três graus, e isso terá gravíssimas consequências, inclusive para o Brasil, onde a temperatura subirá 20% a mais que a média. O circo continua no México, em dezembro de 2010, onde se espera avançar mais. Pessoalmente, acho que o formato da ONU para lidar com o aquecimento global, que já vinha rateando há muito tempo, agora faliu de vez. É preciso pensar num G-20 do clima.

Na delegação brasileira, um vexame à parte: o negociador-chefe do Itamaraty, Luis Alberto Figueiredo, embarcou com Lula e Dilma, que vinha escondida nos dois últimos dias — passou por mim no hotel e fingiu que não me conhecia —, e deixou a rabuda na mão do ministro do Meio Ambiente, Carlos Minc, que com uma dedicada e competente equipe procurou conduzir ao final o processo de alguma maneira, salvando o que dava para salvar. Alguns áulicos do Itamaraty ainda ficaram atrapalhando, e chegaram a correr atrás da imprensa para negar a autenticidade do documento elaborado entre os chefes de Estado do novo grupo informal, o Basic (Brasil, África do Sul, Índia, China), com os EUA, e a anuência da UE. Aliás, Durão Barroso, presidente da Comissão Europeia, terminou a reunião numa conferência de imprensa, de dedo em riste, acusando "certos países" de pressionarem a UE para que não intensificasse as metas de corte de emissões, de forma a não os colocar em embaraço. Referia-se à China.

O abandono do Itamaraty lembrou-me daquele patético técnico do Flamengo, nos anos 1970, o "homão" Dorival Knipel, o Yustrich: "Eu ganhei, nós empatamos, vocês perderam." Nesse torneio de pernas de pau, todos perdemos...

30/12/2009

No pós-Copenhague. Depois do fracasso da COP-15, dois fatos emergem de forma clara: 1) É preciso negociar um pós-Kioto num foro mais restrito composto por países grandes emissores, com responsabilidades históricas ou com vulnerabilidades especiais. O circo ONU não dará conta do recado; poderá *a posteriori* oficializá-lo e ampliar um acordo entre os atores que de fato contam. 2) O terreno de batalha decisiva ainda é dentro de cada país, região e cidade, remetendo-nos à noção de que mais do que nunca precisamos pensar globalmente e agir localmente. É preciso fazer convergir ações de redução das emissões de GEE com outras mais imediatamente perceptíveis e aceitas pela opinião pública, envolvendo a segurança energética e a defesa do meio ambiente local. O segundo ponto é a necessidade de se buscar um consenso político em relação à questão do clima que transcenda as polarizações partidárias ou ideológicas, inclusive a dicotomia direita-esquerda.

A Suécia conseguiu reduzir em 9% suas emissões entre 1990 e 2005, ultràpassando a meta de Kioto. Na origem dessa performance, no entanto, encontramos uma estratégia de segurança energética que tem origem na crise do petróleo de 1973. Do início dos anos 1980 até hoje, ela conseguiu reduzir em metade seu consumo de petróleo. Em 1973, 80% de seu consumo de energia dependia de petróleo; atualmente, menos de 35%. A Suécia tem como meta prescindir totalmente de petróleo até 2020. Essa mudança de matriz energética foi em boa parte financiada por uma taxa de carbono, a mais antiga da Europa.

Na Alemanha, uma considerável convergência política propiciou um crescimento muito significativo das fontes de energia renovável, permitindo que em menos de uma década sua proporção passasse de 6,3% para 14% da oferta de energia elétrica. A Alemanha lidera em energia eólica, com mais de 20 mil cata-ventos, e em energia solar, com 80% de toda a produção fotovoltaica da Europa — embora em breve tenda a ser ultrapassada, em números absolutos, pela China.

A Noruega oferece um estudo de caso diferente. De sua geração elétrica, 95% provêm de usinas hidroelétricas. Diferentemente da Suécia, no entanto, não foi feliz na sua primeira fase de tentativas de redução de emissões, no pós-Kioto. Elas aumentaram bastante, sobretudo em função da expansão do transporte individual. Para cumprir suas obrigações do Protocolo de Kioto, o país adotou uma estratégia agressiva de financiamento de projetos de redução/absorção de carbono em outros países, inclusive no Brasil. Atualmente ela trabalha com uma meta nacional de 40% e tenciona se transformar num país "carbono-neutro" até 2030.

Um dos casos de sucesso mais interessantes vem de um país em desenvolvimento, a Costa Rica, que tem a meta mais arrojada de todas: tornar-se "carbono neutra" em 2021. A parte mais importante do esforço costa-riquenho é empregado por programas de reflorestamento e conservação florestal, públicos e privados, com fortes incentivos fiscais. Por outro lado, a Costa Rica introduziu uma taxa sobre combustíveis fósseis, o que não vem impedindo um rápido aumento da frota automobilística.

Fazer convergir metas de redução com projetos energéticos, florestais, agropecuários, industriais, de transportes e urbanísticos que criem benefícios econômicos e socioambientais adicionais à redução de emissões é o grande desafio. É preciso fazê-lo de forma politicamente convergente, mediante "compromissos histórico-climáticos", para além de interesses partidários e da própria polarização esquerda-direita.

30/12/2009

O *hoax* da vice. Vários coleguinhas me ligaram no final do ano com a mesma pergunta, surgida da platitude jornalística desses dias, em que nada acontece e encher linguiça é preciso. Tenho respondido que a candidatura de Marina Silva à Presidência é irreversível. Há milhões de brasileiros e brasileiras que anseiam por uma proposta fora do paradigma da política tradicional, das grandes máquinas e de um modelo ancorado no velho desenvolvimentismo dos anos 1960. Há milhões de pessoas que se identificam com Marina Silva e confiam nela como portadora de novas esperança e símbolo de uma nova era no Brasil e no exterior. Jamais iremos abandoná-las ou decepcioná-las. Não existe nenhuma hipótese de Marina ser vice do governador José Serra, da ministra Dilma ou de quem quer que seja. Pragmatismo por pragmatismo, era mais fácil sua reeleição ao Senado pelo Acre.

Os mesmos que hoje especulam com essa hipótese de ela ser vice de Serra — em parte, é falta de assunto, um drama jornalístico das festas de fim de ano — descartavam a possibilidade de ela sair do conforto do PT, partido do governo, e abrir mão do Senado. Surpreenderam-se com alguém que toma decisões políticas fora do jogo pragmático, que se move por um ideal. Nada contra o governador José Serra ou a ministra Dilma Rousseff. Marina e os verdes já definiram claramente seu destino nessa eleição: caminho próprio, diferenciado. Nem anti-Lula nem antitucanos, pois reconhecemos o que houve de positivo nos últimos oito anos da gestão de ambos. Mas achamos que é preciso ir muito além e fazer diferente. O país pode ficar amarrado a qualquer uma dessas forças que escolheram se aliar ao atraso para disputar o poder entre si. Até para que possam sair dessa polarização e continuar contribuindo. Marina significa uma nova era.

7/1/2010

Tempo de "plantar" e especular. Pode-se se dizer que ontem começou a temporada política de 2010, com um frenesi de "plantação" de contrainformações, repórteres políticos excitados (equivocados) e, como resultado, notícias ou até manchetes truncadas. Detectamos claramente uma "plantação" proveniente de áreas petistas, que curiosamente coincide com outra, anterior, de seus homólogos tucanos, tentando criar vínculos entre a candidatura de Marina e a de Serra. Bobagem. Não existe a mais remota hipótese de qualquer cenário de primeiro turno no qual Marina não esteja como candidata à Presidência! O segundo turno a Deus pertence, e para todos os efeitos esperamos lá estar. Existe essa possibilidade, apesar da desproporção de meios e da disputa assimétrica. São novos tempos. Surpresas acontecem quando o povo fica de certo jeito. Obama que o diga. Se não estivermos no segundo turno, em outubro o PV fará convenção para se posicionar. Até lá, em relação tanto a Serra quanto a Dilma: respeito, equidistância, diferenciação entre a velha e a nova política, entre o Brasil dos últimos dezesseis anos, com suas realizações e frustrações, e o novo que queremos construir.

8/1/2010

Educação: o foco do programa de Marina. O programa nacional do PV de fevereiro terá como principal protagonista Marina Silva, e seu grande foco será a educação. O que precisamos revolucionar na educação para um Brasil sustentável capaz de se tornar uma potência do terceiro milênio? O que nos ensinam as revoluções educacionais de países que conseguiram promovê-las? Esse programa deverá ser realizado pela mesma equipe que preparou o programa de setembro de 2009, a partir do qual Marina passou de 3% para 10% das intenções de votos.

Focando no que interessa. Finalmente, começamos a mudar de assunto e a sair daquela pauta furada (e plantada), querendo promover nosso casamento à escopeta com os tucanos. Curiosamente, a fonte da plantação é petista, e fico tentando imaginar o que pretendem com isso. A informação sobre o Eduardo Jorge vem dali também. Ele faz parte da coordenação política de Marina desde o início, mas nunca foi cogitado para a coordenação geral pelo simples fato de que exerce de forma destacada a Secretaria Municipal do Meio Ambiente de São Paulo. Seu trabalho é amplamente reconhecido por paulistanos de todas as correntes políticas. Ele não pensa em sair para se candidatar a nada, e não teria sentido deixar a Secretaria para assumir uma coordenação de campanha. Entretanto, o boato serviu de "gancho" para bater novamente na tecla, e coincidiu com outro de que "Marina ia renunciar".

Já foi apurada e identificada a existência de um escritório de contrainformação remunerado, em Brasília, que está espelhando essas bobagens e vai certamente partir para coisas piores mais adiante. À medida que suas plantadinhas furadas vão se revelando, os jornalistas sérios passam a identificar a fonte como poluída, com exceção dos que, por uma ou outra razão, não querem ver.

11/1/2010

Marina e o diálogo entre verdes e cristãos. Marina concedeu uma importante entrevista ao site da revista *Cristianismo Hoje*.[3] Ali

[3] Ver a íntegra da entrevista de Marina na seção "Documentos".

encontramos um importantíssimo conceito sobre o Estado laico, que é a base do entendimento entre verdes e cristãos. Diz Marina:

> *O Estado laico não é crente, nem ateu, nem agnóstico. É o Estado laico que assegura que eu tenha uma fé e que, em função da minha fé, eu não venha a sofrer nenhum tipo de sanção. Que eu possa vivê-la nos diferentes espaços: no meu trabalho, na minha casa, no mundo. O Estado laico não é só para proteger os não crentes dos crentes, é também para proteger os crentes dos não crentes e possibilitar que ambos sejam protegidos num espaço em que a alteridade possa ser realizada e vivenciada, sem que isso signifique que você tenha de viver uma "dupla personalidade".*

Esse conceito firma o Partido Verde como partido laico, aberto a todas as formas de espiritualidade e todas as religiões, tendo como limite a tolerância e o respeito de uns com os outros e com os não crentes e agnósticos, e o compromisso de manter laica a nossa República. Essa visão consagrada nos valores e no programa dos verdes cria um amplo espaço para a participação de religiosos no partido. Frequentemente me perguntam: "E como fica esse negócio do criacionismo? Marina defende isso?" Do outro lado, perguntam a ela: "Como é possível que Marina tenha ingressado no PV se o partido admite a legalização do aborto e das drogas?" São assuntos que certamente ainda vão dar o que falar. É preciso que os verdes estejam muito bem-afinados para discuti-los, com franqueza e veracidade, e esclarecer as dúvidas de todos. Vamos lá!

Os "temas complicados". A discussão aí não é tanto o criacionismo em si, mas sim a discussão do que deve ou não ser ensinado na escola pública. Marina jamais defendeu a obrigatoriedade do seu ensino na escola pública. Toda essa celeuma, fruto da desinformação ou da contrainformação, teve origem num episódio exatamente oposto: Marina defendeu que também se ensinasse a evolução numa escola religiosa que ensinava apenas o criacionismo. De mais a mais, penso que é possível acreditar em Deus e conceber que ele tenha criado o Universo, que se desdobrou na forma cientificamente detectada da evolução. Pessoalmente, acredito que os seis dias constituem uma metáfora — seis dias que podem representar seis bilhões de anos, no tempo humano —, como muitas outras, mas respeito quem os toma ao pé da letra. Quanto aos chamados "temas malditos", não penso que a distância seja tão intransponível assim se focarmos no objetivo comum, que é diminuir o sofrimento e defender a vida.

No que diz respeito às drogas, o PV jamais pretendeu que são "boas"; pelo contrário, desejamos reduzir ao máximo o abuso de drogas em nossa sociedade. Apenas acreditamos que é mais eficaz trazer esse enfrentamento para o campo da saúde pública e da prevenção, retirando-o da esfera da guerra civil, que envolve a disputa pelos seus mercados. Na questão do aborto, queremos reduzir seus casos até que cheguem a zero, o que coincide com a esperança dos cristãos e de outras correntes religiosas. Apenas acreditamos que é mais fácil prevenir o aborto por meio da educação sexual, do planejamento familiar e da persuasão; e que é mais produtivo dar assistência à gravidez indesejada numa situação de legalidade do que numa de clandestinidade ou semiclandestinidade.

Os religiosos relutam em admitir, mas o fato é que o aborto é tolerado em nossa sociedade. Das poucas vezes em que se tentou de verdade reprimir as clínicas que funcionam quase abertamente — muitas com nome de santo —, foi tamanha a quantidade de mulheres que morreram ou foram internadas em hospitais por autoaborto que seu funcionamento tácito foi prontamente tolerado, em troca da institucionalizada propina policial. Visivelmente, as diferenças entre o segmento cristão que se mobiliza em torno de Marina e os verdes não está nos fins, mas nos caminhos para alcançar propósitos comuns. Por isso, o diálogo verdes-cristãos é rico e tem grande potencial de fraternidade e entendimento. Da mesma forma que aquele dos verdes com outras correntes religiosas ou filosóficas: o catolicismo, o judaísmo, o islamismo, o budismo, etc. Pessoalmente, estou convencido de que múltiplos caminhos levam a Deus pelos condutos do amor, da tolerância e do respeito entre os homens, e deles em relação à natureza. Há toda uma nova onda no universo cristão em torno da questão ecológica. É fácil entender por quê. Se tomamos a Terra como uma criação divina, as ações que alteram seu equilíbrio natural e devastam sua beleza são intoleráveis. Trabalhar para defendê-la é certamente algo que corresponde aos Seus desígnios. Voltaremos ao assunto em breve.

21/1/2010

Uma nova missão. Estou assumindo formal e oficialmente a coordenação nacional da pré-campanha de Marina o até final de junho, época das convenções, quando então passarei o bastão. Durante a Conferência de Copenhague, Marina me pediu que coordenasse sua pré-campanha. A sugestão lhe fora feita por Gabeira e por Sérgio Xavier. Ela entende esse trabalho como uma ação coletiva, e formamos um grupo que começou a atuar junto há pouco menos de um mês.

Começou uma cerrada "plantação" na imprensa, claramente originada por uma oficina de contrainformação localizada em Brasília, dando conta de que o coordenador seria Eduardo Jorge, o secretário de Meio Ambiente da cidade de São Paulo, cujo nome nunca foi cogitado, justamente porque é um excelente secretário, deseja continuar seu trabalho e não teria tempo para tanto. A "plantação" queria dar à versão uma conotação de "aproximação com os tucanos" e "linha auxiliar", porque Eduardo Jorge vem da gestão Serra, na prefeitura paulistana. Ele não fazia sequer parte da chamada coordenação de pré-campanha, que agora se oficializou com o nome de Comitê Verde de Pré-Campanha. Faz parte da direção política nacional do PV para o processo 2010 e da revisão programática, que é a Coordenação Nacional, formada por 21 membros. Naquela mesma semana, "plantavam" que Marina "ia desistir" e, depois, que ia ser vice de Serra. Era clara a orquestração, porque a mesma pauta era perseguida simultaneamente pelos principais jornais, e as colunas foram todas sendo irrigadas pelas mesmas versões. Alguns caíram nelas feito patinhos.

Decidimos adiar a divulgação do fato de que eu assumira a coordenação para não parecer que isso fora alguma mudança de rumo ou desistência em relação a Eduardo Jorge, sob pressão da mídia. Evidentemente, ele estaria mais que qualificado para a missão, mas no momento exerce outra. Enfim, conforme prometido aos jornalistas, ontem, dia 20, foi divulgada parte do Comitê Verde da Pré-Campanha, que ainda tem vários outros nomes a serem oportunamente anunciados. Devemos chegar a doze. Os seis divulgados foram: Alfredo Sirkis (RJ), Guilherme Leal (SP), Regina Gonçalves (SP), Sérgio Xavier (PE), João Paulo Capobianco (SP) e Luciano Zica (SP). A principal tarefa é mobilizar o PV, engajando-o num movimento muito mais amplo, e organizar a pré-campanha, que se constitui no embrião da campanha. Como numa fotografia em processo de revelação, a pré-campanha está tomando forma. Estão sendo montadas as estruturas de pesquisa, comunicação, mídia, intermídia, logística, agenda, etc. O desafio de uma campanha nacional é imenso e fascinante.

25/1/2010

Eleição plebiscitária: o suprassumo do tédio. "Na guerra, a primeira vítima é a verdade", diz o dito popular. Nas campanhas eleitorais, também. E nota-se na imprensa os reflexos dessa situação. O governo montou uma oficina de contrainformação — tendo como alvo a candidatura de Marina — que começou a funcionar, pontual e contratualmente, na primeira semana do ano. Naquela semana, todas as redações foram sucessivamente pautadas por três versões: 1) Eduardo Jorge ia coordenar a campanha de Marina, e isso seria uma "prova" da "linha auxiliar de Serra". 2) Marina ia desistir. 3) O palanque de Gabeira no Rio seria de Serra.

Essas três pautas "furadas" foram desmascaradas, mas virão novas sem prejuízo de "requentar" a 2 e a 3, pois já dizia o repugnante Goebbels: a mentira insistentemente martelada assume ares de verdade. Às vezes, pelo menos.

No caso da mídia direcionada (não é o caso dos jornalões), qual é o objetivo? Tentar inibir o crescimento de Marina, que com 10% há meses revela um potencial assustador. Continuam apostando no cenário "plebiscitário". É fácil saber a quem desfavorece: ao povo e à democracia brasileiros, que consagraram a eleição em dois turnos justamente para termos, no primeiro, um amplo debate de propostas e perspectivas para o Brasil e, no segundo, um confronto a dois, de características plebiscitárias.

Marina representa bandeiras emergentes, valores novos, sonhos e aspirações de milhões de brasileiros que, dependendo de ventos favoráveis, podem superar essa polarização entre PT e PSDB e alterar completamente os dados desta eleição. Há gente à esquerda e à direita muito preocupada com isso, o que não deixa de ser estimulante.

E cá entre nós... imaginem um primeiro turno "plebiscitário" entre Dilma e Serra. Seria o suprassumo do tédio!

29/1/2010

Financiamento eleitoral: na quadratura do círculo. O financiamento de campanhas eleitorais e partidos políticos é questão controversa e quase sempre mal resolvida na maioria das democracias, e existe em toda parte a suspeita de que esteja associado à corrupção ou, no mínimo, a interesses escusos. Escândalos são frequentes e atingem até figuras impolutas, como o ex-chanceler da Alemanha Helmut Kohl; vários presidentes norte-americanos; o ex-primeiro ministro britânico Tony Blair; a cúpula do PS francês, nos anos 1990, e por aí vai. Na França, durante muito tempo, existiram oficialmente os chamados *fonds secrets* (fundos secretos), recursos públicos destinados a ocupantes de cargos de alto escalão, em princípio para despesas legítimas de Estado, mas que com frequência eram apropriados ilegalmente por políticos e partidos. Ficavam disponíveis em espécie e sem obrigação de prestação de contas! John Kennedy, se fosse francês, não precisaria ter recebido e guardado no seu armário, na Casa Branca, uma mala de dólares trazida por sua amante Judy Campbell Exner, que também se relacionava com o chefe da máfia Sam Giancana. Teria à disposição, na gaveta do Salão Oval, uns tantos pacotes de notas, com as efígies de alguns de seus antecessores, oficialmente providas pelo governo!

Ao contrário do que se imagina, no Brasil as normas são severas, detalhistas — o que alimenta uma gigante burocracia de controle e fiscalização, que se nutre, como costuma acontecer com as grandes burocracias de fiscalização, da criação de dificuldade para a venda de facilidades propiciada pelo labirinto de uma normalização intricada. A mídia aborda o assunto da mesma forma com que trata da temática de corrupção em geral: cobre insistentemente escândalos reais ou forçados, de acordo com um padrão já consagrado há muitos anos, a "dança das cadeiras". A música para, algum político fica com as nádegas em riste e, depois, a música recomeça, à espera do próximo "bola da vez".

Há muito ruído e fúria, mas a impunidade grassa. Por outro lado, as injustiças são frequentes. É lama para todo lado. Cria-se um nivelamento por baixo. Para todos os efeitos, "são todos ladrões", para a grande alegria dos ditos-cujos, que podem suspirar reconfortados: "Viu? Somos todos iguais!" Na pauta atual das editoriais políticas, estão as supostas "doações ocultas". São as contribuições legais feitas diretamente aos partidos, não aos candidatos, e que não são propriamente ocultas, mas divulgadas ao TRE e ao público nos meses de abril, e não nos finais de outubro dos anos eleitorais, como aquelas feitas aos comitês eleitorais ou aos candidatos individualmente. Faz-se um grande alarde em torno dessa não divulgação durante as campanhas, para qual candidato proporcional vai a doação específica de tal empresa.

Imagina-se que essa modalidade de doação decorra de compromissos escusos entre a empresa e o político, que, em vista disso, deseja esconder seus doadores. Embora isso possa até ser verdade em alguns casos, longe está de constituir a regra. A realidade é tão simples quanto isto: a informação de que a empresa "x" doou para o candidato "y" tem, de saída, duas consequências: 1) a empresa "x" será assediada por inúmeros outros candidatos irritados, por vezes ameaçadores — "Então como vocês doam para fulano e não para mim?"; e 2) fica exposta às represálias dos adversários do candidato "y", com toda virulência que a ciumeira eleitoral — para alguns mais forte que a sexual — é capaz de provocar.

A obrigação de divulgar a doação nesse período teria duas consequências óbvias: inibir doações legais e estimular o caixa dois. Porém, teria ainda uma terceira consequência: uma vez depositadas as doações na conta do partido e feitos os seus repasses aos candidatos, é simplesmente impossível se provar que parte da doação de qual empresa ou pessoa foi para tal ou qual candidato. Fica-se totalmente à mercê de uma declaração do próprio beneficiário, que, no entanto, não terá como oferecer nenhuma comprovação, o que torna todo o processo almejado perfeitamente inócuo... A não ser por seu efeito de complicar mais ainda o já alucinante processo de prestação e fiscalização de contas eleitorais.

A criação de mais corredores no labirinto de dificuldades para a venda de facilidades se tornará na prática mais um novo e suculento filão. Há duas verdades que precisam ser ditas a respeito do financiamento de campanhas no Brasil, este país do faz de conta. A primeira é que os grandes esquemas que envolvem candidatos de boa parte do grande *establishment* governamental, nos três níveis de poder, financiam suas campanhas apenas acessoriamente, via doações legais nos períodos de campanha. Possuem enormes caixa dois, tesouros de guerra amealhados no dia a dia da gestão pública, envolvendo fornecedores, obras, licenças, caixinhas institucionalizadas.

Os políticos mais íntegros, e não associados a esses "esquemões", é que têm no período eleitoral sua janela de oportunidade para obter doações. Sempre partem para a campanha com uma grande inferioridade logística, *vis-à-vis* seus adversários encastelados nos governos e/ou manejando centros assistenciais, currais ou clientelas. A retração maior, a cada eleição, do chamado voto de opinião é um dado da realidade brasileira. A se manter o atual sistema eleitoral, pode-se conceber um futuro ainda mais hegemonicamente dominado pelo assistencialismo e pelo clientelismo, que se nutrem logisticamente da corrupção — e vice-versa.

Os íntegros procuram compensar essa inferioridade se voltando para o voto minoritário de uma classe média politizada, cada vez mais desinteressada em votar e refratária à política. É um eleitorado volátil: uma notinha de jornal, uma gafe, pode comprometer irremediavelmente uma trajetória de dedicação e seriedade. Ao passo que a turma do centro assistencial, com seu voto de cabresto garantido, não tem esse problema — podem ser flagrados pelo *Jornal Nacional* num ato de pedofilia e serão votados do mesmo jeito pelos milhares de desvalidos, aos quais concedem consulta médica, ambulância, dentista, despachante, cimento e tijolos, etc. Numa situação dessas, no lugar da enésima pauta recorrente sobre o assunto e da milésima bola da vez, não deveríamos nos perguntar se não há algo estruturalmente absurdo em tudo isso? E há. É o sistema eleitoral de voto proporcional personalizado: o "voto jabuticaba", que só existe no Brasil.

O financiamento deveria ser todo ele destinado aos partidos políticos — de preferência público e bem-regrado —, que deveriam assumir a total responsabilidade sobre seus candidatos e suas prioridades. Seriam, então, coletivamente penalizados pelo eleitor por todo e qualquer deslize ou ato de corrupção, quer interno — na elaboração das listas eleitorais —, quer nas suas práticas de governo ou de mandato parlamentar. Em vez de milhares de candidatos individualmente correndo atrás de sua própria finança de campanha, teríamos duas dezenas de partidos como destinatários dos recursos de campanha públicos e/ou privados, o que facilitaria enormemente a fiscalização, ela também mais enxuta, menos propensa aos vícios do hipercartorialismo e mais eficaz.

Nesse caso, seria totalmente viável uma transparência de doações em tempo real. O volume de recursos alocado nas campanhas eleitorais cairia drasticamente, e com ele a influência do dinheiro nas eleições. A inapetência dos atuais eleitos em relação à reforma do mesmo sistema eleitoral que os consagrou — resistem a serrar o galho sobre o qual estão sentados — é o drama recorrente da democracia brasileira. Tende a submeter todos os governos a um ambiente político instável, em que para governar é preciso encarar a negociação individual com cada deputado ou vereador clientelista, o que frequentemente se materializa em "mensalões" federais, estaduais ou municipais. Tende a perpetuar esse abscesso de fixação purulento, esse descrédito generalizado que solapa pouco a pouco nossa democracia.

3/2/2010

Marina e o desequilíbrio da mídia. Achei engraçado: hoje me ligou um repórter de um grande jornal para que eu comentasse a "estagnação" de Marina nas pesquisas. Que estagnação, santo Deus? Na pesquisa Sensus, ela apresenta um aumento de quase 20% — de 8,1% para 9,5%, —, num período em que o governador José Serra (40,7%) e a ministra Dilma Rousseff (28,5%) estão praticamente todo dia no *Jornal Nacional*, nos outros telejornais nacionais e locais, e em que a imprensa todos os dias lhes dá grande destaque, e para Marina pouco ou nenhum espaço. A última vez que ela foi vista pelo grande público foi no nosso programa de setembro de 2009. Teve alguma cobertura de imprensa favorável na época. No início de janeiro, tivemos um noticiário mais frequente que nos últimos quinze dias, mas em geral obedecendo a pautas hostis "plantadas", do tipo "vai ser vice do Serra", "vai ter de dividir o palanque no Rio", "vai desistir". Ficamos naquela de falem mal, mas falem... E, no entanto, ela agora sobe quase 20% em comparação com a pesquisa Sensus de novembro. A partir das nossas pesquisas, cujos números não podemos divulgar por motivos legais, nota-se claramente o avanço de Marina entre as mulheres pobres — que não apreciam muito Dilma —, os jovens e a classe média politizada. Um avanço lento, mas constante e consistente.

Anteontem, quando surgiu a pesquisa, as primeiras perguntas dos repórteres giravam em torno do porquê da "taxa de rejeição" de Marina ser supostamente "tão alta". Fico impressionado quando vejo repórteres de política, alguns experientes, aparentemente desconhecerem um dado tão elementar que qualquer técnico de qualquer instituto de pesquisa lhes explicaria: quanto mais alto o desconhecimento, maior a taxa de pesquisados que afirmam que não votariam naquele candidato que desconhecem. A taxa de desconhecimento é: Serra, 4,1%; Dilma, 9,4%; e Marina, 27%. Ou seja, o desconhecimento de Marina é quase sete vezes maior do que o de Serra, e quase três vezes maior do que o de Dilma. Vejamos a proporção de pesquisados que dizem que "não votariam": em Serra, 29,7%; em Dilma, 28,4%; em Marina, 36,6%. Se fôssemos ponderar o fator desconhecimento e considerar apenas a rejeição na proporção dos que conhecem cada candidato, grosso modo teríamos algo mais ou menos como: Serra, 26%; Dilma, 25%; e Marina, 10%. Ou seja, entre os que conhecem, a "rejeição" — ou, mais exatamente, a propensão a não votar — aos outros candidatos fica perto do dobro daquela de Marina.

Cabe questionar a lisura jornalística da cobertura da pré-campanha, tanto da TV quanto dos grandes jornais. Ela não dá ao leitor um acompanhamento equilibrado dos candidatos. Mesmo que fossem adotar os resultados atuais das pesquisas como critério de atribuição de espaço — o que é problemático porque o quadro é dinâmico —, ainda assim haveria uma desproporção gritante. É certo que ambos, Dilma e Serra, se valem de seus respectivos cargos executivos para criar fatos jornalísticos. Sobretudo para a ministra Dilma. Serra ainda não assumiu sua candidatura oficialmente. Dilma está sozinha em campanha ostensiva, com o presidente Lula a carregando a tiracolo e a imprensa fazendo o jogo: grandes espaços para as notícias mais banais e as "aspas" mais desinteressantes. Nesse contexto, a discreta progressão de Marina é indício de consistência e solidez. Nosso programa de quinta feira, 4 de fevereiro, vai recolocar Marina perante algumas dezenas de milhões de telespectadores, ainda que por breves dez minutos, em uma única noite. Em abril, teremos quatro dias de "inserções" nacionais de trinta segundos. Ela irá aproveitá-las da melhor maneira.

Foi ao ar nosso programa de TV, com Marina abordando educação e relacionando o tema à sua própria biografia. A reação nas ruas foi excelente. Ela estabelece uma relação de empatia com as pessoas, o que a torna diferente de qualquer outro político brasileiro. Marina é uma das raras figuras capazes de sustentar um plano fechado ¾ sem entediar o espectador nem gerar rejeição. Pelo contrário, o olho no olho, o sorriso, cria um laço poderoso, sobretudo com as mulheres pobres, que devem ser nosso grande foco se quisermos entrar na disputa para vencer.

Marina não gostou de uma primeira edição; foi feita uma segunda, e penso que acabou ficando muito bom. Há quem critique a falta de sofisticação visual. Acho que faz parte. A simplicidade formal cria um contraste necessário com o programa de Dilma, por exemplo, todo cheio de truques de filmagem e edição, que o público percebe como artificialismos. Estou seguro de que o tiro da equipe do Marcelo Maia foi na mosca. O problema é que há pessoas que acham que fazemos esses programas para nós mesmos ou gente como a gente. Não é o caso. Fazemos para a classe C e D. É aí, entre as mulheres pobres, cristãs, que se pode gerar a onda. Na classe média já estamos bem, mas não haverá crescimento explosivo. Vamos ficar trocando com Serra 3% para cá, 3% para lá...

Uma questão de autenticidade. Será interessante comparar o programa do Partido Verde ao mais recente do PT. O do PT foi com certeza caríssimo, tecnicamente muito bem-feito, usando e abusando da imagem de Lula, e tendo como *leitmotiv* uma comparação nem sempre muito honesta entre seus governos e os de FHC. Dilma aparece pouco, bem, mas visivelmente "produzida", pasteurizada. Dá claramente aquela impressão de não ser "real". Os marqueteiros parecem ainda não ter percebido, mas o povo já entende todos os truques. As observações sobre técnica de publicidade televisiva que se escuta em pesquisas qualitativa de pessoas das classes C e D são impressionantes. Por isso, Marina fala durante um longo tempo, olho no olho, despojada, ela mesma, verdadeira e autêntica; contar sua história e por que a educação foi fundamental em sua vida. Usa seu próprio exemplo para fazer valer a mensagem do Partido Verde, de que o fundamental agora no Brasil é fazer uma revolução de qualidade na educação.

Era, de certa forma, a mensagem de Cristovam Buarque, mas aqui há uma diferença. Não é mais o doutor, o reitor quem está dizendo. É uma filha de seringueiros paupérrimos do coração da Amazônia, que se alfabetizou aos dezesseis anos e que nunca mais parou de ler e estudar. Uma mulher qualificada pelo estudo e pelo aprendizado, que hoje fala de igual para igual com qualquer doutor, cientista ou chefe de Estado.

Um momento decisivo. Uma das passagens mais poderosas do programa é quando Marina conta seu primeiro dia de aula. A professora foi fazer a chamada: "Maria Osmarina", e Marina foi até a mesa da professora, que se irritou: "Você é abestada, menina? Chamada é para responder 'presente'." Marina ficou arrasada. Voltou para casa dizendo que não queria mais ir àquela escola. Mas depois pensou: "Se eu não voltar, vão me chamar de abestada o resto da vida." Voltou à escola cheia de gana, aprendeu a ler e escrever em quinze dias e, no final do semestre, foi uma das três que passaram de ano na turma com 43 reprovadas. Assim, Marina deu seu primeiro grande passo na vida.

11/2/2010

Consolidando palanques. No Rio de Janeiro, está consolidada a candidatura ao governo de Fernando Gabeira, que recebeu o apoio de três partidos: o PSDB, o PPS e o DEM. Essa aliança propicia uma possibilidade de vitória. Uma candidatura isolada serviria apenas para "marcar posição", e já não estamos mais nessa fase. É evidente que qualquer coligação traz também complicações, e essa não será uma exceção. O princípio fundamental é o mesmo que já se aplicou nas eleições para prefeito do Rio em 2008, que perdemos por 1,5%, no segundo turno — uma gestão de excelência, com quadros colocados em função de sua competência e a exclusão de qualquer "loteamento" de gênero fisiológico. Tendo essa disposição e a determinação de fazê-la valer, é possível aceitar apoios e fazer alianças com diferentes e até adversários que, por suas próprias razões, decidam nos apoiar. Apoio não se recusa, canaliza-se para se chegar aonde quer.

As regras do palanque. A negociação que propiciou o acordo inicial entre PV e PSDB foi realizada com líderes nacionais dos tucanos. A dificuldade era viabilizar uma aliança estadual no Rio, quando há entre nós uma disputa no âmbito federal. Nossa preocupação fundamental era deixar claro para a sociedade e também para os aliados estaduais que o apoio de Gabeira a Marina era inequívoco, e que sua candidatura seria "palanque" de Marina. Evidentemente, seu vice do PSDB terá a liberdade de apoiar seu próprio candidato presidencial, e fica claro também que em algum momento da campanha será divulgado o apoio do governador Serra à candidatura de Gabeira ao governo do Rio, porque isso a reforça junto ao eleitorado tucano. Foram acordadas, a princípio, regras e "coreografias" que viabilizam esse entendimento. Eis o que foi aceito por líderes nacionais do PSDB, a ser detalhado localmente:

Condições para a viabilização de um acordo estadual com o PSDB em torno da candidatura Gabeira a governador do Rio de Janeiro. 1) Alinhamento claro e sem ambiguidades de Gabeira com a candidata à Presidência, pelo PV, Marina Silva. 1.1 — No programa de TV para o governo do estado, haverá cartelas eletrônicas no início e no final mencionando Marina Silva. 1.2 — Nos três primeiros e nos três últimos programas, pelo menos, haverá a presença de Marina prestando apoio à candidatura de Gabeira. Esse apoio poderá se dar também nas inserções, nesses dias. 1.3 — José Serra poderá aparecer no programa apoiando Gabeira em outros dias, [...] sempre vinculado no tempo a uma aparição do candidato a vice-governador do PSDB. Nas suas aparições, que dependerão da dinâmica estadual, o candidato a vice do PSDB poderá estar acompanhado de uma vinheta mencionando Serra. 1.4 — Gabeira comparecerá exclusivamente às atividades de rua ou em recinto fechado da candidata presidencial Marina Silva. Não haverá foto-ops com Serra. 1.5 — Ao visitar o Rio, Serra será recepcionado pelo candidato a vice do PSDB.

2) Questão do Senado. 2.1— [...] Poderemos trabalhar com duas alternativas: 2.1.1 — Cada um dos quatro partidos lança um candi-

dato, o tempo do Senado é dividido e cada partido, além do seu próprio (o do PV será Aspásia Camargo), poderá escolher um segundo entre os três restantes. A candidata do PV terá Marina Silva em sua cartela de início e final. 2.1.2 — Ou não haverá coligação para o Senado [...]. Nesse caso cada partido disputará em separado com seu(s) candidato(s) e tempo de TV específico em separado.

3) Questão da vice. 3.1 Caberá ao PSDB indicar o candidato a vice. O PV opinará a respeito dos nomes apresentados, mas essa decisão caberá ao PSDB.

Esse não foi tecnicamente um acordo formal, mas um termo de referência da negociação em âmbito nacional, aceito pelos líderes nacionais do PSDB e por nossa candidata à Presidência, Marina Silva, que lembrou publicamente que o processo de aliança estadual no Rio já estava em curso quando ela se filiou ao PV.

[Na verdade esse texto reproduz uma proposta de acordo em relação à situação no Rio, que tive a oportunidade de expor para José Serra e Fernando Henrique numa reunião secreta que tivemos em São Paulo para resolver o imbróglio fluminense. Foi no apartamento do ex-presidente, em Higienópolis, e contou com a presença de Fábio Feldmann e de Eduardo Jorge. Li os pontos do documento para Serra, ele concordou genericamente com os critérios e pediu para negociar os detalhes com os tucanos no Rio e com Sérgio Guerra. O acordo acabou sendo seguido *grosso modo* nas disposições da campanha para governador, mas não nas para o Senado, na medida em que o próprio Gabeira preferiu outro caminho. Serra chegou à reunião muito desconfiado. Deixou seu celular em outro quarto, alegando que havia "grampos" capazes de monitorar conversas até por aparelhos desligados. Começou a discussão comigo meio tenso, mas depois relaxou e, com a ajuda da contagiante simpatia do ex-presidente, virou uma conversa agradável. No final, Serra, já muito amável, convidou-me para jantar no palácio. Não falamos mais sobre a campanha eleitoral, mas sobre questões de gestão pública e lembranças dos tempos da ditadura e do exílio. Fiquei com uma dimensão mais humana dele.]

O palanque mineiro. Já está absolutamente sacramentada a pré-candidatura ao governo de Minas Gerais do deputado José Fernando Aparecido de Oliveira. Também já está decidido que, se necessário, haverá uma intervenção drástica do Partido Verde nacional para destituir quaisquer dirigentes que se recusem a seguir a orientação nacional de lançar candidatura própria ao governo de Minas Gerais. Existe um setor do PV umbilicalmente vinculado ao governador Aécio Neves que questiona a decisão de candidatura própria e quer apoiar seu candidato, Antônio Anastasia. Com todo o respeito e a amizade que temos pelo governador Aécio, o PV não admite dupla militância, e esses senhores, se não fizerem a campanha de Aparecido e de Marina, deverão deixar o partido. O PV de Minas vai ter de passar por uma reorganização radical, e as campanhas de Marina e Aparecido serão instrumentos para tanto. Há dirigentes, inclusive parlamentares, que visivelmente estão no partido por equívoco ou oportunismo, nada têm de verdes. É tempo de colocar tudo em pratos limpos.

> [Também estive com Aécio Neves naquela semana. Fui a Belo Horizonte e ele me recebeu de forma muito amistosa no Palácio das Mangabeiras. Buscou convencer-me de que o PV não deveria lançar a candidatura de Zé Fernando. Foi elegante na argumentação. Expliquei que Marina precisava de um candidato a governador em Minas para apoiá-la. Naturalmente, Zé Fernando foi boicotado por boa parte do PV mineiro, sobretudo os deputados muito ligados ao Aécio, mas cumpriu sua missão verde com garra e integridade e contribuiu para o resultado espetacular de Marina em Minas.]

São Paulo: na minha opinião, Feldmann. Não se iniciou ainda o processo de decisão em relação a São Paulo, que terá com certeza candidatura própria ao governo. Na minha opinião, o melhor nome que temos é o do ex-deputado e ex-secretário do meio ambiente, ambientalista renomado e mundialmente reconhecido, Fábio Feldmann. Um ótimo nome para o Senado é o de Ricardo Young.

Pernambuco: a força do novo. Uma das campanhas estaduais mais importantes do Partido Verde será a de Sérgio Xavier, em Pernambuco. Poucos quadros encarnam tão bem o ideário verde quanto ele, que liderou um processo de renovação do PV pernambucano, que historicamente vinha tendo problemas do tipo que sofremos em Minas. Hoje, o PV pernambucano é motivo de orgulho e estamos seguros de uma campanha muito expressiva.

20/2/2010

Pesquisa Ibope: um crescimento evidente! Num período marcado pela aparição de Dilma e Marina no horário político gratuito, e por uma enorme exposição de Dilma — principalmente junto a Lula — na televisão nacional (sem contar as eventuais edições dos telejornais locais), Marina apresentou uma clara progressão, que os jornalões equivocadamente situaram como uma "oscilação dentro da margem de erro". Marina ganhou dois pontos na intenção de voto estimulada, cinco pontos entre os que "conhecem bem ou mais ou menos", um ponto no "voto com certeza", quatro pontos no "poderia votar"; diminuiu em um ponto entre os que dizem que "não votariam de jeito nenhum" e diminuiu três pontos entre os que "não conhecem o suficiente para saber se votariam". No mesmo período, Serra e Ciro perderam votos, mesmo obtendo pequenos ganhos de conhecimento. Ciro foi o mais prejudicado, com aumento de sua rejeição. Dilma ganhou oito pontos e Serra perdeu dois no voto estimulado, reduzindo a diferença de 21 para 11 pontos.

Confirma-se o crescimento gradativo de Dilma. À medida que for sendo identificada com Lula por mais eleitores, a tendência é se aproximar mais de Serra, chegando a uma diferença de cinco a sete pontos, que é a fronteira do potencial de transferência de voto de Lula. Daí para a frente, ela dependerá dela mesma.

> [Aqui fiz uma avaliação errada. Na verdade, a capacidade de transferência de Lula obviamente ia muito além.]

Vejamos a evolução de Marina da pesquisa Ibope de novembro de 2009 para a de fevereiro de 2010. Marina no voto total: de 6% para 8%. Marina entre os que "votam com certeza" em um dos candidatos(as): de 5% para 6%. Marina entre os que "poderiam votar": de 17% para 21%.

Marina ainda é, de longe, a menos conhecida. Isso tem evoluído lentamente. Os que dizem que a "conhecem bem" aumentaram de 5% para 7%; os que a "conhecem mais ou menos", de 16% para 19%;

os que "só ouviram falar" dela caíram de 51% para 41%. Ao passo que 31% dos pesquisados "nunca ouviram falar" em Marina — em rélação aos outros candidatos, essa porcentagem é de 1% para Serra, 10% para Dilma e 4% para Ciro. Este dado é fundamental para se levar em conta o "não votaria de jeito nenhum": Serra teve 29%; Dilma, 35%; Marina, 39%; e Ciro, 41%.

A imprensa costuma apresentar esse dado sem vinculá-lo ao conhecimento, quando qualquer analista de instituto de pesquisa explicará que as pessoas costumam dizer que não votariam em quem não conhecem. Ao analisarmos essa "rejeição", em confronto com o conhecimento, é possível concluir que entre os que a conhecem, a rejeição de Marina é a menor. No caso de Ciro, cujo desconhecimento é de apenas 4% e a rejeição é de 41%, a situação é mais preocupante. A pesquisa foi feita no período próximo dos programas de TV do PT, com Dilma, e do PV, com Marina. A diferença é que Dilma está praticamente todos os dias no *Jornal Nacional* e nos similares das outras emissoras, a tiracolo de Lula. Serra aparece com frequência como governador de São Paulo. Marina e Ciro simplesmente não aparecem. Na imprensa escrita (que influencia pouco as pesquisas, a não ser nas relativamente pouco numerosas classes A e B), temos praticamente todos os dias Dilma e Serra, com matérias de uma ou duas páginas, e Marina e Ciro, com notícias esparsas. Nesse contexto, o crescimento gradual porém firme de Marina é um dado auspicioso, até porque não se trata de uma corrida de 100m rasos, mas de uma longa maratona.

[No final de fevereiro, a política externa irrompeu na pré-campanha com a morte do dissidente cubano Orlando Zapata, em greve de fome, e uma reação particularmente infeliz de Lula. Eu tinha acabado de ler um livro de Carlos Franqui, um veterano de Sierra Maestra que rompeu com Fidel já nos anos 1960. A leitura ajudou a enriquecer o blogue.]

24/2/2010

E agora, Lula? Orlando Zapata, de 42 anos, negro e pedreiro de profissão estava preso desde 2003, quando uma ofensiva policial culminou na prisão de 75 opositores da ditadura castrista. Destemido, Zapata foi condenado várias vezes a penas que somavam 36 anos de cadeia por "desacato, desobediência e desordem pública". Estava preso na província de Camagüey e fazia greve de fome havia 85 dias. Sua morte coincidiu com a visita de Lula, que até agora foi incapaz de um único gesto político ou humanitário em defesa dos presos políticos cubanos condenados a longas penas. Eles as cumprem em condições ignóbeis porque cometeram o "crime" de defender reformas pacíficas na ilha: liberdade de expressão, de imprensa, pluralismo político e eleições livres.

Num momento em que, com grande alarde, setores do PT e do governo procuram produzir uma emulação política discutindo questões como diretos humanos e crimes da ditadura militar, que recuou em 1979 — restabelecendo um clima de liberdade bem maior do que o de Cuba hoje — e desapareceu em 1985, esses mesmos democratas seletivos se mostram totalmente insensíveis à persistente privação de liberdade e de direitos humanos sofrida pelo povo cubano. É triste, mas inevitável, constatar que hoje a ameaça à liberdade na América Latina não provém mais do golpismo e das ditaduras militares de extrema-direita, mas do fenômeno petropopulista protagonizado por Hugo Chávez, com o total envolvimento da burocracia stalinista cubana. O exemplo mais impressionante dessa intervenção é o papel do ex-chefe da KGB cubana, Ramiro Valdés, como gestor da crise energética venezuelana. Desconhece-se os conhecimentos de Valdés na produção e na distribuição de energia elétrica, na medida em que Cuba também sofre apagões frequentes. Mas Valdés é notório como repressor.

Recentemente li o livro *Cuba: la Revolución. Mito o realidad?*, de Carlos Franqui, um dos líderes do Movimento 26 de Julho e responsável em Sierra Maestra pela Rádio Rebelde, que depois rompeu com Fidel Castro. Eis sua descrição implacável de Valdés:

> Desde os primeiros momentos, sua vocação policialesca, sua falta de cultura e incapacidade intelectual fizeram dele o homem ideal para que Fidel Castro o designasse chefe da Seguridad [...]. Entre as ondas repressivas dirigidas por Valdés [...] está a perseguição, destituição e prisão dos líderes sindicais de todo o país, [...] entre os quais David Salvador [...] e Pedro Luis Boitel, mandado para a Isla de Pinos e que morreu em um heroica greve de fome anos mais tarde. Ramiro Valdés foi um dos artífices da "Operação 3 P", desen-

cadeada contra pederastas, prostitutas e proxenetas, mas que atingiu basicamente os homossexuais, os religiosos, revolucionários independentes, *hippies* e toda classe de descontentes [...]. Sob o comando de Valdés, intensificaram-se as torturas físicas e psicológicas; os espancamentos, a ilegalidade e os maus-tratos dos prisioneiros. [...]

Esse "simpático" personagem converteu-se no procônsul cubano junto a Hugo Chávez, que, cada vez mais inseguro com sua perda de apoio e popularidade, avança a passos largos rumo a uma ditadura, uma repressão sangrenta e, eventualmente, uma guerra civil. Nesse contexto, a política externa de omissão e cumplicidade do nosso governo nos cobre de vergonha. Torna-se ensurdecedor o silêncio de amplos setores do PT e da esquerda brasileira, que no passado se insurgiram contra o stalinismo e a opressão nas ditaduras do leste europeu. Eles caíram junto com o Muro de Berlim. Vamos tolerar sua reconstrução na América Latina, mais de 25 anos depois do fim das últimas ditaduras militares de direita?

9/3/2010

No início de março, Marina foi convidada ao Forte de Copacabana pelo coronel Edson Silva de Oliveira, comandante do Museu, que estava por envergar o pijama para se candidatar a deputado federal... pelo PV. Pensei que seria um bom ensejo para um debate sobre defesa nacional. Redigi um documento, que foi aprovado por ela após consultas e distribuído à mídia, que não deu muita importância. Por uma dessas razões misteriosas, uma pauta que tinha tudo para ser jornalisticamente interessante sobre uma visão inovadora de política de defesa nacional de Marina Silva não "pegou". Ficou, no entanto, a evidência da simpatia que ela tinha entre o oficialato, em função de uma aproximação ocorrida na época em que era ministra do Meio Ambiente. Foi um bom ensejo para abrirmos uma discussão sobre as Forças Armadas brasileiras no século XXI.

Defesa nacional e sustentabilidade. Se for eleita como presidente, Marina será também a comandante em chefe das Forças Armadas brasileiras. Hoje, há pouco debate sobre defesa nacional. Tende-se a discutir o passado, não o futuro.

O Brasil precisa de uma nova doutrina de defesa nacional para fazer frente aos desafios do século XXI e seus cenários futuros. Novas missões se colocam diante das Forças Armadas, que precisarão estar preparadas para fazer frente a novos tipos de ameaças. A discussão sobre defesa nacional é importante e oportuna, e o Partido Verde busca desenvolvê-la mediante diálogo com diversos setores, inclusive o acadêmico, mas principalmente com os militares das três armas. Identificamos três grandes ameaças ao Brasil que implicam em revisão de doutrina, elaboração de estratégia, preparação e adequação de novos meios:

I — O aquecimento global e seus efeitos sobre o Brasil. A maior ameaça à defesa nacional se origina no aquecimento global, cujos efeitos sobre o Brasil são altamente preocupantes. Há evidências científicas de que a temperatura no Brasil sofrerá um aumento de mais de 20% em relação à média do planeta, e que haverá um intenso impacto sobre a floresta Amazônica — com a possibilidade de sua "savanização" —, sobre o semiárido nordestino — com sua desertificação — e sobre a região Centro-Sul, provocando a intensificação de fenômenos atmosféricos extremos, que já começamos a presenciar. Também são previstos impactos sobre o litoral, com a elevação no nível dos oceanos e inundações de áreas de baixadas. Tudo isso implica em graves perdas econômicas, sociais e processos de migração internos, acarretando inchaço de periferias de grandes e médias cidades. Diante dessa ameaça, são missões de defesa nacional: o combate à destruição das florestas e às queimadas, para reduzir nossas emissões de CO_2 e sua contribuição para o aquecimento global; a prevenção de conflitos, em decorrência direta ou indireta desse processo; e o monitoramento, patrulhamento e defesa dos grandes ecossistemas brasileiros, o que inclui, naturalmente, a defesa efetiva de nossa soberania sobre eles.

II — Conflitos em países vizinhos e defesa das fronteiras, espaço aéreo e mar territorial. O Brasil mantém, historicamente, boas relações com as nações vizinhas. Conservar esse feliz legado histórico é um objetivo fundamental. No entanto, não se pode ignorar o recente aumento de tensões internas em alguns desses países, por ação de agentes governamentais e não governamentais, que podem provocar futuros conflitos, os quais em algum momento podem se expandir até o território nacional. Nossas Forças Armadas precisam estar equipadas e preparadas legal, doutrinária, logística e operacionalmente, para fazer frente a qualquer contingência. Por outro lado, o controle sobre as fronteiras terrestres, o espaço aéreo e o mar territorial necessita ser aperfeiçoado para coibir o contrabando de armas e drogas, e a criação de infraestruturas que sirvam a esses propósitos se faz necessária.

Quebra no monopólio das Forças Armadas sobre o armamento de guerra, controle territorial e insurgência local. Embora a segurança pública seja primordialmente missão policial, há aspectos vinculados a modalidades criminosas vigentes que podem eventualmente extrapolar essa esfera e assumir conotações de ameaça à defesa nacional. A posse e o uso de armamento de guerra privativo das Forças Armadas por bandos armados do narcovarejo, seu controle sobre territórios e seu enfrentamento direto com as instituições e a sociedade, a partir de certa escala, constituem um desafio que justifica a eventual participação das Forças Armadas em apoio indireto ou direto às polícias, em situações extremas. Implica também em atividades rotineiras de inteligência, monitoramento, treinamento e aperfeiçoamento da segurança de unidades militares.

O reconhecimento de uma situação que implica novas missões e prioridades na Defesa Nacional leva à constatação de que é preciso reverter o processo de desvalorização e desmotivação, que nos últimos anos caracterizou a relação dos governos com as instituições militares e que se reflete em perdas e inadequações orçamentárias, má remuneração e deficiente interlocução. O Partido Verde entende que o momento é oportuno para um diálogo em torno do orçamento de defesa, do reequipamento das três Armas e da valorização da carreira militar, bem como das interfaces tecnológicas e econômicas, e das sinergias que podem ser criadas por investimentos que sirvam ao mesmo tempo para fins militares e civis.

O campo de diálogo e debate sobre os diferentes temas, atinentes à defesa nacional, tem como foco o presente e o futuro. Conflitos passados de nossa história servem de lição e inspiração para evitar que certos erros se repitam. Não devem, no entanto, ser artificialmente reavivados por motivações políticas, de forma a fazer do passado um obstáculo para que possamos juntos encarar os futuros desafios que se apresentam para a defesa do Brasil.

11/3/2010

Ao se aproximar o prazo de desencompatibilização dos ministros, o grupo palaciano resolveu utilizar contra nós o remanescente verde no governo, o ministro da Cultura Juca Ferreira, que optou por permanecer e passou a criticar, além do PV, a própria Marina, anunciando seu apoio a Dilma já no primeiro turno. Tivemos um almoço em que ele anunciou que ia se licenciar do partido. Criticou muito o PV da Bahia, em alguns aspectos com razão. Na despedida, perguntei-lhe se iria atacar Marina, e ele evitou me responder diretamente. Limitou-se a dizer que ia "atuar em âmbito nacional", mas logo a incluiu na roda. Não foi possível evitar uma troca de flechas com um velho amigo. Doeu ter de fazê-lo.

> [Nessa época, o PT iniciou uma campanha de internet e pautas contra Marina em relação ao aborto e ao casamento gay. No caso do aborto, o feitiço acabou virando contra o feiticeiro, e todas as posições supostamente "fundamentalistas" que atribuíam a Marina, Dilma acabou assumindo oficialmente no segundo turno...]

11/3/2010

Dormindo ministro e... acordando ministro. "Não posso dormir ministro e acordar na oposição." Essas aspas de Juca Ferreira contêm a quase honesta justificativa da sua posição de apoiar a candidatura de Dilma e passar a atacar Marina. Quase, porque a totalmente honesta seria: "Não posso dormir ministro e acordar não ministro. Quero poder dormir ministro e sonhar que vou acordar ministro, até o final de 2014, pelo menos." Fica mal travestir essa *realpolitik*, esse pragmatismo tão enraizado na política brasileira, com sentenciosas racionalizações.

Hipocrisia. O PV defende e continuará defendendo — muito mais que o PT — a descriminalização do aborto e os direitos dos homossexuais. Temos companheiros que, por motivos de consciência religiosa, discordam dessas posições, e lhes é assegurada essa cláusula de consciência. Marina aceita a união civil de pessoas do mesmo sexo e considera a descriminalização do aborto e das drogas temas afeitos ao Legislativo e que podem eventualmente ser dirimidos por referendo popular. Exatamente o mesmo tipo de posicionamento pode ser encontrado no PT. Entre os aliados de direita e extrema-direita do governo (no PP, PMDB, etc.), há muitos militantemente contrários à descriminalização do aborto e homófobos, coisa que no PV não existe e seria (a homofobia militante) motivo de expulsão. Juca disse ser o suposto recuo em relação a esses temas a razão de sua dissidência, mas no seu novo lado está cercado por pessoas que também têm posições, franca e militantemente, reacionárias a respeito.

É curioso nos acusarem, o PV e Marina, de ser de "direita" por causa da suposição de que nossa posição num segundo turno — no qual contamos estar — seria pró-Serra. Equanto isso eles, já no primeiro, estão na cama com Collor, Jader Barbalho, Renan Calheiros e outros expoentes das oligarquias coronelistas mais tradicionais. Estarão esses personagens prestes a receber aquele diploma "de esquerda", que só o PT pode conferir?

Ah, meus amigos... A pior coisa a respeito de fazer política é vê-la solapar amizades de décadas que a gente julgava definitivas. Sinto que nesses anos de política, praticamente perdi três dos meus melhores e mais antigos amigos, de trinta, quarenta anos, e isso, pelo menos para mim, é tremendamente doloroso.

Outro dia me lembrei do filme *Spartacus*, obra-prima dirigida por Stanley Kubrick. Na escola de gladiadores, havia um negro fortíssimo, acho que se chamava Draba, que logo foi avisando a Spartacus: "Gladiador, nunca faça amigos gladiadores porque amanhã poderá ter de lutar com eles até a morte." Draba, aliás, não seguiu a própria recomendação e o estopim da revolta dos escravos foi quando ele se recusou a matar Spartacus — a quem conseguira prender numa rede à mercê do seu tridente — e foi morto arremetendo contra a tribuna de honra onde estavam os nobres romanos. Lembrei-me do filme ao me perguntar se nós, ao fazermos política, ficamos como os gladiadores, impossibilitados de fazer amigos ou de conservar os que já tínhamos há tantos anos, quando as coisas eram claras e sem todos esses meios-tons.

Prezo muito a amizade. Penso que é uma das coisas mais importantes da vida. Já não se fazem amigos como antigamente. Aqueles de ir à casa, de não ter segredos, de falar sobre as mulheres, de falar besteira sem se policiar. Sou bastante condescendente com os defeitos dos meus amigos; espero que sejam, pelo menos um pouco, com os meus. No passado, vivemos situações extremas. Arrisquei minha vida para tirar dois deles da cadeia e da tortura; penso que teriam feito a mesma coisa por mim se as circunstâncias fossem ao contrário. Talvez tenha sido o tempo, e certamente foi a política. A relação mudou. Comecei a perceber jogos táticos e estratégicos, não ditos. Percebi que estava virando uma relação "política", para um desses amigos, quando já há alguns anos ele passou a me chamar de "Sirkis", e não mais de "Alfredo" (ou "Alfredão"). Um belo dia virei pessoa jurídica...

As relações tornaram-se distantes e permeadas de cautelas, artifícios e eventuais artimanhas. O medo da traição e da rasteira passou a morar no quarto dos fundos. [...] O preço vai ficando muito alto em matéria de perdas e de sapos a serem devidamente engolidos. Política virou um vício, uma cachaça? Será que vale mesmo a pena? Perdoem-me os cinco minutos de perplexidade. Isso passa...

14/3/2010

Tentando entender a mancada cubana de Lula. O que inicialmente parecia mais uma gafe destinada a justificar um comodismo — não querer ficar mal com os amigões anfitriões da gerontocracia cubana —, acaba assumindo ares de política de governo pelas emendas piores que o soneto do próprio Lula e as contribuições dos ministros Dilma Rousseff e Celso Amorim, e de Marco Aurélio Garcia, o Kissinger de Lula. Ficamos sabendo que não foi um *lapsus linguae* de Lula, mas uma bem-pensada política de governo: não fazer a menor restrição, um mínimo reparo, à situação de direitos humanos em Cuba, nem realizar a menor gestão em prol dos presos políticos, que Lula, numa metáfora — que não o vimos lamentar em momento algum —, comparou a bandidos presos em São Paulo. Dilma, ex-presa política, garantiu que não discordaria de Lula em hipótese alguma.

Tudo isso é muito revelador e preocupante. Em matéria de democracia, nada está verdadeiramente assegurado para sempre. A história não se move por acúmulos lineares, mas por ciclos. Tivemos democracia nos anos 1950, mas deixamos de tê-la nos 1960, porque um determinado tipo de processo conduziu a isso. Ao contrário da administração Bush, a de Obama estaria disposta (e até ansiosa) a suspender o absurdo bloqueio econômico que os EUA impõem a Cuba desde os anos 1960. Para tanto, esperava apenas algum gesto do regime cubano de libertar presos de uma oposição perfeitamente pacífica. Mas o gesto não veio.

Na verdade, Obama deveria acabar com o embargo de modo unilateral e incondicional, mas perdeu a oportunidade. Com o avanço dos republicanos, ficou mais difícil. A dura verdade, no entanto, é que a gerontocracia stalinista que controla Cuba não quer o fim do bloqueio porque uma melhoria econômica aportaria novas e maiores tensões para dentro de uma sociedade em que, hoje, o essencial das energias é diariamente consumida na luta para garantir a sobrevivência no dia a dia. O blogue de Yoani Sánchez é altamente revelador desse cotidiano. A penúria que sofrem os cubanos tem uma finalidade estratégica. Numa situação de controle social e aparato repressivo onipresente, ela leva à passividade, não à revolta. Essa é a explicação de Cuba ao não adotar sequer as medidas econômicas que a China adotou nos anos 1980. Quando o pão fica mais fácil, a liberdade passa a ser mais cobiçada. Isso a gerontocracia não quer.

Greves de fome. Nunca tive notícia de greve de fome feita por bandidos, como especulou Lula. Não é uma forma de luta que lhes apeteça. Sua forma de se revoltar contra condições carcerárias desumanas é a rebelião violenta, com tomada de reféns, como já vimos tantas. A greve de fome é uma arma de resistência passiva. Foi usada por lutadores pela liberdade, como Ghandi, Mandela, Martin Luther King e outros. Em 1979, 84 presos políticos brasileiros, em sete presídios, entre os quais meus queridos companheiros e amigos Alex Polari, José Roberto Rezende, Paulo Jabur, Nelson "Prancha", Manuel Henrique e outros, fizeram uma dura greve de fome, por dezessete dias, para forçar uma ampliação da anistia, que não nos incluía —

nós, os ex-guerrilheiros. Dilma já fora libertada havia tempo. Como não participou de ações armadas, ficou presa alguns anos, mas saiu ainda no período duro do regime militar.

A greve de fome de Alex Polari e dos outros companheiros durou quase vinte dias. Outras já haviam sido travadas por eles. Haviam conquistado vitórias, entre as quais a transferência da Ilha Grande para o presídio Frei Caneca. Nenhum desses atuais presos políticos cubanos assaltou bancos, organizou ou fez guerrilhas ou sequestrou embaixadores, como nós, em nossa luta contra a ditadura militar. Acusá-los todos de vínculos com a CIA é uma mentira completa, que nem seus algozes fazem a sério. São basicamente pessoas pacíficas que falaram mal do governo, participaram de reuniões, escreveram textos, tentaram se organizar em ONGs ou associações políticas, fizeram telefonemas, distribuíram panfletos, coletaram assinaturas ou, em alguns casos, tentaram fazer alguma efêmera manifestação de rua contra o regime.

As "leis cubanas", que Lula diz que devem ser obsequiosamente respeitadas, reprimem toda e qualquer manifestação política dissonante do Partido Comunista, dando ampla margem para prisões de natureza "preventiva", típicas dos regimes de opressão. As condições carcerárias são muito ruins, e há sim casos de torturas, ao contrário do que pretendem os irmãos Castro. Vamos dizer as coisas como são: o regime cubano é muito mais opressivo do que a ditadura militar brasileira foi nos períodos pré e pós-AI-5 (1964-1968 e 1979-1985). Na década infame, são comparáveis.

Tentando entender o porquê. Uma pergunta que não quer calar: por que um governante democraticamente eleito como Lula, que esteve preso como líder sindical durante a segunda fase branda da ditadura, e que, ao contrário de um Hugo Chávez, não tem compulsão para se perpetuar no poder ou virar um ditador, é capaz de se solidarizar tão promiscuamente com a ditadura cubana e desprezar o sofrimento de quem luta pela liberdade? Vejo, à guisa de explicação, um misto de onipotência, oportunismo e utilitarismo. Do alto de sua popularidade, pensa que não deve satisfações a ninguém no Brasil nem no resto do mundo. "Fi-lo porque qui-lo", diria Jânio Quadros. Por outro lado, o apoio incondicional aos *hermanos* Castro traz embutido a recíproca, e isso pode ser útil em variados assuntos, que vão de transações comerciais a tratos diplomáticos, e, sobretudo, tratativas de neutralização de setores mais à esquerda.

Tendo avançado ainda menos na reforma agrária do que FHC, executado uma política econômica que a extrema-esquerda tem como "neoliberal" e feito alianças com as oligarquias mais conservadoras da política brasileira, os bancos e o *agrobusiness*, Lula é pouquíssimo incomodado pela ponta canhota. Por quê? Porque cultiva com eles uma cumplicidade sobre os temas mais atrasados da esquerda, de sua agenda mais negativa. Para usar uma expressão muito vulgar, mas bastante veraz, esses revolucionários frustrados "gozam com o pau dos outros". Ou seja, têm uma relação orgásmica com aquela suposta ditadura do proletariado tropical, que resiste ao imperialismo norte-americano há cinquenta anos e impõe, sem vacilações, um socialismo puro e duro, que nenhum deles verdadeiramente gostaria de viver no seu cotidiano, mesmo como parte da burocracia dominante.

Esse tipo de revolucionário frustrado gosta de ser fora de seu país "mais à esquerda" do que é dentro. Ao condescender com a ditadura dos *hermanos* Castro, e com todo o folclore e cultura que criamos em torno deles desde os anos 1960, Lula prova para eles que, "no fundo, no fundo, estamos juntos". Esqueçam o Meirelles e o Stephanes, o Jader e o Renan, os bancos e o *agrobusiness*, porque estamos todos juntos do lado de *el comandante*. *Pátria o muerte, venceremos!*

Enquanto isso, aqueles que lutam para poder falar e escrever livremente, querem eleições livres e diretas, independência do Judiciário, possibilidade de montar um negócio e ter um mínimo de autonomia em relação ao Estado e influência sobre o destino de suas próprias vidas — oprimidas pela repressão e pela penúria — são, para Lula, "não sujeitos", párias cujas cartas não merecem ser lidas, estorvos político-diplomáticos a serem ignorados. Uns *gusanos*, que têm mais é que parar de encher o saco e se render em adoração aos *Big Castro Brothers*.

[No segundo turno, numa reunião que teve comigo e Basileu Margarido, em Brasilia, Marco Aurélio Garcia reconheceu que a declaração de Lula sobre a greve de fome dos presos políticos cubanos fora um erro. Atribuiu-a ao estilo bem informal do nosso presidente e garantiu que, reservadamente, a diplomacia brasileira pedia por presos políticos, tanto cubanos quanto iranianos e norte-americanos presos no Irã. Fica o registro. Por outro lado, Dilma Rousseff, já presidente eleita, em sua primeira entrevista, concedida ao *Washington Post*, assumiu uma posição crítica ao governo do Irã em relação à lapidação de adúlteras. Tenho a impressão de que seu governo será diferente do de Lula nessa questão, embora não o tenha demonstrado durante a campanha.]

O factoide da bandeira gay. Deu nas folhas que Marina "se recusou" a brandir uma bandeira gay que lhe fora oferecida por um valoroso militante do arco-íris. Na verdade, tudo não passou de um factoide do vereador Sandro Simaglio, do PV de uma pequena cidade do interior de Minas. Ninguém me contou, fui testemunha ocular do fato. No meio de um tremendo tumulto, na porta da Assembleia Legislativa de Belo Horizonte, Marina foi abordada por um rapaz desconhecido, sussurrando coisas que nem ela nem ninguém perto entendeu direito. O rapaz, agitado, passou-lhe um pano dobrado (sem mastro). Parecia estar presenteando-a com um lenço colorido. Ela agradeceu e pediu para uma assessora segurar, como faz com todos os presentes que recebe. E foi imediatamente abordada por várias outras pessoas com outros assuntos. Esse foi o fato.

A partir daí, o vereador, sedento de seus quinze minutos de fama, criou toda uma história na internet que cada vez mais se assemelha a uma "pegadinha". Ainda que a causa e a intenção do vereador gay tivessem ficado claras para Marina — e não ficaram —, seria descabida sua pretensão de coreografá-la. Uma candidata presidencial não é porta-bandeiras de nenhum movimento específico, por mais justo e respeitável que seja. Ela certamente se recusaria a brandir um crucifixo que lhe fosse impingido por um pastor exaltado, e nem por isso seria menos cristã. Como pré-candidata à Presidência de todos os brasileiros, a única bandeira que lhe cabe eventualmente levantar é a nacional. Sua tradição de luta contra todas as formas de discriminação a torna imune a esse tipo de factoide com jeito de "pegadinha". De minha parte, gostaria muito que Marina desfraldasse a bandeira do Flamengo, mas vou ter de me segurar, pois, se eleita, será também presidente de tricolores, botafoguenses, vascaínos, etc.

19/3/2010

Costa Rica, 1948. Cuba, 1959. Duas revoluções, dois destinos. É comum ouvirmos, em defesa do regime cubano, que a ditadura de partido único, restrições drásticas à liberdade de expressão e imprensa, repressão sufocante, prisão de dissidentes, ausência de eleições livres e de pluralismo político, economia quase totalmente estatizada, se justificam por conquistas na educação e na saúde e pela não existência da miséria absoluta presentes em outros países centro-americanos. Essa comparação, hoje questionável, nunca se sustentou em relação à Costa Rica, que, depois de ter feito uma revolução, em 1948, conseguiu notáveis avanços em educação e saúde e apresenta um padrão de vida incomparavelmente mais elevado, sem ter sacrificado as liberdades, o pluralismo e os direitos humanos. A maioria de sua população é de classe média e o salário mínimo é quinze vezes maior que o de Cuba. Seu PIB, o triplo do cubano, e sua renda *per capita* são os mais altos da região. Há três vezes menos suicídios do que em Cuba.

Em temas ambientais, a Costa Rica tem políticas avançadas e ambiciona se tornar o primeiro país carbono-neutro do mundo. A revolução de 1948, liderada por Pepe Figueres, nacionalizou os bancos para democratizar o crédito, investiu obsessivamente na educação, instituiu a separação de poderes com autonomia do Judiciário e dissolveu seu próprio Exército. Numa região de tantas ditaduras até os anos 1990, vem promovendo eleições livres a cada quatro anos desde 1949. Relativamente incruenta, com um desfecho negociado, sem *paredón*, essa revolução não figura no nosso panteão histórico-jornalístico, em que heróis trágicos, mártires e tiranos sanguinários deixaram marcas mais profundas.

As revoluções que notabilizam a guilhotina ou o *paredón* viraram as favoritas da história, o que nos remete a Robespierre, Bonaparte, Lenin, Stalin, Mao Tsé-Tung, Pol Pot e outros que não correram risco de esquecimento. Da mesma forma, os mártires ou os guerreiros caídos, não importa quão patéticos ou desavisados: Che Guevara, Trotsky, Tiradentes ou Rosa de Luxemburgo. Aqueles que tomaram o poder à custa de muito sangue — e nele se mantiveram à custa de mais sangue ainda —, ou aqueles que derramaram o seu próprio, fazendo uma saga heroica de sua derrota, não correm o risco da irrelevância. Mas uma revolução com pouco sangue e *happy end*, um país que "cai numa democracia" para não sair mais dela, um líder revolucionário que abriu mão do poder dezoito meses depois para voltar, em 1953 e 1970, por eleições livres, dificilmente se ressaltarão entre os eventos e os personagens históricos marcantes do século XX.

Quantos conhecem a revolução costa-riquenha de 1948 e don Pepe Figueres? Ela foi uma feliz prévia do que poderia ter sido a Revolução Cubana, onze anos mais tarde. É provável que o levante popular de Figueres inspirasse Fidel, em Sierra Maestra, quando daquela sua famosa entrevista ao jornalista Herbert Mathews, do *New York Times*, em 1959. No caso cubano, fizeram a grande diferença histórica a quase imediata hostilidade norte-americana, a dinâmica implacavelmente polarizadora da guerra fria — em 1948, nos primórdios, em 1960, no apogeu — e, sobretudo, a personalidade de Fidel Castro.

Há quem atribua a diferença entre Fidel e Pepe à idade e à origem social: Pepe, filho de um modesto médico catalão, era um pequeno fazendeiro e tinha 42 anos quando liderou a revolução. Fidel, filho de um grande latifundiário de origem galega, era estudante quando chefiou o assalto ao quartel de Moncada. Depois, conheceu apenas a prisão, o exílio e Sierra Maestra. Pepe era acostumado a ouvir, comerciar e negociar. Fidel nascera para mandar e ser obedecido. Pepe apoiou a revolução cubana com dinheiro e armas e, duas décadas mais tarde, a sandinista, na Nicarágua, a ponto de seu próprio filho ter participado dos combates. Em ambos os casos, acabou rompendo com os revolucionários quando escolheram o caminho autoritário.

Pepe colocava-se como arauto de uma "esquerda democrática", adepto da social-democracia de estilo europeu ou, como gostava de se classificar, um "socialista utópico". Os *ticos* (costa-riquenhos) nunca cultivaram o *Patria o muerte*! Mais pacíficos e cosmopolitas, são provavelmente muito mais felizes. Mas a felicidade, essa coisa tão subjetiva — gota de orvalho numa pétala de flor —, está longe de ser reconhecida como indicador relevante na cultura política e jornalística do nosso tempo. Uma antiga revolução de final feliz parece um contrassenso, uma veterana democracia estável, ainda que em terra de tantos vulcões, torna-se enfadonha. *Good news is no news*. São boas notícias e, decididamente, não fazem notícia.

20/3/2010

Dona Lila recebe Marina. A pedidos, estou colocando também no blogue algumas das fotos do meu Facebook do jantar de Marina na casa de uma grande admiradora e eleitora dela, Liliana Syrkis, dona Lila, minha mãe. Foi naquele sábado da grande chuva. Todo mundo atrasou mas chegou. Lá estiveram meus amigos João Augusto Fortes, Armando e Ilana Strozemberg, Marcelo Maia e Bárbara, meu filho Guilherme e sua namorada, Bruna, Ana Borelli, eu e a anfitriã. Marina veio acompanhada de seu chefe de gabinete, Basileu Margarido, e o jantar foi encomendado ao Garcia & Rodrigues. Frugal e dietético. Marina é muito alérgica e todo cuidado é pouco. Algumas dicas sobre os cuidados de alimentação dela: 1- **Camarão jamais!** Não pode ver nem foto! 2- Nada de laticínios e carnes vermelhas. 3- Condimentos fortes também não.

3/4/2010

Irã: Lula na saia justa. Enquanto a China dá indícios de que poderia afinal participar de sanções contra o Irã, caso este não dê garantias à comunidade internacional de que não está construindo armas nucleares, Lula continua em sua lua de mel com Ahmadinejad. Há dias, o lua preta mor da diplomacia paralela do Planalto, Marco Aurélio Garcia, deu uma declaração que deve ter envergonhado todo o Itamaraty, que, certo ou errado, é um serviço de excelência. Se é verdade o que leio no jornal, Garcia disse que nosso objetivo deveria ser convencer o Irã a firmar o Tratado de Não Proliferação de Armas Nucleares (TNP). É impressionante que ele não saiba que o Irã já é signatário, há muito tempo, do TNP. O problema é justamente que, apesar disso, dá abundantes indícios de querer enriquecer urânio para uso militar e desenvolve tecnologias de construção de artefatos e sistemas de mísseis capazes de transportá-los.

15/4/2010

Ahmadinejad, Alencar e o "artefato pacífico". Perdoe-me o vice-presidente boa-praça José Alencar, mas sua declaração de que "não haveria problema em o Irã dispor de um artefato nuclear pacífico" (sic) é uma das declarações mais absurdas e irresponsáveis que já ouvi até hoje, e reflete a tragicomédia de equívocos que o governo Lula vem produzindo sobre o assunto. Não existe "artefato nuclear pacífico". A única utilidade de um artefato nuclear é matar milhões de pessoas. Uma ditadura teocrática, fascistoide, como a iraniana, cujo presidente já afirmou diversas vezes a intenção de "varrer do mapa" o Estado de Israel, e que nega a existência do holocausto nazista, representa um perigo sério para a humanidade se de fato conseguir fabricar armamento nuclear.

Ao romper o consenso dos governos que procuram pressionar o Irã a se afastar desse caminho, dá-se cobertura política às perigosas manobras da ditadura dos aiatolás. Uma coisa é o Brasil manter um canal de diálogo com o Irã para eventualmente mediar uma solução. Ninguém condena isso. No entanto, a gesticulação amigável do governo Lula com Ahmadinejad tende a reforçar sua intransigência, sinalizando-lhe uma margem de manobra que ele não tem. Por outro lado, isso lhe dá mais fôlego político para continuar a reprimir seu povo e fomentar o terrorismo. Ao enfraquecer a frente internacional que procura enfrentar a questão por meio do Conselho de Segurança da ONU, com sanções moderadas mas de amplo consenso, possivelmente incluindo até a China e a Rússia, o Brasil ajuda uma política aventureira que pode acabar resultando em erros de cálculo que levem a uma guerra. A consolidação de uma pressão multilateral tende a dissuadir o governo direitista de Bibi Netanyahu de proceder a um "ataque preventivo" — o que seria um erro terrível.

Atrapalhar o consenso na ONU pode estimular uma aventura desse tipo. A política externa do governo Lula é cada dia mais obtusa. Vem sendo incapaz de um gesto que seja destinado a ajudar a administração Obama a mostrar para os norte-americanos que o multilateralismo e a ação por intermédio da ONU pode funcionar. Lula parecia muito mais à vontade com George W. Bush. Seus luas pretas da diplomacia há muito tempo sustentam a tese absurda de que os republicanos são melhores para o Brasil. Uma sandice tão grande quanto a do "artefato pacífico".

17/4/2010

Marina passa Ciro e chega em 10%! Sem Ciro, 12%. Uma virada espetacular: Marina já está em terceiro lugar na pesquisa do Datafolha. No cenário sem Ciro, vai a 12%. Quanto a Serra e Dilma, ambos progridem um pouco: Dilma, de 27% para 28%; e Serra, de 36% para 38%. O que não significa muita coisa, sobretudo porque foi uma semana com grande exposição de Serra — que finalmente oficializou a pré-candidatura — e contínua exposição de Dilma pela sua grande máquina. Os analistas especulam sobre a possibilidade de Serra ganhar no primeiro turno. Há duas semanas, diziam que poderia ser Dilma. Bobagem. Será uma eleição movimentada e apertada. Estou aceitando apostas de que haverá segundo turno.

Embora não apareça no momento como a hipótese mais provável, aconselho os analistas mais sérios a não excluírem a hipótese de Marina lá estar. Com 40% de desconhecimento, ela já tem 10% dos votos, perto de um terço do que os outros dois têm. É a única liderança carismática, e consegue sustentar seu percentual com uma exposição incomparavelmente menor que a dos dois outros. Nossa meta é ir crescendo pontinho a pontinho até chegar aos 15% no final da pré-campanha. Isso nos colocará em uma situação muito favorável para a campanha, quando os dois candidatos começarão a se digladiar de verdade. De qualquer maneira, é bom ter prudência. A pesquisa do Datafolha foi feita num período de influência dos comerciais do PV dirigidos por Fernando Meirelles e de viagens muito bem-sucedidas a Pernambuco e Minas Gerais. Não teremos mais comerciais, nem o bloco que foi ao ar em fevereiro. Será crucial trabalhar bem a mídia local, privilegiando a multiplicação (agenda com retransmissoras regionais de TV, programas de rádio populares, imprensa local, universidades e encontros com empresários) e superando as agendas "nós com nós", os agradáveis mas pouco ampliadores encontros com ambientalistas, amigos e familiares dos nossos candidatos.

Ninguém sabe direito o que vai acontecer daqui para a frente. Mas uma coisa é certa: Marina vai influenciar cada vez mais o processo eleitoral de 2010.

Marina cresce em todas as regiões, sobretudo no Nordeste. Interessante notar o crescimento de Marina nas diversas regiões presentes na pesquisa Datafolha de 26/3 e 16/4: região Norte/Centro-Oeste, de 10% para 12%; região Nordeste, de 6% para 10%; região Sul, de 6% para 8%; e região Sudoeste, de 9% para 10 %, todos no cenário com Ciro. Destaque para o Nordeste, onde cresceu quatro pontos, um aumento de mais ou menos 80%. Parece ser resultado da viagem a Pernambuco, onde nosso candidato a governador, Sergio Xavier, organizou uma agenda forte com muitos multiplicadores e eventos expressivos, tanto em Recife como no interior, com repercussão em todo o Nordeste.

Na Colômbia, o candidato verde, Antanas Mockus, está em segundo, com 24%. A grande novidade na eleição colombiana, cujo primeiro turno é no dia 30 de maio, é a presença como candidato presidencial pelo Partido Verde do ex-prefeito de Bogotá, Antanas Mockus, tendo o ex-prefeito de Medellín, Sergio Fajardo, como vice. Mockus já tem 24% das intenções de voto e está em segundo, atrás do candidato uribista. Mockus foi o prefeito que iniciou a grande transformação na cidade de Bogotá. O surgimento do Partido Verde da Colômbia, com uma base municipalista, criado por quatro grandes ex-prefeitos — Mockus, Enrique Peñalosa, Lucho Garzón (Bogotá) e Sergio Fajardo (Medellín) —, é um fato político da maior relevância.

Mais sobre Mockus. Num ano em que a política institucional na América Latina parecia tender para o conservadorismo, acaba de surgir uma grande surpresa, que vem de onde menos se esperava: a Colômbia. Em rápida ascensão, o heterodoxo Antanas Mockus passou a ocupar o segundo posto, nas últimas pesquisas de intenção de voto, com 24,8% das preferências. O líder nas sondagens ainda é Juan Manuel Santos (29,5%), apoiado pelo presidente Álvaro Uribe. As eleições estão marcadas para 30 de maio, mas um segundo turno (em 20 de junho) parece cada vez mais provável. Mockus inaugurou, em 1994, a importante tradição dos prefeitos reformadores em Bogotá, capital do país. Ela perdura até hoje. É de esquerda e inovadora. Consiste na adoção de programas distributivos de alto impacto (entre eles, excelentes escolas públicas em período integral e restaurantes populares); no estímulo à participação da sociedade civil na administração da cidade; num combate ao crime constante e central — que, no entanto, não se baseia principalmente em medidas repressivas. A disputa atual à Presidência começou há apenas duas semanas, e todas as avaliações são, portanto, provisórias. Mas a rápida ascensão de Mockus (que partiu de 10% de apoios e dobrou o índice) sugere uma interessante disputa de projetos.

A Colômbia que o candidato expressa se choca com um país devastado pela violência, pelos paramilitares e pelo narcortráfico. Os assassinatos encomendados (por disputas de terras, para eliminar ativistas políticos ou por criminalidade comum) tornaram-se banais. Provocaram 30 mil mortes nas três últimas décadas e geraram um recorde mundial de deslocamentos internos. Três milhões de colombianos deixaram suas casas ou pequenas propriedades no período. No poder há oito anos, o presidente Uribe conseguiu mobilizar em seu favor o medo da sociedade e difundir a ideia de que a "mão dura" é a única arma eficaz contra o crime. Sua estratégia é facilitada pela ação das Forças Armadas Revolucionárias da Colômbia (Farc). Elas não são as principais responsáveis pela violência, mas permitem ao poder e à mídia argumentar que também a esquerda é uma ameaça à sociedade.

Altamente popular, Uribe pretendia tentar um terceiro mandato, por meio de plebiscito. A Corte Constitucional barrou esse intento em fevereiro. Abriu-se então uma campanha eleitoral de curtíssimo prazo, cujos contornos parecem se definir agora. O Polo Democrático, força de esquerda mais visível (e à frente da prefeitura de Bogotá), não conseguiu até o momento projetar seu candidato — o senador Gustavo Petro, um líder da luta contra os paramilitares. Frente de múltiplas tendências, muitas vezes paralisada pela disputa entre elas, o Polo tem enorme dificuldade para apresentar ao eleitorado uma face clara. Em ocasiões decisivas, as divergências internas o impediram de tomar posição. Talvez por isso, três dos prefeitos que viveram a experiência democrática de Bogotá — Antanas Mockus, Luís Eduardo ("Lucho") Garzón e Enrique Peñalosa — transferiram-se, há poucos meses, para o Partido Verde. Em 11 de março, participaram de uma prévia, vencida pelo primeiro. No início de abril, Mockus conseguiu atrair, para vice-presidente em sua chapa, Sérgio Fajardo, também ex-prefeito de uma grande cidade (Medellín), igualmente envolvido em fortes iniciativas de participação popular. A dobradinha decolou, sugerindo que parte importante da população quer mudanças — e prefere, entre os candidatos que a representam, quem demonstra capacidade de administrar e tomar decisões.

Filósofo, antigo reitor da Universidade de Bogotá, de origem lituana e aparência nórdica, Antanas Mockus é, entre os ex-prefeitos de Bogotá, o que melhor expressa heterodoxia também do ponto de vista pessoal. Maneja o *marketing* político com habilidade desconcertante. Para reduzir a violência, instituiu limites ao consumo de álcool e batizou a medida de *hora zanahoria* (hora cenoura), tomando emprestada uma gíria usada para qualificar indivíduos conservadores (seria a "hora café com leite", no Brasil). Colocou palhaços nas ruas para zombar dos motoristas que dirigiam de maneira indisciplinada. Distribuiu entre a população cartões vermelhos e brancos, com os quais se expressava facilmente desapreço por atitudes antissociais ou apoio à solidariedade. Isso foi, porém, apenas a face mais visível de uma administração que instituiu conselhos populares, restringiu a circulação de veículos particulares, revolucionou o transporte coletivo, espalhou ciclovias e parques.

Mockus trabalhou como consultor em diversas cidades brasileiras. Impressionada com a redução da violência em Bogotá ao longo da experiência democrática (de oitenta para dezoito mortos por 100 mil habitantes ao ano), a mídia conservadora tentou mais de uma vez arrancar dele declarações em favor de brutalidade contra o crime. Numa dessas tentativas, respondeu à *Época*: "[Em nossa experiência] o que realmente contou foi uma campanha de valorização da vida. A ideia central é que a vida é insubstituível. [...] Fizemos uma campanha de conscientização e uma agenda diária para discutir como proteger e preservar a vida, até que isso fosse incorporado à cultura da sociedade."

22/4/2009

No final de abril em Washington. Como em Copenhague, cheguei antes para preparar os contatos e a mídia. A razão era o convite formulado a Marina pelos organizadores do *Earth Day* (Dia da Terra), que a queriam como uma das oradoras de um ato para o qual esperavam cerca de 500 mil pessoas, no Washington Mall, uma enorme esplanada que termina na colina do Capitólio, onde está o Congresso norte-americano.

Outro objetivo era iniciar um contato formal com o Departamento de Estado. Já sabíamos que a secretária Hillary Clinton não estaria em Washington, e que seríamos recebidos pela subsecretária Maria Otero. Mas o objetivo primordial era mesmo a mídia brasileira, em particular a cobertura da TV Globo, o que funcionou bem com uma matéria do *Fantástico*, de Fernando Silva Pinto, em que Marina aparece discursando e conversando com a chefe da EPA (Environmental Protection Agency), Lisa Jackson.

Tivemos também contatos muito gratificantes e úteis com amigos americanos, como Barbara Bramble, Steve Schvartzman e Tom Lovejoy.

> [Agora, passada a campanha, posso confessar que o *Earth Day*, em si, foi fraco, e que quase briguei com os organizadores. Marina foi escalada para falar num horário péssimo. Iniciou seu discurso em português, traduzido por Steve Schavartzman. A banda de debiloides que ia tocar logo a seguir ficou repassando o som durante todo o discurso dela, numa total falta de respeito e sem repreensão alguma por parte dos organizadores! O ato em si foi uma bagunça e pouco concorrido, apareceram umas 15 mil pessoas, se muito. Saí de lá convicto de que a mobilização nos EUA em relação ao clima estava muito mal parada. E estava mesmo. Dois dias depois, o Senado enterrou de vez o *Climate Bill*, a lei aprovada na Câmara dos Deputados, que Obama levara como posição norte-americana a Copenhague. E ficou por isso mesmo...]

25/4/10

Jantar com James Cameron. Marina sugere mote para o *Avatar* 2! Jantamos ontem com o cineasta James Cameron e sua esposa, no restaurante do Hotel Dupont, em Washington. Cameron está profundamente mobilizado pela causa da defesa da Amazônia e, particularmente, dos índios. Em relação aos Estados Unidos, ele está disposto a se engajar profundamente num movimento de cidadania que pressione o Senado a aprovar o *Climate Bill*, que no momento parece escapar por entre os dedos, diante de uma puxada de tapete dos republicanos e de um receio por parte da administração Obama das consequências políticas desse processo num ano eleitoral que se anuncia difícil. "Nós, da área artística, podemos dizer coisas que os políticos e o cientistas não podem", comentou Cameron, referindo-se à saia justa em que se encontram os defensores de um drástico corte de emissões de CO_2 — num momento em que a modesta recuperação da economia norte-americana ainda não se faz sentir no âmbito da criação de empregos, e em que um número decrescente de norte-americanos (no momento, seria apenas 38%) considera o clima um "assunto grave". Durante o jantar, Cameron comentou que já está trabalhando no *Avatar 2*, e Marina Silva permitiu-se uma sugestão de *storyline*: "Por que não inverter o *Avatar 1*? Fazer os avatares visitarem o velho planeta, ambientalmente destruído, tentando ajudar na sua recuperação?" James Cameron gostou da ideia e garantiu o crédito para Marina, caso venha a utilizá-la. Ele calcula que *Avatar 2* ficará pronto em quatro anos. Justo para a campanha de reeleição, alguém comentou...

28/4/2010

Marina deixa marca em Washington. A viagem de Marina Silva para discursar no quadragésimo aniversário do *Earth Day* durou apenas um final de semana, mas foi o suficiente para chamar a atenção para ela como séria candidata às eleições presidenciais brasileiras, em outubro. Três fatos a favor de Marina formaram o pano de fundo da visita: a renúncia forçada de Ciro Gomes, a matéria sobre ela no *The Economist* e as notícias da impressionante progressão do candidato dos verdes colombianos, Antanas Mockus, às eleições presidenciais de 30 de maio. Ao aceitarmos o convite para o discurso do Dia da Terra, e acomodarmos a complicada agenda de Marina para passar dois dias e meio em Washington, pensávamos sobretudo em criar um fato político internacional que ensejasse uma forte repercussão no Brasil. Isso foi alcançado. O discurso de Marina para milhares de pessoas no Washington Mall foi noticiado pela TV brasileira num de seus programas de maior audiência: *Fantástico*.

Menos esperado mas auspicioso foi um desdobramento de grande importância, a médio e longo prazo: o início de uma interlocução com a administração de Barack Obama. Foi uma surpresa para nós sermos recebidos num prazo tão apertado de tempo por duas das mais importantes integrantes do governo: a chefe da EPA, a agência de proteção ambiental norte-americana, Lisa Jackson, que tem *status* de ministra; e a segunda de Hillary Clinton no Departamento de Estado, Maria Otero. Não foram simplesmente contatos formais, "diplomáticos", mas o início de um processo de interlocução básico sobre temas vitais: clima, tecnologias limpas, etanol brasileiro e política externa. O objetivo de uma garantia de tratamento igual, ao que eventualmente seja dado a Serra e Dilma foi alcançado. No âmbito subjetivo, foram contatos extremamente respeitosos e calorosos, e Marina comentava comigo a respeito do contraste que sentiu entre seu contato anterior no Departamento de Estado com a antecessora de Otero, Paula Dobriansky, na época de Bush, que tentou dar sermão em Marina. Maria Otero foi atenciosa, interessada e falou o tempo todo em português, que domina muito bem. Na relação com os EUA, existe uma grande diferença entre nossa postura e a do governo Lula. Nós torcemos e apostamos no sucesso de Obama. Seria trágico que não acontecesse, pois a louca cavalgada dos republicanos rumo a posições cada vez mais de extrema-direita é uma ameaça séria à humanidade, na questão do clima, da imigração e da segurança planetária.

28/4/2010

Votação da Lei do Clima no Senado norte-americano se complica. Já percebemos o ambiente no início da reunião com a chefe da EPA (Environmental Protection Agency), Lisa Jackson. Marina Silva, Carlos Vicente, Juliano, Ana Maria e eu estivemos com ela durante meia hora numa tenda especial do Dia da Terra. Lisa manifestou o receio de que o debate sobre imigração atropele a votação da Lei do Clima pelo Senado na semana que se inicia. Ela deixou transparecer certo pessimismo e a impressão de que não conseguiriam votar a lei antes das eleições de novembro. Provavelmente, depois a composição ficará pior para os democratas.

O parceiro republicano, que a duras penas os democratas pró-clima haviam conseguido, o senador Lindsay Graham, está dizendo que vai retirar seu apoio ao projeto, que tem sua coautoria, por causa de divergências em relação à imigração. Como dizia ontem, no jantar que organizou para Marina, o ambientalista Tomas Lovejoy: "Toda hora encontram pretextos para não votar a Lei do Clima no Senado. Primeiro a saúde, agora a imigração."

7/5/2010

A pré-campanha de Marina Silva entra numa fase de forte aceleração. Diversos fatos políticos acontecerem nas últimas três semanas, apontando para seu fortalecimento. Marina obteve 12% na última pesquisa Datafolha, e, se levarmos em conta que quando tudo começou, em outubro de 2009, ela tinha apenas 3%, teremos a ideia do quanto cresceu, apesar da gritante desproporção de exposição e de recursos, em comparação com as duas candidaturas concorrentes. Outros fatores serviram para alavancar seu crescimento: 1- A saída de Ciro Gomes, ainda que prejudicial à riqueza do processo democrático, evidentemente favorece Marina. 2 - A grande repercussão de sua intervenção em Washington. O *Fantástico* divulgou a presença de Marina, seu discurso do Dia da Terra no Washington Mall e sua reunião com a chefe do EPA, Lisa Jackson, com um estratégico diálogo sobre a questão do clima, que a todos aflige. 3 - O primeiro debate entre os pré-candidatos, em Belo Horizonte, embora amarrado por regras rígidas que impediram uma discussão mais livre, serviu para colocar Marina num patamar competitivo e ressaltar seu bom desempenho, apesar de estar fortemente gripada. Marina foi a mais aplaudida por uma plateia na qual não dispunha, ao contrário dos outros, de nenhuma claque.

A pré-campanha, até julho, é um momento importante, pois há uma situação um pouco menos desigual, e precisamos tirar proveito máximo dela. Na nossa análise estratégica, o momento é de entrar nas periferias das grandes cidades. Fazer uma pré-convenção para lançar a pré-candidatura de Marina, na Riosampa, em Nova Iguaçu, Baixada Fluminense, é criar um vínculo poderoso não só com essa região do Rio, mas também com a grande São Paulo, a grande Belo Horizonte, a grande Recife, entre outras. Marina tem uma poderosa mensagem para a população dessas periferias: sua vida e seu exemplo de superação. Isso é suficiente para diferenciá-la e estabelecer aquele forte vínculo de coração com a mulher pobre, cristã, da baixada;

com o trabalhador que perde quatro horas por dia se deslocando para o trabalho, a partir de sua esquecida cidade-dormitório; com o jovem de classe média local, que se vê privado de equipamentos culturais ou de entretenimento saudável, dignos do nome.

Por outro lado, a Riosampa é também um traço de união entre as duas megalópoles brasileiras. Estarão presentes, também lançando suas pré-candidaturas pelo PV, Fernando Gabeira, pré-candidato ao governo do Rio; Aspásia Camargo, ao Senado; e é aguardada a possível oficialização de Guilherme Leal como vice de Marina, dependendo apenas de seu ok final. Vamos nos mobilizar todos: os verdes, os comitês Marina Silva, os cristãos pró-Marina, os admiradores de Marina, para estarmos todos no domingo, 16/5, às 10 horas, no Riosampa. Rodovia Presidente Dutra, 14.000, Nova Iguaçu, sentido São Paulo.

3/5/2010

A gafe nuclear. Nada me incomoda mais em Lula, de quem fui admirador durante muito tempo e eleitor em várias ocasiões, do que sua atitude amigável e leniente em relação à sinistra ditadura teocrática dos aialolás. Suas afirmações, comparando as enormes manifestações da oposição democrática, esmagadas a ferro e fogo, como "protestos de torcidas de futebol descontentes", sua legitimação da fraude eleitoral, seus tapinhas na barriga do baixinho sinistro, que nega o holocausto — nega o massacre de sessenta pessoas da família de minha mãe, fuziladas pelos nazistas nos bosques de Pinsk, na Polônia — e ameaça varrer do mapa o Estado de Israel (naturalmente, os palestinos também seriam nuclearmente volatilizados, nessa hipótese). Ahmadinejad pertence a uma seita milenarista dentro do xiitismo que brande uma visão apocalíptica, o que dá perfeita coerência às suas palavras, aparentemente doidivanas, mas doutrinariamente disciplinadas.

Lula serve de instrumento para Ahmadinejad ganhar tempo e espaço político no campo internacional. O autocrata persa vem manipulando sua vaidade e sua megalomania, recentemente adquirida, com muito jeito. Agora, a candidata Dilma anuncia ao mundo que o Irã possui armas nucleares e que as mantêm "sob controle", pois é uma velha civilização, diferente do Iraque. Isso nos remeteria ao bom e velho Febeapá (Festival de Besteiras que Assola o País), do imortal

Stanislaw Ponte Preta/Sérgio Porto, se não coubesse antes na categoria de um velho dito russo pré-soviético: "Seria tão cômico, não fora trágico..." Há gafes reveladoras. Essa é uma.

16/5/2010

Marina lançada na Baixada Fluminense. Um evento mágico, cheio de calor e carinho. Um compromisso de Marina com o povão da periferia, regado a samba e poesia. A mesa do evento dá ideia de sua representatividade: Marina Silva; Guilherme Leal, empresário da Natura e agora candidato à Vice-Presidência; Gilberto Gil; Fernando Gabeira; Fábio Feldmann; Sérgio Xavier — nossos candidatos aos governos do Rio, de São Paulo e de Pernambuco; Ricardo Young e Aspásia Camargo; o poeta Thiago de Mello e a cantora e compositora Adriana Calcanhotto; o presidente do PV, José Luiz Penna; e o presidente do PV do Rio — fui o mestre de cerimônias do ato.

Havia presentes mais de três mil verdes, de todo o país, mas principalmente da Baixada Fluminense. Para animar o ato com um samba dedicado a Marina, Paulinho da Mocidade, com parte de sua banda.

Os discursos fluíram entremeados de música e de poesia. Deu-se o anúncio de que Guilherme Leal será o vice de Marina, e Gil, acompanhado por Paulinho da Mocidade, cantou uma única mas significativa canção: *Andar com fé* — "Andar com fé eu vou, que a fé não costuma '*faiá*'." Também fez um de seus melhores discursos de todos os tempos. Revelou o porquê de seu voto em Marina: "Foi o coração que assim o ordenou!"

19/5/2010

Lula no Irã: relações promíscuas e álibis. Lula foi ao Irã e se recusou a fazer qualquer gesto em direção aos ativistas de direitos humanos e ao movimento democrático. O período de sua visita coincidiu com a execução de presos políticos curdos, e o tão celebrado acordo nuclear Irã–Brasil–Turquia se revelou se não uma farsa, pelo menos um caminho insuficiente para assegurar que o regime teocrático islamista não poderá fabricar secretamente armamento nuclear. O acordo reedita uma proposta velha, de mais de um ano, pela qual o Irã mandaria para fora do país 1.200 kg de urânio enriquecido a 3,5%, para receber da França e da Rússia o urânio a 20% para usos pacíficos.

O problema é que na época em que foi feita, a proposta a esses 1.200 kg representavam 70% do urânio enriquecido iraniano. De lá para cá, o país produziu muito mais. Agora, isso representaria apenas metade. Para se fabricar uma bomba atômica, já seriam suficientes 1.000 kg de urânio, enriquecido a 90%. Para que o acordo funcionasse, oferecendo garantias ao mundo de que o Irã não estaria fabricando A Bomba em uma de suas várias instalações clandestinas, o país teria de remeter uma quantidade maior e concordar com inspeções da AIEA. Até agora, o Irã não aceitou essas condições indispensáveis, e, diante disso, não só os países ocidentais, mas também a Rússia e até a China estariam dispostas a aprovar sanções na ONU.

Toda movimentação de Lula serviu como álibi e biombo para que o regime iraniano continuasse com seu jogo de dissimulação. Ou seja, serviu de apoio político às tretas de Ahmadinejad. Toda gesticulação amigável, com camisa canarinho e tapinhas nas costas de votos de amizade, só serviu para fazer o jogo político de um ditadorzinho feroz com seu povo, messiânico, aventureiro, disseminador do terrorismo e negacionista do holocausto. Frouxo e complacente com a administração aventureira, intervencionista e arrogante de George W. Bush, também tratado como "amigo", Lula dedica-se a atrapalhar e criar problemas para Barack Obama, enfraquecendo sua posição na gestão de vários e graves problemas intencionais e, sistematicamente, favorecendo regimes liberticidas e repressivos.

> [Uma tarefa para futuros historiadores quando tivermos acesso aos arquivos do Departamento de Estado, do Itamaraty e do Planalto é desvendar a verdade em torno das contraditórias alegações norte-americanas e brasileiras em relação à proposta tripartite Brasil—Turquia—Irã. Na já referida conversa com Marco Aurélio Garcia, ele me garantiu que havia sinal verde do governo Obama para o acordo, que foi negociado, e que depois eles roeram a corda por não querer dar ao Brasil esse protagonismo internacional. Os americanos desmentem, e, convenhamos, não tem muita lógica essa versão, haja vista o enriquecimento de urânio adicional logrado pelo Irã. Mas há aqui um mistério a ser esclarecido. Talvez um abissal mal-entendido diplomático.]

20/5/10

Às vezes para evitar o excesso de irritação ou cair no amargor, o único jeito é a gente partir para a ficção e o humor. Foi o que fiz depois da gafe de Dilma sobre a bomba do Irã. Ela teria, segundo a imprensa, dito que "o Irã tem armas nucleares mas estão sob controle", o que, se fosse verdade, seria um fato capaz de desequilibrar o planeta e uma ameaça à paz mundial. Felizmente foi um lapso. Cometi essa maldade:

A verdadeira história por trás da gafe de Dilma

(peça de ficção política) Numa apuração digna de prêmio, nosso repórter desvenda a verdadeira história do lapsus linguae *de Dilma, que quase desestabiliza o planeta. A verdade só reforça Lula como estadista mundial.*

de Teerã, Mico Leão

Uma fonte excepcionalmente bem-informada me revelou a verdadeira história por trás da suposta gafe de Dilma, quando deixou escapar que "o Irã tem armas nucleares mas estão sob controle".

Tudo começou com um encontro secreto, a dois, entre Lula e Ahmadinejad, num local ultrassecreto. O iraniano veio disfarçado de alguém que Lula lembrava conhecer vagamente. Com sua habitual exuberância e voz rouca, nosso estadista-mor quebrou o gelo com uma proposta cultural e religiosamente chocante: "Ô Ahmadi, eu sei que tua religião proíbe, mas é oportunidade de uma vez na vida. Com certeza Alá, com tantos problemas pelo universo, não está neste momento prestando atenção em você, que já tem crédito de sobra com Ele... Eu tenho cá uma caninha, lá do norte, coisa muito fina. Um golinho só, unzinho, um traguinho... Não vai me fazer a desfeita de recusar..."

O sinistro baixinho ficou chocado com o convite, uma autêntica ofensa aos seus valores e proibições mais arraigadas. Mas a tentação bateu forte. Só uma vez, só uma única. Um teste. Se era homem para confrontar o grande satã, o satanzinho existente dentro daquela garrafa de Havana — o nome ajudou a quebrar a resistência —, não seria páreo para um candidato ao martírio no apocalipse como ele. Sorveu a pinga até a última gota. A primeira de sua vida tão virtuosa.

Alá estava distraído, *ma non troppo*. Sempre fica de olho nos seus. Puniu-o de imediato com um porre descomunal. Ahmadi viu um Lula, dois Lulas, três Lulas. Quando chegou ao quarto sapo barbudo, desandou a falar qualquer coisa. Misturou blasfêmias, invectivas contra judeus, sunitas, europeus, americanos e, muito particularmente, Barack Obama: "O Grande Satã pensa que vai nos impedir de construir a bomba. Mal sabem eles...Vou te dizer uma coisa: os infiéis não notaram, mas acabamos de construir a primeira delas, em uma de nossas mais secretas instalações subterrâneas. Alá seja louvado..."

A conversa durou mais um tempo, Ahmadinejad falou mais um monte de coisas, algumas desconexas e incompreensíveis. Ao terminar, trancou-se no banheiro para vomitar e fazer suas abluções. Fez Lula jurar que nenhum pio vazaria daquela histórica revelação, reservada ao mais íntimo e único amigo infiel. Ele jurou sobre o Alcorão e fez Lula, aquele idólatra, jurar sobre a camisa do Corinthians.

Nosso estadista global pensou de fato em manter o mais denso segredo, mas segurar aquilo sozinho, no fundo do peito, foi fardo em demasia. Uma das 300 chamadas do celular que Dilma Rousseff respondeu naquele dia acabou revelando para sua dileta candidata, e provável sucessora, o Segredo: "Ô Dilma, seguinte, tu vai jurar que não conta nada pra ninguém, mas imagina que o baixinho... o baixinho, porra, aquele mesmo... me contou entre umas e outras — ah, tem gente aí que não sabe beber — que eles já têm A Bomba. Tu não vai contar pra ninguém, hein, companheira?" Justiça seja feita: Dilma não ia mesmo contar para ninguém. Nadica de nada. Xongas. Zero. Nem pro Dirceu, nem pro Franklin, nem pra desbocada da Marta. Sua boca ia ser um túmulo milenar. Mas se deu a circunstância...

Havia um monte de repórteres ignorantes, e ela precisava explicar, pela milésima vez, um dado tão elementar de geopolítica. "Seus imbecis", pensou. Mas não disse. "Minha filha", iniciou ela, "o Irã não é o Iraque. É civilização antiga, séria. Gente de nível. Gente grande. Gente que dá pra conversar. Gente que até..." E foi aí que se deu o ato falho, o comichão de língua que a gente não consegue controlar... Igual àquele quando declarou que o meio ambiente era uma grande ameaça para o desenvolvimento sustentável. Aquele que a gente percebe que está saindo boca fora, mas é melhor terminar a frase e seguir em frente, que eles, burros que são, não registram. "Gente que até já têm armas nucleares, mas estão todas sob controle. Sob controle, entende?" Controle, aliás, é com eles mesmo, pensou. Mas não disse mais nada... Fala sério! Não foi bem uma gafe. Quando muito, meia gafe. Tanto que só saiu num jornal do Rio, que todo mundo sabe, apoia Serra. Tanto não foi gafe que ninguém mais deu tanta importância assim. Tanto não foi que até tem um lado bom, que, claro, em sua infinita má vontade, essa imprensa (sem o devido controle da sociedade) não registrou. Mas eu registro, diretamente de Teerã: única coisa digna de nota em todo esse caso é observar inequivocamente que Lula, o maior estadista de todos os tempos, o que "nunca antes na história deste planeta", sabe mais das coisas. Está mais bem informado que esse Obama, com toda sua CIA, NSA, Pentágono e o escambau, que não sabem porra nenhuma. Lula foi o primeiro fora do círculo mais seleto dos mais sublimes aiatolás, dos mais seletos milicos da Guarda Republicana, dos altos nucleocratas iranianos a saber do Grande Segredo. E Dilma, a primeira a revelá-lo, tornando-se assim, de longe, a mais transparente candidata de todos os tempos.

28/5/2010

Saudades de Bush? Durante os oito anos da administração George W. Bush, Lula jamais se contrapôs e muito menos desafiou suas políticas aventureiras, agressivas e unilateralistas. Quando muito, havia uma ou outra restrição, cuidadosamente embrulhada em linguagem bem diplomática. Quando os dois se encontravam, era uma festa. A *gestalt* ou, como dizem eles, o *body language*, era de "amigos", do gênero que Lula hoje cultiva com Ahmadinejad. Talvez ele se sentisse mais à vontade com o primarismo intelectual do texano, naquele seu jeitão caubói. Há uma distância abissal entre a administração Obama, a mais à esquerda desde Franklin Delano Roosevelt, e a do seu antecessor, para além do fato histórico de se tratar do primeiro presidente negro da história dos EUA. Há uma distância entre os democratas e os republicanos, que hoje buscam, no contexto das sequelas da crise econômica que eles próprios provocaram, reconquistar o poder. Uma volta dos republicanos seria pior ainda que a era Bush, pois iria se dar num explícito e assumido movimento de massas fascistoide e anti-imigração, com o perfil do *Tea Party* e de um partido republicano já totalmente "depurado" de sua antiga ala moderada.

George W. Bush elegeu-se com um falso discurso de centro-direita, o "conservadorismo com compaixão" — e favorecido pela fraude eleitoral na Flórida, pelo apoio decisivo da maioria republicana na Suprema Corte e pela divisão lamentável provocada pela candidatura de Ralph Nader, apoiada pelos verdes. Perdeu no sufrágio popular por 500 mil votos. Fez oito meses de um governo medíocre, reacionário, sobretudo na questão ambiental, mas encontrou sua vocação de direita neoconservadora e aventureira depois dos ataques de 11 de setembro, do pânico dos envelopes com antraz, chegando ao seu extremo com a absurda invasão do Iraque, cujo efeito geopolítico mais duradouro foi fazer do Irã a potência hegemônica da região.

Obama começou estendendo a mão ao Irã, aos irmãos Castro e a Hugo Chávez. O regime teocrático recusou-se a fazer qualquer gesto de moderação em relação à sua constante pregação pela destruição do Estado de Israel, sua negação do holocausto nazista, e continuou se recusando a dar garantias claras de que não usará seu programa nuclear para fins militares. Chávez, cada vez mais enrolado com seus monumentais erros econômicos, intensificou sua escalada rumo a um regime internamente autoritário e externamente aventureiro.

Os irmãos Castro foram incapazes de soltar um único preso político ou fazer qualquer gesto politicamente liberalizante, que permitisse a Obama suprimir o injusto e contraproducente embargo econômico. Todos esses personagens optaram por tratar Obama como um "liberal fraco", sobre quem seria possível "crescer" sem fazer concessões. Esse posicionamento foi análogo ao de Nikita Kruschev no início da administração John Kennedy, nos 1960, então o mais jovem presidente americano. Isso levou a URSS a sucessivos erros de cálculo, que colocaram o mundo a um triz da guerra nuclear durante a crise dos mísseis em Cuba, em 1962, situação que agora o grotesco ditadorzinho norte-coreano Kim Jung-Il parece querer reproduzir.

A margem de manobra de Obama estreitou-se com a perda de popularidade provocada pelas sequelas da terrível crise econômica que herdou e enfrentou com determinação, mas que vai demorar para ser superada, sobretudo no que tange ao desemprego. Ficou mais precária ainda diante da ofensiva feroz dos republicanos contra a reforma do sistema de saúde, que terminou numa vitória histórica, mas pagando um alto preço político.

Na atual circunstância, Obama não pode se dar ao luxo de passar nenhuma percepção de debilidade ou hesitação. Ao mesmo tempo, precisa evitar qualquer atitude ou gesto que evoque a arrogância de Bush. Convenhamos, isso é nó em pingo d'água. É nesse contexto que nosso presidente Lula, *muy amigo*, em tese homem com um ideário democrático de esquerda, adota o compadrio, o tapinha nas costas e na barriga como norma de relacionamento com sua coleção de ditadores e/ou histriões amigos. No caso do Irã, resolve dar cobertura política internacional a um regime francamente fascista, com uma postura internacional aventureira e fomentadora do terrorismo. Essa ação terrorista já teve sua manifestação direta na vizinha Argentina, com os terríveis atentados à Associação Israelita (Amia) e à representação diplomática de Israel, nos anos 1990, o que faz com que até hoje, mesmo com o governo do casal Kirchner, Buenos Aires continue a exigir mediante mandatos via Interpol a prisão de altos personagens do regime teocrático e não mantenha relações diplomáticas com o Irã.

Movido pela vaidade e por uma pretensão que chega às raias da megalomania, Lula meteu a mão numa cumbuca que não é nossa, na qual nada temos a ganhar e só atrapalhamos. Vamos acabar nos isolando por essa amizade a uma feroz ditadura, que tortura e executa opositores políticos. Se, afinal, para além de Ahmadinejad, Castros, Chávez, Ortega e similares, "o melhor para o Brasil" seria um fracasso de Obama e uma futura volta dos republicanos, então dá para conceder coerência e propósito à política externa lulista...

O fiasco da política iraniana de Lula. O jogo de enganos e autoenganos parece dominar o noticiário internacional. Ontem, tivemos a votação no Conselho de Segurança da ONU, e o Brasil e a Turquia sobraram isolados na defesa insensata do regime despótico dos aiatolás e de seu presidente, Ahmadinejad. A China e a Rússia, apesar de seus grandes interesses econômicos com o Irã, votaram pelas sanções, e mesmo o Líbano, no qual a poderosa milícia pró-iraniana Hezbollah deita e rola, se absteve. Doze países votaram a favor. A megalomania e leviandade com que nosso governo tratou o assunto nos deixou num vergonhoso isolamento, de braços dados com um regime ditatorial sinistro e aventureiro, que na década passada patrocinou dois odiosos atentados terroristas em Buenos Aires, razão pela qual nem o casal Kirchner ousa manter relações diplomáticas com ele. O erro de Lula não foi manter um diálogo com o Irã, com o propósito de eventualmente poder mediar uma negociação séria, mas ter praticado uma política unilateral isolada, não apenas da Europa e dos Estados Unidos, mas de países como México, Rússia e China. O pior foi a *gestalt* da coisa, a efusiva promiscuidade no trato com uma figura sinistra como Ahmadinejad, e o profundo desrespeito com os iranianos que lutam pela liberdade e pela democracia, comparados por Lula — em plena temporada de massacre — a torcidas de futebol de times derrotados. Ao vencedor, que ganhou a ferro e fogo, com suas câmaras de tortura e prisões, nossa suprema prova de amizade: a camiseta da seleção canarinho.

8/6/2010

Temas malditos e cascas de banana. Há uma clara ação de origem petista para tentar desgastar a candidatura de Marina em setores da classe média e, em particular, entre o público gay e feminista. Já foram identificados por marqueteiros adversários, como motes a serem explorados, temas como casamento gay, aborto e drogas, pelo lado avesso do modo como em geral são explorados pela direita, mas com igual dose de preconceito e intolerância. A imprensa, que tem enorme dificuldade de lidar com nuances e sutileza, prefere simplificar grosseiramente essas questões, quando não as deturpa completamente.

Na segunda-feira, por exemplo, na reportagem sobre a parada gay no Rio, a matéria de *O Globo* insinua erradamente que Marina é contra a união civil de pessoas do mesmo sexo e busca aspas de uma das participantes da parada a partir desse pressuposto. A partir daí extrai uma "declaração de não voto" em Marina. Essa é apenas uma de muitas matérias análogas nesse vício jornalístico do "ouviu o galo cantar mas não sabe onde".

Por isso, é bom clarificar as posições de Marina, bem como as programáticas do Partido Verde sobre esses temas, às vezes chamados de "malditos", que contêm questões de cidadania importantes, mas que em campanha eleitoral quase sempre são instrumentalizadas como cascas de banana.

1) União civil de pessoas do mesmo sexo ou casamento gay? Um partido laico como o nosso, uma candidatura laica, como a de Marina, e um estado laico, como desejamos que continue a ser o brasileiro, não discute casamento gay, uma expressão carregada de subjetividade negativa, mas o direito de pessoas do mesmo sexo à união civil estável, com mesmos direitos e deveres do matrimônio civil. Marina já se declarou favorável a isso de forma clara, inequívoca.

Ela se permite, no entanto, evitar utilizar a expressão casamento gay porque isso fere sua sensibilidade religiosa — e a de milhões de brasileiros que acreditam no casamento pela sua definição bíblica de união entre homem e mulher.

Qual é o efeito prático dessa distinção semântica para o reconhecimento do exercício cidadão desse direito? Nenhum! Nesse caso, não se trata sequer de uma divergência entre Marina e o programa do PV que pudesse ensejar recurso à "cláusula de consciência". Marina é a favor do pleno reconhecimento da união civil entre pessoas do mesmo sexo e ponto final.

2) Aborto. Nesse caso existe uma diferença entre nós. Os verdes defendem a descriminalização da interrupção voluntária da gravidez por decisão da mulher, e Marina, como milhões de outros brasileiros em todos os partidos, é contrária a isso por motivo religioso.

A diferença aqui não é ser "a favor" ou "contra" o aborto, mas diz respeito à questão de qual é a melhor estratégia para diminuir o sofrimento humano e ir desestimulando a prática do aborto até fazê-lo desaparecer. Os verdes estão convencidos de que seria mais correto descriminalizá-lo, acabando com a hipocrisia reinante no país, onde o aborto é amplamente praticado e tolerado — em clínicas com nome de santo... — de maneira deletéria, sobretudo no que se refere às mulheres pobres, e agenciadora da corrupção policial.

Por motivos religiosos, Marina é contrária à legalização do aborto, mas defende a realização de um plebiscito sobre o tema. Se ele fosse realizado hoje, provavelmente a posição contrária venceria, mas no futuro pode acontecer o que ocorreu em Portugal.

Nesse caso, temos uma diferença que é superada pela afirmação laica do caminho democrático de arbitragem do tema: o voto popular de uma república laica.

3) Drogas. Temos aqui uma questão parecida. O PV defende a descriminalização da canabis, que, para todos os efeitos, já é praticamente vigente no país, e defende que se comece a discutir a questão da legalização das drogas, em geral, como caminho de passagem do problema da esfera do morticínio na disputa armada do mercado das drogas para o campo da saúde pública, embora não proponha isso a curto prazo, e sim dentro de uma concertação internacional a longo prazo.

Essa posição não implica em nenhuma defesa ou promoção do uso de drogas, mas em uma análise lúcida da realidade, sob a óptica da redução de sofrimento em sociedades nas quais a droga jamais deixará de existir pela força da repressão, produzindo um sofrimento muito maior pela guerra do que pela eventual intoxicação e dependência das substâncias. Marina não é favorável à nossa visão, expressa no programa verde, e recorre à objeção de consciência, defendendo, também nesse caso, o recurso ao plebiscito. Podemos viver com isso.

Numa campanha eleitoral, a nuance é um problema. É muito mais fácil ser "contra" ou "a favor", preto no branco, sem meios-tons, dúvidas ou nuances. Mas a vida os tem mais do que admite nossa vã filosofia, de direita ou esquerda conservadoras. Nela abundam os meios-tons, as complexidades. O fato de os verdes exporem essas questões fora das simplificações grosseiras e dos maniqueísmos tolos é ponto a favor de uma nova política.

13/6/2010

Marina foi oficialmente lançada candidata à Presidência da República pelo Partido Verde, na nossa Convenção Nacional, em Brasília. Novamente um ato vibrante, cheio de emoção. O discurso de Marina foi menos emotivo, mais reflexivo, mas algo que merece entrar para a história. Nunca vi tamanho esforço de inclusão. Marina mencionou praticamente todos que trabalham na campanha.[4]

---

4 Ver íntegra do discurso de Marina na seção "Documentos".

17/6/2010

[Em meados de junho, Merval Pereira publicou algumas opiniões minhas sobre a campanha de Marina e a discussão do chamado "realinhamento histórico", ou seja, como poderia ser a geometria de uma maioria parlamentar caso Marina fosse eleita. Eis abaixo a íntegra do e-mail que enviei ao jornalista, comentando seu artigo.]

Caro Merval, tenho a impressão de que é cedo demais para concluir que Marina "não consegue convencer da viabilidade de seu projeto nem parece ter a força necessária para promover uma mobilização social que amplie seu eleitorado para além dos 10% a 12% [...]", conforme você opina.

O simples fato de estarmos 10% a 12%, quando em outubro do ano passado estávamos com 3%, já indica uma mobilização social em curso, apesar do emparedamento que você corretamente menciona. As campanhas cada vez mais se concentram nas últimas três semanas do processo, e as novas mídias têm jogado um papel crescente, embora não se possa ainda afirmar que poderá ser decisivo. Em 2008, a um mês das eleições do Rio, Gabeira ainda estava em quarto lugar, com menos de 10%.

Por outro lado, na hipótese de Marina ser eleita, não creio que a ideia de governar com o PT e o PSDB seja necessariamente utópica. Esse partidos social-democratas, cada um à sua maneira, não se juntariam em um governo comandado por um ou outro, mas Marina poderia promover esse "realinhamento histórico" com sua mediação, criando uma alternativa de um governo mais programático a ter de se render ao PMDB ou ao DEM. Haveria outra maioria parlamentar mais recomendável?

O grande problema subjacente é a reforma política. Para fazer recuar o fisiologismo, o clientelismo e o assistencialismo da política brasileira, cada vez mais dependente dos "centros assistenciais", é preciso mudar o sistema eleitoral para o voto proporcional por lista ou o distrital misto.

Atualmente, os três partidos que lançaram os candidatos à Presidência — PT, PSDB e PV — são os que ainda possuem alguma referência programática. Não é absurdo pensar que um dia possam governar juntos, desde que um líder possa uni-los mais adiante.

Em período eleitoral, quando diferenças, divergências e desavenças tendem a se exacerbar, essa discussão parece meio absurda. Mas estrategicamente falando, é pertinente.

25/6/2010

Pesquisas e ansiedades. A imprensa faz um grande alarde da pesquisa Ibope/CNI, que mostra Dilma cinco pontos à frente de Serra e Marina "estacionada" com 9%. Se no ninho tucano ela provocou claramente algum nervosismo, sobretudo por contrariar as expectativas, ao se dar na sequência de vários programas de TV com Serra, entre nós foi recebida com serenidade olímpica e com boa dose de ironia diante de seus reflexos com as perguntas dos repórteres.

Como Marina disse ontem em Belo Horizonte, na convenção estadual do PV de Minas Gerais, em outubro de 2009 ela estava "estacionada" em 3%, depois "estacionou" em 7% e agora está "estacionada" em 9%. Isso no *tracking* do Ibope, porque no Datafolha está com 12%. Temos acesso a pesquisas que lhe atribuem 13%. Recentemente vi uma, na cidade do Rio de Janeiro, que lhe dá 23%. Há pesquisas que dão Dilma e Serra empatados no mesmo percentual, e na semana passada, depois das convenções, havia uma que dava o candidato tucano à frente, embora esta semana a candidata de Lula tenha novamente encostado, o que pelo menos confirma a não eficácia das mais recentes exposições televisivas do candidato tucano. Mas na realidade nada disso tem tanta importância assim.

Estamos numa fase primitiva, paleolítica, da campanha presidencial de 2010. Parece absurdo dizer isso no interior do universozinho ultrapolitizado que esta campanha respira desde que Lula a antecipou, em janeiro de 2009. Mas esse segmento da sociedade brasileira, do qual fazemos parte nós — eu, vocês leitores, os políticos e os jornalistas que cobrem política nos seus jornais, revistas e sites —, representa uma ínfima parcela da população brasileira. Vivemos intensamente um processo que para a imensa maioria — possivelmente uns 95% — é, neste momento, algo ainda muito distante.

Uma campanha eleitoral só "pega", ou seja, só entra numa fase de construção efetiva da intenção de voto, bem mais adiante, e a cada eleição isso parece ocorrer um pouco mais tarde. Isso se dá quando a grande maioria desinteressada da sociedade começa a discutir eleições, candidatos, propostas, e os formadores naturais de opinião passam a espontaneamente agir no bar, no ônibus, na mesa de jantar, influenciando o voto da imensa maioria dos cidadãos despolitizados ou, pelo menos, desengajados. O ápice desse processo ocorre às vésperas e no próprio dia da eleição, quando as parcelas mais alheias acabam formando sua decisão de voto. Na fase em que nos encontramos, as pesquisas refletem fundamentalmente o grau de conhecimento e de exposição na mídia. A rigor, só se pode definir como um pouco mais consistente a resposta à chamada intenção de voto espontânea, e mesmo ela — como muitos *trackings* já confirmaram em eleições passadas — não representa garantia efetiva de voto.

Revisitando as pesquisas de 2008. Para ilustrar essa tese, compartilhada pela maioria dos analistas sérios, nada como recorrer a pesquisas de eleições passadas. Tenho em mãos uma do Datafolha para a Prefeitura do Rio de Janeiro do dia 3 de julho de 2008. Marcelo Crivella a liderava, com 26%; em segundo lugar, vinha Jandira Feghali, com 17%; em terceiro, Solange Amaral, com 10%; em quarto, Eduardo Paes, com 9%; e em quinto, Gabeira, com 7%. Na pesquisa espontânea, o quadro era diferente, mas também distinto do que seria o resultado eleitoral em outubro. Tínhamos Crivella com 9%; Jandira, com 4%; e Gabeira, Paes e Solange, com 2%. Os números do Ibope eram parecidos.

Vejamos agora outra pesquisa, de 23 e 24 de agosto de 2008, cinco semanas antes das eleições, quando os programas eleitorais de TV já estavam no ar havia uma semana e meia. O instituto responsável por essa foi o GPP, que pessoalmente considero mais preciso em suas pesquisas na cidade do Rio de Janeiro. Nessa pesquisa, de final de agosto, tínhamos: Crivella, 20,7%; Paes, 16,4%; Jandira, 14,4%; e Gabeira, 7,8%. Havia 10% de indecisos e 23,3% de nulos. O que aconteceu depois? No início de setembro, Paes passou Crivella, assumindo a liderança, mas Gabeira só alcançou o segundo lugar no dia da eleição. Vejamos o nosso *tracking* feito pelo GPP, em 6 de setembro: Paes, 22,7%; Crivella, 18,7%; Jandira, 12,8%; e Gabeira, 12,2%. Foi, portanto, na terceira semana depois do início do programa de TV que Gabeira iniciou sua forte escalada. Dobraria as intenções de voto entre 24 de agosto e 6 de setembro. No dia 26 de setembro, a uma semana das eleições, o *tracking* sobre o mesmo universo de amostragem já indicaria: Paes, 20%; Crivella, 18%; Gabeira, 15,4%; e Jandira, 14%. Uma semana mais tarde, no dia da eleição, Gabeira ultrapassaria Crivella na reta final e iria ao segundo turno.

Cada eleição é uma eleição, e naturalmente uma eleição nacional para a Presidência da República e uma eleição para a Prefeitura de uma grande cidade são diferentes. Também se pode dizer que Gabeira contou com um tempo de TV bem maior do que Marina contará. Mas em relação ao significado das pesquisas no período que estamos agora, não seria descabido pretender que o eleitorado está ainda mais distante do ponto de maturação do voto do que estava o eleitorado carioca — na média, muito mais politizado — pesquisado em 3 de julho de 2008.

A pergunta que não quer calar. A grande pergunta não respondida dessa eleição diz respeito à solidez e à capacidade de permanência do *dedazo* presidencial, para utilizar uma gíria política com que os mexicanos se referiam ao processo quase dinástico pelo qual os presidentes do PRI ungiam eleitoralmente seus sucessores. O *dedazo* de Lula gerará um *dilmazo*? Ou o olhar do(a) eleitor(a) se fixará mais detidamente na pessoa e na proposta de cada um dos três candidatos, quando o processo eleitoral começar a ser extensa e intensamente vivido? Ninguém consegue agora responder ao certo a essa pergunta, muito menos as pesquisas.

Restam, então, as hipóteses de trabalho de cada um dos três candidatos. A de Dilma é que o *dedazo* se faça um *dilmazo*. A de Serra é que no mano a mano do segundo turno, os eleitores optem pelo mais experiente e que tem mais cara de presidente. A de Marina é que um poderoso movimento de mulheres pobres, jovens e classe média politizada se explicite no momento em que a campanha realmente esquentar, e que ocorra um movimento semelhante ao de Gabeira na campanha que analisamos acima, com uma atropelada de reta final sobre um dos dois favoritos atuais, que eventualmente entre em parafuso. Embora, no momento, a primeira e segunda hipóteses racionalmente pareçam mais prováveis, descartar a terceira seria analiticamente tão temerário quanto ter imaginado, em julho de 2008, que o segundo turno no Rio seria entre Crivella e Jandira, porque essa era a indicação da pesquisa do dia 3 de julho de 2008.

26/6/2010

Novas missões. Na quinta-feira, deixarei oficialmente de ser o coordenador nacional da pré-campanha de Marina Silva à Presidência e passarei a ser o coordenador de sua campanha no Rio de Janeiro. No sábado, anunciarei minha candidatura a deputado federal pelo Rio.

Estou realizado com o trabalho que pude desenvolver entre outubro de 2009 e junho de 2010, na coordenação da pré-campanha. Nesse período, a intenção de voto de Marina passou de 3% a 12%, e ela se consolidou no cenário político como um dos três principais candidatos. Não conseguimos quebrar totalmente o cacoete plebiscitário de boa parte da mídia, mas certamente Marina tem um *status* diferenciado e está claramente na disputa, ao contrário das duas candidaturas presidenciais anteriores do PV: a minha, em 1998; e a de Gabeira, em 1989, que serviram para marcar posição e fazer conhecer as ideias dos verdes. Marina é claramente uma presidenciável. Ela pode ganhar. O fato de o PV ter atingido esse novo patamar se deve a essa pessoa extraordinária, com sua história de vida e personalidade, que fazem dela uma das mais expressivas lideranças de todo o planeta, e não apenas do Brasil.

Meu trabalho nesse período consistiu em ajudar a abrir caminhos, traçar estratégias e definir rumos políticos. Tivemos alguns grandes momentos: a manifestação do Brasil no Clima, no Rio; o dia da filiação no Rosa Rosarum, em São Paulo; a COP-15, em Copenhague, quando quebramos o bloqueio de mídia que sofríamos e Marina acabou dando o tom do Brasil; os dois programas de TV do Partido Verde e as inserções que a tornaram mais conhecida do grande público; a mágica pré-convenção, na Baixada Fluminense; e o Dia da Terra, em Washington, quando Marina empolgou plateias internacionais.

Continuarei tendo na campanha de Marina Silva minha principal missão, e vou assumir sua coordenação no Rio de Janeiro, estado onde ela tem seu maior percentual de intenções de voto depois do Acre. Continuarei participando uma vez por semana de reuniões da coordenação nacional da campanha, em São Paulo.

Por outro lado, vou me dedicar também à minha candidatura a deputado federal pelo Rio de Janeiro. Com a candidatura de Gabeira ao governo do estado, os verdes precisam manter e ampliar sua bancada no Congresso Nacional. Com 43 anos de militância política, 22 de política institucional, quatro mandatos de vereador, uma ampla experiência no executivo municipal, estou me sentindo bem preparado para essa nova tarefa, e motivado sobretudo pelo que ela poderá oferecer de perspectivas para ajudar o Rio nessa interessante fase histórica que estamos vivendo.

Estou muito confiante no potencial da candidatura de Marina e nas perspectivas dos verdes nessas eleições e no período que se abrirá a seguir. Nossa hora e nossa vez estão chegando. O fato de Marina já estar com 12% nessa fase, e ter sido reconhecida pela mídia, pelo mundo político e pelo grande público como um dos três na disputa, é um bom ponto de partida. Na verdade, 95% da população ainda não entrou num clima de campanha. O voto se forma num processo de "contaminação", a partir do momento em que a eleição "pega" no interesse das pessoas no trabalho, no ônibus, no táxi, na mesa de jantar da família e até no papo entre namorados. É um momento mágico em que uma população altamente indiferente à política vive seu instante político. Formadores de opinião espontâneos vão assimilando mensagens e imagens que as campanhas passam, processando-as e "fazendo a cabeça" de um círculo de pessoas menos politizadas à sua volta.

Ainda estamos longe desse momento. A cada eleição, ele vem se dando mais tarde e se concentrando nos últimos dias. Penso que esse momento de "viver as eleições" por parte da grande massa do eleitorado começará uns quinze dias depois do início do programa eleitoral, no dia 17 de agosto, ou seja, na primeira semana de setembro. Até então, as pesquisas refletem uma opinião fria, fora dessa dinâmica do processo eleitoral.

As duas grandes perguntas este ano são: a capacidade de "transferência" de Lula se manterá, ou em algum momento o eleitor vai olhar os candidatos, procurando vê-lo personificado na função presidencial? O eleitorado vai aceitar o plebiscito que querem impor entre o continuísmo lulista puro e duro, acenando para uma inevitável decadência — alguém acha que Dilma poderá ser melhor, ir além de Lula, ou fatalmente ficará aquém? — e a volta dos tucanos?

Se o eleitor se voltar mais para quem será o(a) presidente e encarar a continuidade da história brasileira como um pós-Lula (e pós-

-FHC), daqui para melhor, aí Marina terá sua chance com a estrela, o carisma, a tenacidade e o charme que Deus lhe deu. Pois ela é, mais do que nunca, a cara do Brasil.

29/6/2010

Driblando a arapuca ruralista. Marina irá a todos os debates, sabatinas e entrevistas com os três principais candidatos. Assim tem sido. Mas a "sabatina" da CNA virou a exceção à regra. Dilma, desde o início, declinou em ir, o que deixaria Marina no mano a mano com Serra, o que em si não teria problema algum, não fosse a parcialidade da entidade, cuja principal líder é a senadora do DEM Kátia Abreu, que chegou a ser cogitada para a vaga de vice de Serra.

A dinâmica da tal "sabatina" foi toda armada para promovê-la. Terá espaço para fazer uma longa intervenção, de meia hora, com mais tempo que os próprios presidenciáveis, além das outras intervenções/perguntas dos demais ruralistas. Já vimos na "sabatina" da CNI que, na verdade, essas entidades patronais e seus líderes se servem da ocasião para, mais que interagir com os candidatos, promover suas próprias teses — o que em si não é um problema — e suas lideranças, aproveitando a atenção da mídia aos candidatos. Por outro lado, não há debate entre eles. Na prática, os anfitriões disputam o estrelato com os candidatos.

É um formato muito "amarrado", que no caso da CNI foi suportável porque os três candidatos compareceram e não existia a hostilidade a Marina e aos verdes que grassa nas hostes ruralistas. No caso da CNA, seríamos muito otários de entrar desavisados no covil da direita ruralista, levantando a bola para Kátia Abreu.

Ficou patente o desequilíbrio de tratamento em relação a Serra, um *insider* com acesso às perguntas, e Marina, claramente na alça de mira de prováveis "pegadinhas", não do candidato concorrente, que vem sendo bastante elegante com ela em todas as ocasiões, mas dos ruralistas.

Existe um forte contencioso com eles: a revisão do Código Florestal, que retira poderes de fiscalização do Ibama e os transfere para os governos estaduais, propõe a diminuição das reservas legais de floresta a serem preservadas e prevê a anistia aos desmatadores.

Nossa decisão tática em relação à "sabatina" se prende menos à campanha eleitoral do que ao enfrentamento estratégico com o setor mais retrógrado do ruralismo, representado por Kátia Abreu. Se tanto Serra quanto Marina estivessem lá, haveria uma polarização entre os ruralistas e Marina, com Serra posando de mediador razoável entre os interesses do *agrobusiness* e da pecuária e o suposto "radicalismo" dos ecologistas. Sem Marina, sozinho com ruralistas e às vistas da mídia, Serra será obrigado a enfrentá-los em vários temas se quiser permanecer coerente com suas recentes inflexões pró-ambientalistas, ou se render a eles, com desgaste na classe média e entre os ambientalistas, o que não parece provável.

Tanto do ponto de vista da campanha quanto do confronto mais geral, em torno do Código Florestal, é taticamente mais conveniente deixar Serra a sós com seus complicados aliados ruralistas. Como em qualquer situação tática, é uma decisão conjuntural. Noutras circunstâncias, pode mudar.

[Minha saída formal de coordenador geral da campanha presidencial para poder me dedicar à campanha para deputado federal e à coordenação da presidencial, no Rio, ficou assente em teoria, mas na prática não foi bem assim. Continuei tendo de ir a São Paulo quase toda semana e cuidar dos mais diversos pepinos partidários. Um dois piores foi o "copo mole" dos dirigentes verdes de parte dos estados da Amazônia e do Pantanal, mais empenhados em negociar posições com os partidos tradicionais do que fazer a campanha de Marina, no que pese existirem em todos esses estados inúmeros verdes profundamente empenhados. Assim, passei um final de semana deprimente voando para Roraima e Mato Grosso. Abaixo, o relatório que fiz à Coordenação Nacional do PV.]

5/7/2010

Frustrações e saias justas. Passei o final de semana voando para Cuiabá e Porto Velho, tentando viabilizar candidaturas majoritárias em Mato Grosso e Rondônia. É uma frustração verificar a qualidade do PV nesses dois estados, o que se estende também ao Amazonas. Não que o PV careça de bons quadros. Há muita gente boa nesses estados, disposta a levantar a bandeira dos verdes e a campanha de

Marina. Porém, nesses lugares há dirigentes que há anos estão "sentados em cima da sigla", da qual viraram gigolôs. Negociam alianças, monopolizam o controle do partido. Não têm vínculo algum com seu ideário programático, e a candidatura de Marina é para eles um estorvo a ser toureado.

Em Rondônia, ainda foi possível garantir uma candidatura ao Senado e a desvinculação da coligação majoritária da qual faz parte o ex-governador Ivo Cassol, um inimigo dos ideais do PV. Mas o partido ficou capenga. No Mato Grosso, onde seria importante uma candidatura ao governo e ao Senado, ainda existe uma chance de conseguir a segunda, mas alguns dirigentes do próprio partido estão tentando rifar essa possibilidade. Uma vergonha. Vamos aos detalhes.

Rondônia. Nesse estado, o PV é presidido pelo senhor Antenor Kloch, que possui notórias ligações com o governador Ivo Cassol, um antagonista dos princípios mais elementares do nosso partido e de nossa candidata presidencial.

O sr. Antenor Kloch tentou inicialmente levar o PV a apoiar a candidatura a governo do atual vice de Cassol. Diante de objeções do presidente nacional do PV e do coordenador da região Centro-Oeste, que aparece mais do que o da região Norte como seu interlocutor, optou por uma fórmula menos ostensiva, que seria o PV não lançar candidato ao governo, lançar um candidato ao Senado — imposto por ele e considerado inexpressivo —, coligar-se com mais dez partidos, inclusive o de Cassol, para deputado federal e não se coligar para deputado estadual.

Pressionado para lançar candidatura ao governo do estado, Kloch alegou que isso comprometeria as chances de reeleição do único deputado federal do PV no estado, Lindomar Garçon. No quadro estadual, há uma clara avaliação de que a nominata existente pode propiciar a reeleição de um único deputado, Luizinho Goebel, presidente da Assembleia Legislativa, aliado de Cassol.

Antenor sofre oposição de dois vereadores, Marcelo Reis e DJ Moisés, que defendiam uma ruptura com Cassol e candidatura própria nas eleições majoritárias e proporcionais, mas que não conseguiram em tempo hábil construir na prática esta alternativa. Esses vereadores têm uma relação melhor com o movimento ambientalista local (totalmente hostil a Antenor e ao deputado estadual) e o Movimento Marina Silva local.

O deputado Garçon, embora criticado por esse segmento, não tem uma relação antagonista com ele e representa um eventual ponto de equilíbrio, no que pesem suas limitações de formulação e características de político tradicional. Nas circunstâncias particularmente complexas da política de Rondônia, parece razoável e sinceramente empenhado em tocar a campanha de Marina com força. Ao que tudo indica, tem meios para tanto.

A tentativa. Busquei viabilizar a candidatura ao governo do estado e a disputa proporcional em chapa própria para deputado federal. Não foi possível, porque se configurou uma clara resistência de Antenor e uma situação legal-cartorial muito frágil. A convenção já fora realizada, a ata estava fechada — a alegação de Antenor era a de que isso fora "acertado com o coordenador da RCO" — e uma guerra cartorial em data posterior ao registro da ata, cujo prazo final era o dia seguinte, poderia no máximo "zerar" o partido, mas não viabilizar o objetivo pretendido.

Por outro lado, o grupo opositor e seus aliados ambientalistas e do Movimento Marina Silva não foram capazes de apresentar, naquela véspera de prazo fatal, nomes formalmente confirmados e disponíveis para o governo do estado e outros que pudessem reforçar a nominata para deputado federal. Um deles se dispunha a sair para o Senado, apenas. Houve menção de uma liderança indígena que poderia assumir a candidatura a governo mas não se fez disponível, na prática, naquele momento.

O deputado Garçon expôs claramente que a retirada do partido daquele "chapão" — a coligação de onze partidos — inviabilizaria sua candidatura — mas a colocou à disposição do partido nacional e da campanha de Marina. Adotou uma atitude de equilíbrio, numa discussão totalmente histérica protagonizada pelo sr. Antenor e pelos dois vereadores.

Depois de consulta a Marina, decidi que não havia mais como mudar aquela situação, e que as correções a serem feitas teriam de se limitar à direção do partido e a uma eventual mudança do candidato ao Senado, caso constatada sua inadequação. Salta aos olhos a condução fisiológica, truculenta, do presidente Antenor.

Esse senhor, sem pedir minha prévia autorização, determinou a um assessor que gravasse a reunião, e depois, em tom ameaçador, avisou que "estava tudo gravado". Justificou sua atitude antiética pelo fato de haver da minha parte uma "ameaça de intervenção". Tentou assumir uma atitude claramente chantagista, ainda que perfeitamente idiota. Na gravação da reunião, um primor de destempero de sua parte e dos vereadores, com acusações pesadíssimas de parte a parte. Há um momento em que me irrito, dou uns murros na mesa e grito para calar a gritaria dos antagonistas. Evidentemente, a edição isolada desse trecho e sua colocação no YouTube daria impressão de destempero de minha parte, mas não tenho nenhuma dificuldade em conviver com isso. Considero-o, no entanto, uma grave transgressão da ética partidária, e solicito abertura de Conselho de Ética para esse dirigente.

O encaminhamento proposto. Não há como mexer mais na geometria eleitoral. A situação partidária em Rondônia é insustentável, e defendo a mudança da composição da Executiva Estadual. Penso que a presidência deve caber ao deputado Lindomar Garçon, e que deve haver uma negociação que equilibre seus aliados com novos filiados do Movimento Marina Silva e ambientalistas locais e contemple os vereadores, com o cuidado de não lhes facultar o controle. O sr. Antenor deve ser afastado. Em relação a ele, já havia numerosos antecedentes graves. Um deles foi ter mentido publicamente ao atribuir a dirigentes nacionais do PV apoio à filiação ao partido do governador Ivo Cassol, o que foi desmentido com indignação por eles.

Resumo da ópera. É preciso pôr fim à dominação do partido pelo sr. Antenor e iniciar uma fase de transição na qual o deputado Lindomar Garçon se responsabilize pela campanha de Marina e pela representação política do partido, afinado com o movimento. É preciso verificar a adequação do candidato ao Senado à necessidade de ser depositário do único espaço de TV majoritário disponível, e tentar garantir a eleição de um segundo deputado estadual. Ao deputado estadual existente, deve ser dada a opção de se desvincular de Cassol ou deixar o partido depois das eleições, de forma amigável, com um acordo que preserve seu mandato.

Um novo dirigente da Executiva Nacional deve ser encarregado de monitorar a situação com critérios afins à campanha de Marina e uma visão de construção partidária que invista na qualificação do PV-RN, e não em sua manutenção como simples legenda tradicional (quando não de aluguel.)

Mato Grosso. Nesse estado, o PV é dominado pelo sr. Aloísio Leite, que, embora afastado da presidência, mantêm confortável maioria na Executiva Estadual, constituída por pessoas próximas sem nenhuma expressão ou mesmo qualificação política. Há uma minoria de boa qualidade que é sistematicamente esmagada. Também se verificou o bloqueio ao ingresso na Executiva de novos quadros que vieram ao partido depois da filiação de Marina, apesar da orientação expressa da Coordenação Nacional nesse sentido. O presidente José Roberto Stoppa, no que pese maior cautela, vem fazendo o jogo de Aloísio, embora num estilo conciliador. Talvez pudesse desempenhar um papel construtivo noutro contexto. A imagem do sr. Aloísio junto a uma ampla e variada gama de pessoas do mundo político, jornalístico e ambientalista local é muito ruim e traz desgaste para o partido.

Foram orientadores dos dirigentes locais, no início do processo, o presidente nacional e o coordenador da região Centro-Oeste. Originalmente, foi negociado o apoio à coligação com o PSB, PPS e PDT, do candidato Mauro Mendes. É preciso dizer que se trata do melhor postulante ao governo daquele estado. É um empresário com discurso e atitudes que contrastam com a política tradicional do MT, sendo importante contribuir para sua eleição. Ele se dispõe a dar apoio a Marina, numa situação de "duplo palanque" com Dilma.

Na perspectiva da candidatura de Marina e na óptica do crescimento partidário, salta aos olhos que deveríamos ter tido candidato ao governo e ao Senado, e chapa própria para deputados, porque o PV no estado tem um imenso potencial e começa a atrair quadros muito significativos da sociedade local. Por haver apenas quatro candidatos, o tempo de TV para a campanha ao governo seria muito significativo (mais de dois minutos), em condições de alavancar também nominatas próprias para deputados federais e estaduais. Havia plenas condições de montá-las em tempo hábil, não fosse o esforço desmobilizador do sr. Aloísio.

Essa atitude se estendeu ao Senado. Com a resposta à consulta do TSE, o grande obstáculo à candidatura ao Senado do empresário Naildo Lopes, escolhido pelo nosso partido, passou a ser de dirigentes do próprio PV, influenciados por Aloísio. Conforme testemunho do nosso dirigente nacional Marcos Novaes, eles se manifestaram agressivamente contra essa escolha, "em solidariedade" a objeções mal-informadas de um dos outros partidos. Isso se deu em público, numa reunião na presença de representantes dos outros partidos, expondo o PV ao ridículo.

Encaminhamento proposto. Na minha chegada me reuni com a Executiva e com líderes representativos, mas burocraticamente excluídos da direção. O sr. Aloísio se escondeu, e Stoppa apareceu no dia seguinte, alegando uma viagem, com uma atitude ambígua. A ideia de caminharmos em faixa própria, com Mauro Mendes, suscitou grande entusiasmo, e logo surgiu a possibilidade de ampliar a nominata de candidatos a deputado.

No dia seguinte me reuni com Mauro Mendes, que reagiu de forma incisiva contra a mudança, alegando extemporaneidade, pois já fora realizada a convenção e lavrada a ata (em mãos de Aloísio). Ficou claro que haveria um disputa legal-cartorial, e que isso prejudicaria o PV e sua candidatura, e não havia nenhuma garantia de viabilização naquele momento do caminho pretendido. O candidato do PSB fez uma série de colocações que me pareceram pertinentes. Ele chegou até a admitir que a orientação que eu tentava imprimir poderia ter sido aceita por ele num momento anterior do processo. Explanou-me as consequências políticas negativas que a mudança lhe traria naquele momento, à luz das tentativas de desestabilização que sofre por parte dos adversários.

Tive de me render à dolorosa evidência de que o caminho que tentava era de difícil viabilização, e que prejudicaria naquele momento uma candidatura diferenciada e importante para o avanço político do estado. Mendes aceitou, no entanto, nosso objetivo de pelo menos dispor de uma candidatura ao Senado. Após consulta a Marina, concordei com essa solução dolorosa, mas a menos pior dentro das difíceis circunstâncias.

Depois de minha partida de Cuiabá, o desaparecido dirigente Aloísio reapareceu e, na reunião da Executiva que se realizou a seguir, procedeu uma autêntica molecagem: usou de sua maioria automática para destituir o candidato acordado ao Senado, Naildo Lopes, um empresário respeitado e com bom potencial eleitoral, em benefício... dele próprio, que se tornou o candidato!

Esse golpe vergonhoso foi frustrado pela atitude digna do candidato a governador Mauro Mendes, do PSB, que opôs firme resistência e obrigou a Executiva do PV a recolocar o candidato legítimo, num episódio de final feliz, mas claramente constrangedor e desmoralizante para o partido.

Resumo da ópera. Também em Mato Grosso, não há mais o que se fazer em relação à geometria eleitoral, aquém das necessidades da campanha presidencial. Devemos, portanto, tentar trabalhar o melhor possível no aproveitamento do "palanque duplo" e na montagem dos comitês Marina/Mauro, que o candidato a governador está disposto a apoiar. É imperioso, no entanto, alterar a Executiva local, afastando o sr. Aloísio e seu grupo e permitindo o ingresso na direção de novos quadros representativos e respeitados na sociedade local, tendo como referência política Sergio Guimarães, o Serjão.

É preciso também colocar outro(s) integrante(s) da direção partidária para dar orientação futura ao PV-MT e fazer o enlace com a campanha presidencial. Opino que se não tomarmos uma atitude de absoluta firmeza neste momento, haverá prejuízos importantes ao PV, tanto local quanto nacionalmente, e um forte estímulo à indisciplina, ao fisiologismo e à infidelidade partidária.

8/7/2010

No início de junho, a oficina de golpes sujos do PT resolveu entrar em ofensiva, tomando como alvo o candidato a vice Guilherme Leal, uma pessoa de postura ética exemplar, nos mínimos detalhes, que alguns setores da mídia tentavam caracterizar como o "bom burguês" da campanha. Na verdade, o maior aporte dele era político. Supercauteloso como empresário e cidadão, ele foi implacavelmente investigado para ver se pegavam alguma coisa. Como não conseguiram nada, inventaram uma história ridícula em torno de seu sítio em Itacaré, na Bahia, onde ele participava da resistência contra um impacto ambiental inominável que o governo do estado planeja praticar com a construção do Porto Sul, entre Ilhéus e Itacaré. O assessor de um dos políticos do PT envolvidos no negócio resolveu fazer um sobrevoo do sítio de Leal e fotografar um paisagismo que estava sendo executado num antigo mandiocal. O Ibama se prestou ao jogo, até certo ponto. Foi uma operação de "aloprados", claramente orquestrada pelo mesmo tipo de gente. Agora não foram os esquemas dentro da Receita Federal ou da Caixa Econômica: a bola da vez foi o Ibama, que continua produzindo contrainformações.

A primeira coisa a entender sobre o caso é que se trata de uma propriedade adquirida por Guilherme Leal em 2005. Na propriedade, havia uma área ocupada. Há muito tempo, havia ali clareiras resultantes de velhas queimadas, que foram aproveitadas para a construção de chalés e equipamentos de apoio e lazer. As fotos aéreas difundidas pelos "aloprados" mostram essa pequena área, onde houve no passado uma plantação de mandioca e, posteriormente, um paisagismo de samambaias, que agora estava sendo refeito. Desde que a propriedade foi comprada, em 2005, não se cortou uma única árvore, até porque a motivação de Leal era dispor ali de um paraíso ecológico.

Por isso soa tão ridícula a acusação, e fica manifesta a utilização de má-fé criminosa do Ibama. Ela começou como represália à atuação de Leal contra o megaprojeto portuário-siderúrgico. Esse, sim, tem risco de devastar e poluir uma imensa região. Essa acusação se tornou mais virulenta agora, quando ele foi escolhido candidato a vice de Marina.

O segundo passo da operação criminosa de difamação eleitoreira — com o agravante do *intenso* uso da máquina pública — fica claro na notinha de hoje da mesma fonte poluída e desmoralizada que plantou a primeira. Pretende até que haveria "mal-estar" no PV em relação a isso, e até um papo de "trocar o vice". Essa informação é falsa e fantasiosa. Os verdes estão totalmente solidários com Leal e enfrentarão a provocação com firmeza, tranquilidade e bom humor. Claro, os "aloprados" poderão eventualmente utilizar algum dos pouquíssimos ex-verdes que se venderam para sua candidatura, e tentar conferir a eles uma relevância política artificial.

Vamos ficar de olho, porque será o terceiro capítulo. Mas o quarto será a completa desmoralização da operação, quando todos os fatos forem analisados por jornalistas sérios. Igual ao que aconteceu com o caso do caseiro de Brasília ou a violação dos bancos de dados da Receita Federal: o tiro vai sair pela culatra. A mentira tem pernas curtas e a armação é como flatulência. Um ruído explosivo, seguido de um mau cheiro que costuma denunciar quem soltou...

Vamos ao que interessa. O que você sabe sobre o megaprojeto siderúrgico de Itacaré? Se não sabe, em breve saberá...

8/7/2010

Na região de Itacaré, Bahia, o governo petista pretende implantar um gigantesco complexo siderúrgico, que irá impactar de forma duradoura esse paraíso ecológico. Um dos que se mobilizam para resistir e que tiveram até agora uma atuação sóbria e discreta foi nosso candidato a vice Guilherme Leal, auxiliado por Fábio Feldmann, advogado ambientalista e candidato do PV ao governo de São Paulo. O troco veio na forma de uma "denúncia" ao Ibama, que foi vistoriar a propriedade de Leal, onde estava sendo implantada uma canaleta para colocação de rede elétrica. Não foi cortada uma única árvore! A propriedade, para qualquer pessoa que vir as imagens, é nada menos que um paraíso ecológico. Quem tem familiaridade com a ação de fiscais corruptos do Ibama — aqui no Rio, a Polícia Federal já prendeu vários deles praticando extorsão, e eles acabaram afastados —, sabe que uma das técnicas elementares é, na ausência de qualquer desmatamento, mencionar no relatório uma figura *passe-partout*, tipo "alteração de paisagem", que se aplica a toda uma gama de situações, inclusive um chalé cercado de árvores — o qual, para todos os efeitos, "altera a paisagem".

Na imaginação de quem lê, forma-se a imagem de uma enorme devastação, quando no caso não houve remoção de uma única árvore sequer, mas de menos de um metro de largura de vegetação rasteira, logo recomposta. Seria tudo uma piada, não fosse a manipulação eleitoreira patente do Ibama como instrumento de intimidação e retaliação política, com a consequência perversa de desmoralizar o órgão num momento em que é atacado pela investida contra o Código Florestal.

Como se dá esse tipo de coisa? 1) Uma "denúncia" de esquemas ligados a um deputado ficha-suja do PT, vinculado ao projeto siderúrgico. 2) Uma vistoria com relatório feito em termos ambíguos. 3) Acionamento de um notório colunista da imprensa marrom para "levantar a lebre". 4) Transbordamento da notinha para a pauta da imprensa séria, na forma de matéria sem apuração *in loco*, naquele consagrado tom sibilino de suspeição *a priori*, buscando tratamento negativo equânime de todos os candidatos, o que, na cultura da *Folha*, é sinônimo de independência. 5) Extravasamento do factoide para a net, em que esquemas clandestinos de difamação terão livre curso. Quando as imagens do local aparecerem e a documentação for disponibilizada, ficará patente o ridículo patético da denúncia.

Será a hora de acionar os responsáveis no TRE, por crime eleitoral, inclusive os que tenham sido politicamente instrumentalizados no Ibama, sem prejuízo das ações criminais e cíveis que couberem. E o foco deverá rapidamente se deslocar para o megaprojeto siderúrgico do governo petista, que corre o risco de provocar uma devastação ambiental numa escala impensável naquele paraíso ecológico. Por outro lado, a ação dos esquemas "sujos" da campanha concorrente também tem o ensejo de servir como termômetro do nosso crescimento. Sempre quando eles entram em ação, isso nos indica que, no *tracking* sofisticadíssimo que fazem, Marina cresce de modo assustador.

9/7/2010

Marina no Rio. Hoje de manhã, nossa candidata Marina Silva estava de passagem pelo Rio de Janeiro e fez uma visita rápida ao morro dos Prazeres, que fica no bairro de Santa Tereza, onde conversou com os moradores. Em seguida, Marina foi para o largo da Carioca, região central da cidade. Com sua presença, as pessoas foram chegando e faziam questão de cumprimentá-la de alguma forma pela campanha; queriam saber quais eram suas ideias para o país. A caminhada teve participação do candidato ao governo do estado, deputado Fernando Gabeira, da vereadora Aspásia Camargo e de vários candidatos a deputado estadual pelo PV.

A caminhada durou cerca de três horas, e foi acompanhada pela imprensa, que demonstrou grande simpatia pela candidata. Demos uma volta no prédio do edifício Avenida Central, e quando passávamos pela entrada principal da estação Carioca do metrô, o músico saxofonista Ademir de Paula, figura tradicional carioca, homenageou a candidata com a música que leva seu nome, composta por Dorival Caymmi. Foi simplesmente incrível como todos silenciaram para ouvir o som do sax que ecoava pelo local.

15/7/2010

Cheguei hoje pela manhã a Nova York para ajudar a preparar a viagem de Marina Silva, que entre outras atividades vai dar palestras no Council of the Americas e no evento da BM&FBovespa. Vou abordar esses assuntos logo mais. Por hoje, queria comentar minha atribulada viagem de ida. O caos que presenciei no aeroporto do Galeão e arredores é um mau presságio para 2014 e 2016. Primeiro achei que fosse perder o avião, apesar de ter saído do Centro com uma hora de antecedência, para chegar duas horas antes da partida do voo da TAM. A Linha Vermelha estava bastante engarrafada na altura do complexo da Maré, e o Angelo, meu motorista, teve a ideia de ir pela Ilha do Fundão.

A passagem da Linha Vermelha para o início da Linha Amarela estava completamente parada; demoramos quase vinte minutos para chegar ao acesso ao Fundão, quando horrorizados descobrimos, como outros motoristas na mesma situação kafkiana, que o acesso ao Fundão estava bloqueado por um portão, fechado por "ordens da prefeitura da UFRJ". Uma ilegalidade, pois a universidade não tem o direito de bloquear um logradouro público da cidade do Rio de Janeiro e atentar contra o direito de ir e vir dos cidadãos. É tanta insensibilidade que nem são capazes de colocar uma placa na Linha Vermelha avisando que o Fundão está inacessível.

Perdemos quase meia hora em trâmites inúteis para sensibilizar os idiotas que fecharam o portão, e diante do risco de perder pelo menos uma hora para conseguir sair daquele acesso e voltar para a Linha Vermelha no sentido Ilha do Governador, acabamos fazendo uma bandalha de arrepiar os cabelos. Cheguei ao Terminal 2 uma hora e vinte antes do voo, consegui fazer o *check-in*, não sem antes ser sacaneado pela TAM, que fez cair minha reserva de classe executiva com *upgrade* de milhagem. Virou praxe da empresa boicotar as milhagens, usando truques os mais diversos. Os funcionários anunciavam apenas: "O sistema diz que sua reserva caiu." Perdi com eles algum tempo — tive de ir à loja para ouvir o "não" —, e logo reparei a enorme fila para o controle de passaportes e revista. Ela chegava quase à metade do Terminal 2.

Duas horas e dezenas de confusões mais tarde, cheguei finalmente às cabines da Polícia Federal. No trajeto, foram incontáveis instruções contraditórias dadas aos passageiros por funcionários (arrogantes) da Infraero e (incompetentes) da TAM. Os horários previstos para a decolagem chegavam, e a maioria dos passageiros estava na fila sem saber o que iria acontecer. Finalmente, no controle de passaportes havia apenas seis agentes para atender àquela multidão, e o faziam de forma lentíssima. "Vocês estão fazendo operação padrão?", perguntei ao agente que me atendeu simpaticamente. "Não, não estamos. Isso tudo é que vai muito mal. O sistema está lento e cai toda hora, disse apontando para o teclado do seu vetusto PC. Além disso, temos poucos agentes, porque não há lugar para colocar mais. Tá um estresse só." Vi o aeroporto do Galeão num virtual colapso, sem nada que justificasse o caos numa quarta-feira de meados de julho, período em que quem entrou em férias já viajou e ainda não voltou. Acabei não perdendo o avião, mas tive a exata noção de que se continuar assim vamos perder a Copa de 2014.

18/7/2010

Centros Assistenciais e voto jabuticaba. Acompanhei de Nova York, onde estou preparando a visita de Marina, as operações do TRE contra os centros assistenciais de alguns políticos fisiólogicos no Rio. Dessa vez colocaram o dedo na ferida. Esses centros são a essência do que existe de mais errado na política brasileira. Representam uma forma de compra de voto, e hoje cerca de 70% dos políticos brasileiros possuem algum. É um grande instrumento de renovação dos mandatos e preservação desses políticos, pois lhes garantem uma eterna clientela de desvalidos.

Um político desses pode ser flagrado pelo *Jornal Nacional* num ato de pedofilia e nada perderá de sua base eleitoral. Aqueles 20 mil desvalidos, aos quais dá transporte de ambulância, assistência médica, odontológica, serviço de despachante, material de construção, etc., vão continuar votando nele. Eles querem mais é que ele seja bem-sucedido na corrupção, pois quanto mais roubar, mais vai poder "cuidar do meu povo", como costuma dizer.

Esse curralismo eleitoral urbano é hoje a essência da política brasileira. Quando me elegi pela primeira vez, em 1988, estava convencido de que os políticos fisiológicos e corruptos enganavam seus eleitores. Hoje sei que infelizmente não é assim. Quem os elege sabe perfeitamente em quem está votando. A maior parte da corrupção — "caixinhas", leis favorecendo interesses escusos, etc. — existe para financiar esses centros assistenciais, que são caros. Enquanto isso, o voto de opinião encolhe a cada eleição.

O calcanhar de Aquiles dessa ação do MP e da Justiça Eleitoral é o fato de o centro assistencial estar ligado ao nosso sistema eleitoral do voto personalizado, "o voto jabuticaba". Virou algo tão generalizado que só a instituição do voto proporcional por lista ou do distrital misto pode mudar isso.

Se você passa a votar no partido, numa lista definida hierarquicamente por ele, a demanda por um centro assistencial que assegure curral permanente para esse ou aquele político torna-se inócua. No máximo, cada partido clientelista tentaria ter o seu, que seria muito mais fácil de fiscalizar e debelar. A lógica seria quebrada, e centro assistencial viraria espécie em extinção. Mas ainda estamos longe disso, e, nestas eleições, como nas anteriores, esses currais eleitorais urbanos continuarão a desempenhar um papel central e crescente na distribuição do voto fora das áreas de classe média politizada.

23/7/2010

O líder democrata no Senado americano, Henry Reid, avisou ontem à Casa Branca que qualquer esforço para aprovar, mesmo a versão micro da Lei do Clima — abrangendo apenas a redução de emissões na geração de energia —, que vinha sendo cogitada há algumas semanas, já era. A resistência em bloco dos republicanos, somada à de alguns democratas de estados carboníferos, enterrou mesmo a versão edulcorada do *Climate Bill*.

Não há mais perspectiva alguma de aprovação, num futuro previsível de legislação, que garanta os modestíssimos 17% de redução até 2020 das emissões americanas, tomando 2005 como ano-base. É um cenário francamente desastroso, porque diante disso a China e a Índia não vão querer reduzir nada, e a Europa, o Japão e o Brasil vão passar a sofrer pressões internas para rever seus anúncios de redução, em nosso caso "voluntários".

25/7/2010

Marina fez um sucesso impressionante na palestra da BM& FBovespa. Já fora muito bem, pela manhã, no Council of the Americas, mas no almoço, diante de um público maior, brilhou. Leu o discurso preparado pelo Eduardo Giannetti, e respondeu com firmeza, segurança e contagiante simpatia a todas as perguntas. Impressionou.

Perplexidade climática. Suponho que um momento desses tenha sido o início da Segunda Guerra Mundial, com os tanques de Hitler conquistando a Europa. Ou o dia em que Mahatma Gandhi foi assassinado, enterrando qualquer esperança de convivência pacífica entre hindus e muçulmanos na Índia recém-independente. Ou quando Isaac Rabin foi assassinado por um ultrassionista fanático. Ou nos 11 de setembro — no Chile, em 1973, e em Nova York, em 2001. Ou quando Bush invadiu o Iraque. Dias funestos para a humanidade.

O que aconteceu na semana passada, quando ficou claro que o Senado norte-americano não votaria nenhuma lei reduzindo emissões de gases de efeito estufa, fazendo tábula rasa da modesta lei aprovada ano passado na Câmara dos Deputados, a grande mídia global não registrou com a dramaticidade dos eventos que enumerei acima. Deveria, pois ao contrário das tragédias históricas acima mencionadas, afetará o planeta como um todo, de forma irreversível, sem estar sujeito às reversões e peripécias da história humana.

Esse retrocesso nos EUA, num momento estratégico, tende a produzir um "efeito dominó": a China e a Índia terão a melhor desculpa do mundo para permanecer aferradas à sua posição de não cortar emissões, mas apenas moderar a "intensidade de suas emissões por percentual de crescimento do PIB". O Brasil, que avançou significativamente no ano passado, embora em metas "voluntárias", pode transformá-las em papo furado. Isso certamente ocorrerá se o relatório Aldo Rebelo, de castração do Código Florestal, for aprovado. A

Europa, em crise, e o Japão, em persistente mal-estar econômico, correm o risco de começar a se esquivar de suas metas compulsórias assumidas a partir do Protocolo de Kioto e ampliadas em Copenhague.

Isso quando os cientistas do IPCC já diziam claramente que, mesmo que os EUA implementassem o *Climate Bill*, aprovado na Câmara em 2009, a Europa reduzisse em 20% suas emissões e o Brasil, a China e a Índia começassem a reduzir de modo significativo sua curva de crescimento de emissões, ainda não seria o suficiente para garantir que o aumento da temperatura média do planeta não ultrapassasse os dois graus — a partir dos quais as consequências do aquecimento global tendem a ser cada vez mais dramáticas.

O quadro de aumento continuado das emissões que se esboça é muito pior. Aponta para um terrível cenário climático ainda no horizonte de vida de nossos filhos e netos. O risco de uma evolução para cenários exponenciais-apocalípticos começa a entrar na ordem do dia.

E mais: o aumento médio da temperatura anual no Brasil será cerca de 20% a mais do que a média do planeta.

30/7/2010

Temas, programas e recordações de 1998. Ontem, a *Folha de S.Paulo* fez uma matéria interessante comparando a campanha de Marina às campanhas presidenciais precedentes do PV, a do Gabeira, de 1989, e a minha, de 1998. O foco do jornal era o suposto abandono atual de algumas bandeiras tradicionais do PV, sobretudo aquelas de natureza comportamental. Vera Magalhães referiu-se à nossa "guinada careta". Ao fazê-lo, ela interpretou mal uma frase minha na apresentação do programa de Marina à imprensa em São Paulo, na terça-feira passada. Eu havia dito que "nem nos nossos sonhos mais delirantes", imaginávamos que eu iria me eleger presidente contra FHC e Lula, em 1998, o que constitui uma obviedade, e a reportagem de Bernardo Mello Franco reproduz corretamente.

Ela associou a frase aos pontos programáticos que defendi. Não é bem assim. Continuamos defendendo ecotaxas sobre combustíveis fósseis e cigarros, mas não como tributação adicional, mas em substituição a outros tributos. Convém notar que a carga tributária atual é maior do que a dos anos 1990. Acenar com qualquer elevação nova de impostos ou com tributos novos no Brasil de hoje seria uma insanidade. Por outro lado, nossa tributação é burra, complicada e direcionada para a insustentabilidade. Precisamos simplificá-la, torná-la mais transparente — como nos EUA, o que pagamos de imposto deveria ser explicitado nos recibos — e, sobretudo, direcioná-la para a sustentabilidade. É uma discussão demasiado complexa para esmiuçar nessa fase da campanha eleitoral. O importante é assinalar que: 1) não vamos aumentar a carga tributária; 2) queremos dar simplicidade, coerência e transparência à tributação; 3) queremos direcioná-la para estimular produtos e serviços sustentáveis e uma economia verde.

Em relação à descriminalização da canabis, ela já existe na prática. Nos anos 1990, ainda tínhamos a lei 6.368/76, herdada da era ditatorial. Hoje, a discussão é mesmo a legalização de drogas, para pôr fim ao morticínio que envolve seu comércio ilegal. No entanto, a situação ainda não amadureceu nacional e internacionalmente para que isso seja transformado em tema de campanha. Em relação a esse ponto, temos uma divergência com Marina, que está em sintonia com a opinião pública — mais de 80% da população é contrária a essa tese. Se queremos que a campanha de Marina seja um "sonho factível", como mencionei, não é um tema para a ordem do dia, embora seja uma discussão que não abro mão de travar.

Em relação à política de defesa, também vale uma explicação. A de 1989 está claramente ultrapassada, mas a de 1998 continua vigente. Tenho várias reflexões sobre o tema. Penso que foi uma lacuna nas diretrizes não explicitar nossa política em relação à defesa nacional e nosso rico diálogo atual com os militares, e penso que também ficamos devendo em matéria de segurança. Mas há tempo para corrigir isso.

Essa matéria da Folha me fez rememorar aquela minha quixotesca campanha presidencial de 1998 pelo viés alegre. No posfácio à edição de bolso do meu *Os carbonários* (Premio Jabuti de 1981), que saiu ano passado, lembrei aquela aventura que cabe bem no verso de Fernando Pessoa: "Tudo vale a pena quando a alma não é pequena." Porque, cá entre nós, aquela campanha presidencial foi uma lou-cu-ra... Vamos conferir?

Em 1998 fui candidato à Presidência da República pelo Partido Verde com a intenção de difundir pelo Brasil nossas ideias ecológicas. Daquela campanha guardo três fortes recordações, duas de risco, mas *a posteriori* divertidas. Uma delas francamente hilária.

A primeira ocorreu em Entre Rios, distrito do município de Guarapuava, interior do Paraná. Fui instado a visitar essa região de forte imigração germânica porque supostamente havia ali um candidato verde a deputado federal com excelentes chances de se eleger, que seriam potencializadas caso ele fosse prestigiado por mim, o candidato presidencial do PV. Chegando lá, fui apresentado ao nosso homem em Entre Rios. "Sirkishhh! Merr'mão! Qualé?", bradou em inequívoco carioquês o candidato nascido e criado na zonal sul do Rio, assim que me avistou na outra calçada. Instantaneamente, concluí com meus botões pela sua total inviabilidade eleitoral naquele *deutsch Land*.

Na volta para Curitiba, num aviãozinho, a coisa perdeu completamente a graça: mergulhamos em cheio numa tempestade. O bimotor quicava enlouquecido por entre nuvens cinzentas e raios faiscantes. A turbulência parecia não ter fim. Consolava-me pensando que o piloto tinha cara de ser um sujeito experiente, mas logo reparei na grossa gota de suor descendo de sua têmpora em direção ao pescoço, não obstante o frio de rachar no aviãozinho. Rezei o *shemá* e mentalizei o mantra *Om namah shivaya*. Muitos solavancos, coriscos e gotas de suor frio do piloto mais tarde, abriu-se, de chofre, uma clareira abaixo de nós.

Aos trancos e barrancos, o piloto conseguiu localizar o aeroporto de Curitiba e pousar. Numa banca de jornal no aeroporto, comprei o *Estadão* para me distrair no táxi até o hotel. Deparei-me com uma entrevista de página inteira de nossa candidata a vice, Mary Alegretti, falando mal de mim e renunciando...

O outro episódio *L'armatta Brancaleone* daquela campanha aconteceu em Recife. Os verdes locais me convocaram para uma barqueata ecológica da foz do rio Capibaribe ao final da praia de Boa Viagem. Seria um evento em conjunto com a campanha do candidato a governador que eles apoiavam, Jarbas Vasconcelos. Chegando lá, tive a primeira decepção: entre dezenas de faixas "Jarbas", não havia nenhumazinha minha. Sequer uma "praguinha" ou um santinho "Sirkis" ou "PV". "O material não ficou pronto", explicava desolada a chefe dos verdes locais. Junto com minha mulher, Ana Borelli, subi em um dos barquinhos e iniciamos nossa subida pela foz do Capibaribe para o mar de Boa Viagem. Para fazer frente ao meu enjoo fácil, tomei a medicação recomendada e estava quase feliz olhando as gaivotas e o que pareciam ser uns golfinhos, quando o motor do barco enguiçou. Ficamos à deriva; os outros todos com suas faixas "Jarbas" se afastando, se afastando.Os palpites e pareceres técnicos abalizados se sucediam, mas o motor de popa teimava no seu silêncio total. O tempo ia passando, e o barquinho ia se afastando da praia. Eram quase 11 horas da manhã, e eu tinha um compromisso às 13 horas, em Olinda. Um deputado amigo, da época do exílio, Maurílio Ferreira Lima, prometera uma contribuição para nossa campanha, que era de uma pobreza franciscana. Ainda não estávamos longe da praia, e tomei a decisão: vou voltar a nado! Sem delongas, mergulhei. Ana e uma verde local foram atrás de mim, num botezinho de borracha. No trecho final, de trezentos e tantos metros, ela também mergulhou. Nadamos uns quinze minutos.

Chegamos à praia e reparei que vários frequentadores nos olhavam fixamente. "Estão me reconhecendo, nossa campanha está repercutindo", animei-me. Depois, percebi umas placas de sinalização proibindo o banho de mar por estar Boa Viagem infestada de tubarões, que, recentemente, haviam atacado um surfista. Imaginei uma manchete de jornal: "Candidato a presidente devorado por tubarão!" Voltei ao hotel, tomei banho e cheguei a Olinda a tempo de almoçar com o deputado. Ele foi muito atencioso, mas não aportou um tostão para uma campanha que acabou custando, toda ela, a módica quantia de R$ 24 mil.

O terceiro episódio foi em Ribeirão Preto, interior de São Paulo. Cheguei pela manhã muito cedo e não encontrei no saguão do aeroporto sequer a meia dúzia de gatos pingados que de hábito me recepcionava nessas ocasiões. Um telefonema revelou que os verdes locais haviam confundido o horário, e era melhor eu tomar um táxi até a sede do partido. Foi o que fiz. Durante a viagem, reparei no taxista me estudando fixamente no retrovisor. Estava me reconhecendo! Nossos quinze segundos de TV estavam fazendo efeito!

Pensei em puxar assunto. A desditosa decisão da Copa do Mundo de 1998, com aqueles dois terríveis gols de Zinedine Zidane, ainda doía fundo. Mas foi ele quem tomou a iniciativa. "O sr. não vai ficar aborrecido se eu lhe disser uma coisa?" "Claro que não", respondi, preparado para defender alguma das teses polêmicas dos verdes, que ele certamente estaria prestes a contestar. "Nós do PV somos totalmente abertos às criticas e ao diálogo, meu amigo."

"O senhor não podia ter feito aquela coisa com aquela moça", retrucou com severidade. Uma onda de adrenalina me sacudiu de imediato. Não havia lido ainda os jornais daquela manhã. A paranoia foi a mil, imaginei diversas situações constrangedoras envolvendo ex-namoradas, a imprensa marrom, colunistas maliciosos, a metralhadora giratória da *Folha de S.Paulo*. "Que coisa? Que moça?", perguntei. "É sim, o senhor não podia ter feito aquilo com aquela moça. O Brasil perdeu a copa do mundo por causa do senhor!"

Fiquei completamente sem palavras, até me dar conta de que nosso bom taxista de Ribeirão Preto me confundia com o repórter Pedro Bial, da TV Globo, que teria tido um caso com Suzana Werner, então namorada de Ronaldo Fenômeno — desmentido por ele, anos depois, quando o encontrei na praia. Isso, por sua vez, teria sido a causa do estranho transtorno que nosso então maior craque sofrera naquela infausta manhã, resultando em sua performance pífia no gramado durante a histórica decisão que nos levara, tal qual em 1950, francos favoritos, a um humilhante vice-campeonato.

"O senhor está me confundindo com outra pessoa! Não sou o Pedro Bial, da TV Globo! Sou o Alfredo Sirkis, o candidato à Presidência da República pelo Partido Verde!"

"Ah, aquele que disse que vai jogar a bomba atômica na careca do Enéas?" Bem, pelo menos estávamos agora na mesma faixa de onda. Eu fizera dias antes um *spot* de TV atacando a proposta de o Brasil passar a fabricar armamento nuclear, feita pelo candidato do Prona, o histriônico doutor Enéas. Ataquei: "A bomba atômica é o Viagra dos energúmenos." E expliquei os perigos de uma corrida armamentista com a Argentina, da qual "devemos ser rivais somente no futebol".

Passei o resto da viagem explicando-lhe nossas propostas, e ao chegar à sede do PV e pagar a corrida com uma módica gorjeta, fui informado de que conquistara pelo menos um voto em Ribeirão Preto. Já que FHC ia se reeleger de qualquer maneira, Lula era um desprepa-

MARINA
presidente | vice Guilherme Leal
43
V

Arquivo Revista Manchete

Salve a Amazônia, de 1988, com Chico Mendes e o autor

Arquivo Revista Manchete

Chico Mendes, que um mês depois viria a ser assassinado, entre o autor e Carlos Minc. Embaixo, Louise Cardoso, Lizt Vieira e John Neschling

Juliano D`angelo

Vinte anos mais tarde, o **Salve a Amazônia II**. Uma nova geração verde desponta

José Olympio

Marina na caminhada **Brasil no Clima**, às vésperas da Conferência de Copenhague

José Olympio

Conferência de imprensa no asfalto

José Olympio

O planeta à deriva...

José Olympio

Surge um movimento estudantil verde

Diego Gazola

Marina Silva na Conferência do Clima

Alfredo Sirkis

A COP-15, no Bella Center...

Alfredo Sirkis

...um fracasso de consequências planetárias

Diego Gazola

Com o ex-presidente chileno Ricardo Lagos

Alfredo Sirkis

Guilherme Leal, em Copenhague

Diego Gazola

Abaixo de zero... Marina e o autor, em Copenhague

Alfredo Sirkis

Na sua primeira reunião com a executiva do PV

Alfredo Sirkis

Com Regina Gonçalves, Luciano Zica e seu filho

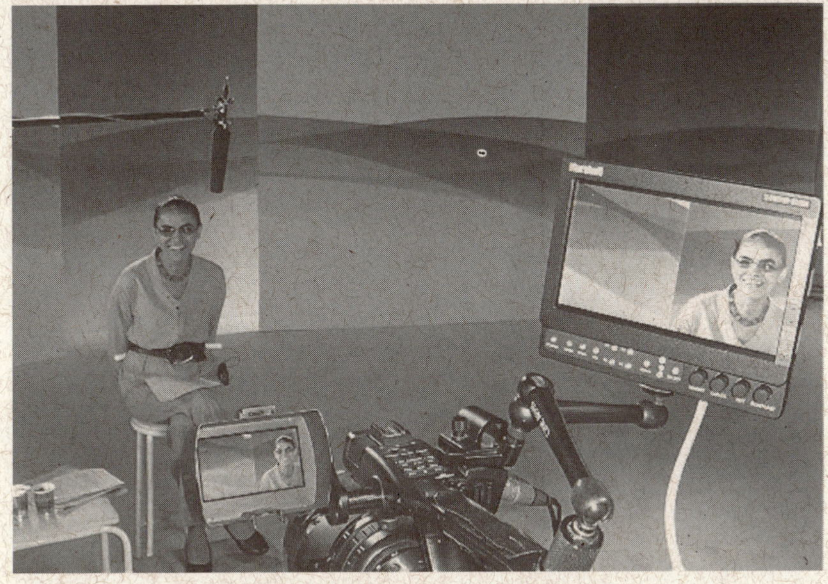

Gravando o programa nacional de TV do Partido Verde, em 2010

Seu foco foi a educação

Leonardo Goldfarb

"Andar com fé eu vou..."

Leonardo Goldfarb

"...que a fé não costuma *faiá*!"

Leonardo Goldfarb

O efeito Marina...

Leonardo Goldfarb

Os bonecos dos verdes

Arquivo *O Globo*

Visita ao jornal *O Globo*, com Rodolfo Fernandes

Alfredo Sirkis

Marina com eleitora: Liliana Syrkis, mãe do autor

Leonardo Goldfarb

"Pagelança" verde no Rio, com o autor, Gabeira, Aspásia Camargo e Zé Augusto Silveira

Leonardo Goldfarb

O poeta Thiago de Mello

Leonardo Goldfarb

Gil: "Vou votar Marina porque meu coração assim ordenou!"

Leonardo Goldfarb

O autor discursando em ato na Riosampa

Leonardo Goldfarb

Adriana Calcanhotto e Paulinho Mocidade, autores da marchinha e do sambão, dois grandes sucessos da campanha

Leonardo Goldfarb

Marina com Guilherme Leal ao final do ato

Leonardo Goldfarb

Sérgio Xavier, candidato do PV ao governo de Pernambuco

Leonardo Goldfarb

Moara e Mayara, filhas de Marina

Alfredo Sirkis

Marina no *Day of the Earth*, no Washington Mall

Juliano Spyer

Discurso para 15 mil pessoas...

Alfredo Sirkis

Jovens americanos descobrindo Marina

Alfredo Sirkis

Marina e, ao fundo, o Capitólio

Alfredo Sirkis

Marina com ambientalistas americanos. Da esquerda para a direita: Rachel Karamer, Steve Schwartzman e Barbara Bramble

Juliano Spyer

Marina com o cineasta James Cameron. Uma sugestão de *story line* para *Avatar II*

Com o autor e sua filha, Anna Syrkis

Alfredo Sirkis

Marina com a subsecretária de Estado Maria Otero

Marina visita o Forte de Copacabana

Os verdes abrem uma discussão sobre defesa nacional

Paulo Senra

Marina no Largo da Carioca, centro do Rio

Marcus Veras

Marina com Gabeira no Morro dos Prazeres

Marcelo Serpa

Inauguração do Comitê de Marina em Copacabana, no Rio de Janeiro

Marcelo Serpa

Com a TV GLOBO: uma cobertura equânime

Alfredo Sirkis

Daniel Cohn-Bendit, líder dos verdes no Parlamento Europeu, visitando a campanha

Alfredo Sirkis

O Marinão: pelas ruas do Rio tocando a marcha de Adriana Calcanhotto: "Gente, gente, gente! Marina Presidente!"

Paulo Senra

Marineiros em primeira viagem...

Leonardo Goldfarb

...em busca do Brasil diferente

Eduardo Rimbauer, fundador do movimento Marina Silva

Cacá Meirelles

Marina na feira livre, em Manaus

Cacá Meirelles

Marina com a neta de Chico Mendes, durante o evento SOS Mata Atlântica, Dia da Amazônia, em Rio Branco, no Acre

Cacá Meirelles

Marina em BH, em evento organizado pelo PV Jovem

Cacá Meirelles

Marina e o autor, em visita ao centro comunitário Waly Salomão, do grupo cultural AfroReggae

Diego Gazola

rado, Ciro Gomes, um destemperado, e Enéas queria jogar dinheiro fora com esse negócio de bomba atômica — e uma vez esclarecida minha inocência quanto à Suzana Werner —, ele ia mais era votar no verde, pois pelo menos não haveria chance alguma de se arrepender mais tarde.

A suposta semelhança com o Pedro Bial continuou a me perseguir de vez em quando, sobretudo com motoristas de táxi. No Rio, muitos anos mais tarde, ouvi: "Admiro tanto seu trabalho!" Dessa vez, a sensação não foi de adrenalina e paranoia, mas aquele quentinho gostoso no fundo do peito. A que será que ele está se referindo? Às ciclovias? Ao mutirão de reflorestamento? À revitalização da área portuária? Ao novo centro de convenções? "Então, terça-feira é o grande dia, não é?" Que diabos vai acontecer na terça-feira?, perguntei-me tentando acessar mentalmente minha agenda. Aí entendi. Terça-feira era o dia do "paredão" do Big Brother Brasil, o *reality show* da TV Globo ancorado pelo meu aparente alter ego (também de origem polaca, numa versão mais boa-pinta, reconheço).

Não acompanho *reality shows*, em geral, e nunca assisti a mais de um minuto seguido do Big Brother Brasil. Mas para não deixar a peteca cair, saciei sua curiosidade: "Aqui, só para você, cá entre nós, uma informação de cocheira: quem vai ser eliminada vai ser a fulaninha de tal." Era a única da casa cujo nome me lembrava, de tanto ouvir os comentários. "Fulaninha?" Acabou não sendo. Se ele usou a informação para impressionar a mulher ou os colegas taxistas, deve estar xingando o Pedro Bial até hoje...

1/8/2010

Lula: a lapidação de Sakineh e o "jeitinho brasileiro". Francamente, não sei o que ficou pior, se a emenda ou o soneto no caso de Lula com a suposta adúltera iraniana Sakineh Ashtiani, mãe de dois filhos e condenada à morte por lapidação (apedrejamento). Primeiro Lula pareceu, como no caso dos presos políticos cubanos, posicionar-se a favor do "estado de direito" teocrático (vamos respeitar as leis senão vira esculhambação); agora pareceu se dar conta da enormidade da coisa e resolveu "oferecer asilo" à coitada — que bonzinho, nosso Lula — na base do "jeitinho brasileiro" e rendendo homenagens a Ahmadinejad e ao regime fascista teocrático.

Disse Lula:

> É muito difícil o que estou falando aqui porque estou falando da soberania de um país. Tenho de respeitar as leis de um país, mas, se vale minha amizade e o carinho que tenho pelo presidente do Irã e pelo povo iraniano, se essa mulher está causando incômodo, nós a receberemos no Brasil de bom grado.

Bem, aqui descobrimos, estarrecidos, que Lula: 1) "respeita" uma lei que prevê que mulheres adúlteras sejam enterradas até o pescoço e depois apedrejadas na cabeça até a morte; 2) que tem "amizade" e "carinho" pelo sinistro fanático religioso que dirige a ditadura teocrática e suprime liberdades e direitos humanos elementares do povo iraniano, além de fomentar o terrorismo internacional e a proliferação nuclear; 3) que, no entanto, está disposto a resolver o problema de imagem que o caso criou para ambos; 4) e que para isso temos o "jeitinho brasileiro": "Ô Ahmadi, manda para cá a mocreia que damos um jeito nisso!"

5/8/2010

A lapidação de adúlteras e o nosso "pragmatismo responsável". A suprema corte teocrática do Irã confirmou a pena de execução por lapidação (apedrejamento) à iraniana Sakineh Ashtiani. Seus algozes pretendem agora que ela seja responsável pelo assassinato do marido, o que é questionado e não corresponde à pena à qual foi condenada. A lapidação, dentro da aplicação rígida da *sharia,* tal qual concebida há quase mil anos, pune o crime de adultério, e não o de homicídio.

Ashtiani será enterrada até o pescoço e apedrejada. O procedimento de execução penal especifica que as pedras não podem ser grandes a ponto de provocar uma morte rápida. A morte tem de ser lenta e dolorosa. O advogado de Ashtiani, Mohammad Mostafaei, teve de fugir do Irã para a Turquia por perseguição do regime teocrático. Vários de seus familiares foram presos.

É com esse regime sinistro que Lula e o Itamaraty cultivam sonsas relações de compadrio. Lula multiplicou, mesmo agora durante o caso Ashtiani, declarações de apreço, "carinho" e "amizade" pelo seu principal líder executivo, o presidente Ahmadinejad, que na hierarquia da república islâmica é o número dois, depois do supremo guia espiritual, o aiatolá Khamenei. Não há distância maior possível entre os valores e as tradições de esquerda, que o PT sempre defendeu, e essa promiscuidade revoltante com personagens cuja expressão política mais próxima no Ocidente seria a extrema-direita fascista.

Como um petista autêntico definiria um regime que cerceia não apenas as liberdades políticas e civis, como as religiosas e as comportamentais mais comezinhas, que utiliza a tortura e a pena de morte, que fomenta o terrorismo — tem responsabilidade na morte de dezenas de pessoas em dois atentados em Buenos Aires, nos anos 1990 — e busca construir armas nucelares? A única tradição de "esquerda" que comporta tal tipo de promiscuidade, por considerações táticas, é a stalinista. Em 1939, Stalin assinou um pacto de não agressão com Hitler que lhe permitiu ocupar parte da Polônia. Depois, deu no que deu...

Esse tipo de política externa, no entanto, está na tradição da direita geiselista. Esteve vigente durante um bom período da ditadura militar, na perspectiva do "Brasil Grande", do "Brasil Potência", do "Brasil: ame-o ou deixe-o", cantado em verso e prosa. Essa política cultivava relações íntimas com Pinochet, Videla, Somoza e outros colegas ditadores, expressa na sinistra Operação Condor, mas era "pragmática", a ponto de o Brasil ter sido o primeiro país a reconhecer o governo do MPLA em Angola, apoiado pelas tropas cubanas.

Seus formuladores no Itamaraty denominaram essa doutrina de "pragmatismo responsável". Com ela, gestou-se uma geração de ideólogos de uma direita estatizante, nacionalista e antinorte-americana. Curiosamente, em relação aos EUA, eles cultivam até hoje a tese de que é preferível ter na Casa Branca os republicanos. O que explica, em parte, a mal disfarçada hostilidade com que Lula trata Obama, em contraste com a relação afável que mantinha com George W. Bush. A gente acha que já viu de tudo na vida, e logo descobre que ainda não viu nada.

6/8/2010

Chegamos ao primeiro debate televisivo. O formato quadrangular, com a presença de Plínio de Arruda Sampaio, do PSOL, não era bom para Marina, e a pegou meio no contrapé, pois os encontros anteriores haviam sido entre os três candidatos que pontuavam nas pesquisas. Plínio era nitidamente um anticandidato, numa missão partidária como fora a minha em 1998 ou a de Gabeira em 1989, embora sem sua sanha agressiva. Surpreendentemente, seu alvo principal foi... Marina!

Panis et circensis. Há várias formas de analisar um debate de TV entre candidatos a presidente. Vou dar meu pitaco, o mais isento possível, obviamente dentro de meu *parti pris*. Primeiro, o efeito real. A audiência variou entre três e cinco pontos. No final, a da Band era uma das menores. O jogo São Paulo x Internacional deu 35 pontos. Influência real no eleitorado: próxima de zero.

Tivemos um grupo de pesquisa qualificado acompanhando. Dois eleitores Serra, dois Dilma, dois Marina e dois indecisos. Deu certa vantagem para Marina, depois Serra. Dilma, bem atrás (perdeu um dos votos para Marina), e Plínio zero. Os tucanos fizeram a pesquisa deles, e o resultado foi invertido em relação aos dois primeiros, pelo que li. Na nossa, Marina foi sempre bem-avaliada, a não ser na poesia que declamou ao final, que não agradou (e eu adorei, veja como são as coisas...).

Em termos de substância, penso que Marina, Serra e Dilma ficaram no mesmo patamar. Dilma é aplicada e seu discurso foi consistente no conteúdo, embora sua performance televisiva tenha sido bastante insegura, e a imagem no vídeo continua pouco simpática. A maldade corria no setor da plateia onde estávamos: "Plínio, gagá; Dilma, Lady Gaga."

Serra foi bem-articulado e preciso no discurso, mas sua imagem é enfadonha. Marina começou um pouco nervosa, errou algumas palavras, mas, como sempre acontece, cresceu muito depois de "esquentar". Foi a que passou mais emoção, simpatia e autenticidade. Penso também que acabou passando o melhor conteúdo, mas sou suspeito para opinar em relação a isso, pois obviamente é o discurso que ajudei a construir e com o qual me identifico.

O fator Plínio. Já sabemos que conteúdo não conta tanto assim em debate televisivo, que é mais *panis et circensis*: um espetáculo duelístico, longinquamente aparentado com gladiadores e ringue de *telecatch*. Sabemos que uma tirada, uma frase de efeito, uma piadinha, um sorriso bem-colocado, podem sobrepujar as mais precisas análises e os mais exatos enunciados estatísticos. Nesse sentido — adverti à equipe antes —, a tendência da imprensa seria prestar mais atenção a Plínio, porque evidentemente iria bater em todos e se colocar como o homem do "rotundo não a tudo que está aí", como dizia nosso velho Brizola. Então, não é nenhuma surpresa que alguns jornalistas e analistas pretendam que ele foi "a novidade" ou até que tenha "roubado a festa".

Há um abismo entre os que no passado ocuparam este posto, cada qual à sua maneira, (Brizola, o próprio Lula nos primórdios, Gabeira, em 1989, etc.) e o patético burguês, grão-paulistano quatrocentão do PSOL. No plano da imagem, mais parecia o vampiro Nosferatu. Se o público infantil do debate não fosse próximo de zero, diria que assustou as criancinhas. É mais do que sabido que, em debates de televisão, agressividade, ironia, reclamação e mau humor pegam mal, mas são atributos valiosos para quem disputa o minguadésimo público radicalmente de mal com a vida.

Se nossa imprensa tivesse a seriedade de proceder a um *fact checking*, como costuma ser feito nos debates presidenciais norte-americanos, todos os candidatos teriam eventualmente alguma falha, mas Plínio bateria todos os recordes de afirmações inverídicas, algumas francamente delirantes. Uma das recriminações que Marina fez, por exemplo, foi a de não ter pedido demissão e ser a favor de Belo Monte.

Posições ideológicas nem sempre podem ser medidas pela objetiva checagem de fatos, mas sua afirmação, ao acusar Marina de ecocapitalista e, por consequência, pretender a aberração de que "só o socialismo pode ser verdadeiramente ecológico", expõe algumas questões que merecem ser clarificadas. Ambas as vertentes do produtivismo da era industrial, o capitalismo e o socialismo, comungavam com a ideia de um confronto entre o homem e a natureza, e a necessidade de a natureza ser submetida, sobrepujada, pela sociedade industrial. Para uns, pela mão do "mercado", para outros, pela economia estatal e planificada, supostamente liberadora das "forças produtivas".

O capitalismo, responsável pelo paradigma de insustentabilidade na qual o planeta se encontra, pela sua natureza dinâmica e transformadora — que Marx era o primeiro a identificar, "tudo que é sólido desmancha no ar" — começa a lidar com a problemática ambiental, o que pode conduzir a modelos mais sustentáveis no futuro. Já o socialismo — entendido nos moldes de Plínio, que é o socialismo real, não a social-democracia — foi (e é) em termos ecológicos uma sucessão de terríveis catástrofes: Chernobyl, o único e maior desastre nuclear em grande escala; o trágico desaparecimento do mar do Aral, o inacreditável grau de poluição do ar e das águas na China, e centenas de outros exemplos.

Cheguei a presenciar alguns pessoalmente, como a inacreditável nuvem tóxica de Huta Katowica, na Polônia, que visitei no final dos anos 1970. Qual é o ecossocialismo que Plínio gostaria de contrapor à regulação ambiental da economia de mercado? O da Coreia do Norte — a rigor, tecnicamente, o único país socialista remanescente no planeta —, o de Cuba, o da China (para todos os efeitos, país de economia mista), o de Hugo Chávez, na sua monocultura petrolífera? A tardia descoberta das questões ambientais pela extrema-esquerda lhes valeu apenas como oferta de alguns novos "temas de protesto". Nenhuma proposta minimamente factível veio nem virá dali.

Plínio me deixou triste, pois já foi muito melhor do que esse boneco amargurado, de mal com a vida e quase delirante, que surgiu no debate para interesse de alguns jornalistas, aos quais serviu de "novidade" da noite, na óptica da cobertura *panis et circensis*. Sua distância em relação aos pobres que pretende defender é tão grande, sua noção de povo trabalhador é tão abstrata, que é incapaz de reconhecer o óbvio, aquilo que qualquer trabalhador de carne e osso lhe dirá: a vida melhorou.

Ao atacar a menina pobre nascida no seringal, no coração da floresta, que se alfabetizou aos dezesseis anos, tornou-se líder sindical e ambientalista e hoje é respeitada por chefes de Estado, cientistas e doutores de todo o mundo — para ele uma "Polyanna" e uma "ecocapitalista" —, o burguês grão-paulistano está apenas disputando a *pole position* da biliosa disputa de impropérios, anátemas e epítetos que irá travar com seus congêneres do PSTU, do PCB e do PCO. Sua respeitável biografia merecia melhor desfecho.

8/8/2010

A pregação cristã de Marina. Ontem assisti, pela primeira vez, a Marina num ato evangélico. Foi na quadra do Olaria, na rua Bariri, no Rio, atendendo a um convite da pastora Márcia e do pastor Ezequiel, da igreja Vida Nova. Havia umas 3 mil pessoas, de todo o Brasil. Foram extremamente hospitaleiros não apenas com ela, como era de se esperar, mas também comigo e Gabeira, que a acompanhávamos.

Pastor Ezequiel é carismático, bem-humorado, no estilo televangélico norte-americano, mas seu discurso é tolerante e otimista. Para cima. Ele exalta o Brasil, prega a participação para sua melhoria, e promoveu um ritual simpático, com as bandeiras dos estados da federação e a brasileira, cantando um trechinho do seu hino: "Recebe o afeto que se encerra em nosso peito juvenil, querido símbolo da terra, da amada terra do Brasil."

Marina, ao contrário do que eu imaginava, fez um discurso 100% religioso, sem referência alguma ao momento eleitoral. Penso que quis marcar claramente o contraste com os candidatos, que vão a esses atos falar de suas candidaturas. Ela está convencida de que esse comportamento lhe garantirá o voto cristão, independentemente dos muitos pastores que, ao contrário de Ezequiel e Márcia, que trocaram o critério de identificação religiosa pelo vil metal. É uma aposta. Nas nossas pesquisas, no Rio, o voto evangélico de Marina está ligeiramente abaixo dos 14% do geral no estado. A razão detectada, no entanto, é o desconhecimento, que, por incrível que pareça, chega a 40% na Baixada Fluminense, área de maior concentração de evangélicos.

A pregação religiosa de Marina — poderosa, cheia de colorido e de coração — se resumiu praticamente a enunciar valores que são caros ao Partido Verde, referenciados em passagens bíblicas — com algumas tiradas de bom humor. O eixo foi o papel da mulher, o tema do evento evangélico. Marina mostrou que até há pouco mais de cem anos, contrariando o ensinamento bíblico — que deu à mulher sucessivos papéis centrais: o antecipatório, o da boa-nova, o da preparação de Jesus ao sacrifício e ao do anúncio de sua ressurreição —, as sociedades humanas foram fortemente patriarcais e as mulheres oprimidas, tendo o potencial represado.

Outro aspecto importante do discurso de Marina, também fortemente fundamentado em citações bíblicas — entremeadas com algumas alusões psicanalíticas —, foi a denúncia firme de qualquer forma de discriminação. A afirmação do feminino, a tolerância com a diferença, a não discriminação, o respeito à natureza que ela pregou, são todos valores que o PV defende em linguagem laica. Lá, ela os expunha pelo viés de um consistente conhecimento bíblico, o que muito impressionou a plateia.

11/8/2010

Marina no *Jornal Nacional*. Cá entre nós, Marina matou a pau! Foi firme, charmosa e clara nas propostas. Willian Bonner e Fátima Bernardes foram os primeiros a reconhecer e cumprimentá-la na saída. Bonner ainda disse, no "aquário" da redação: "Sua candidatura é muito boa para o Brasil."

Alguns companheiros reclamaram do tom do entrevistador (Fátima foi mais *light*), mas vamos entender que são dois grandes profissionais do jornalismo televisivo e cumprem o papel deles. Estão dando o mesmo tratamento duro para todos os entrevistados. Foram duríssimos com Dilma, duros com Marina, e Serra certamente não vai ter colher de chá. Jornalismo é isso, e, de modo geral, penso que a TV Globo vem sendo exemplar na cobertura desta campanha. Em matéria de agressividade, quem achou o Bonner pauleira nunca assistiu ao *Hardtalk* da BBC, com Tim Sebastian...

Dito isso, quero comentar a pergunta mais insistente de Bonner, relacionada com o mensalão, e a reação de Marina. A pergunta é legítima. É claro que causa desconforto, e Marina admitiu que ficou chocada, tentou agir internamente no PT, e que a imprensa não necessariamente registrou esse fato.Poderia até ter ido mais longe e posto tudo em seu devido contexto. Marina era ministra de um governo no qual acreditava, atuando numa área importantíssima, iniciando um trabalho que hoje o mundo todo reconhece como o primeiro grande passo para reduzir o desmatamento da Amazônia. De repente, estoura um escândalo no qual seu partido é exposto, acusado de pagar "mensalão" nos moldes infelizmente tão comuns em diversas assembleias legislativas e câmaras de vereadores de todo o país.

Não é papel de uma ministra assumir a primeira linha da denúncia e sair metendo o sarrafo no próprio governo, a não ser que sua perspectiva política não seja transformar a realidade na esfera de poder ao seu alcance, mas ficar "marcando posição" e projetando sua própria imagem como campeã da ética. Isso é marca do udenismo de esquerda, que tem em Plínio um bom expoente. Se ela fosse naquele momento a senadora em exercício de seu mandato, seria diferente, pois teria de se posicionar sobre algo praticado sob os narizes dos deputados do PT.

Quando Plínio a acusa de mentir (dizer "inverdades", dá no mesmo), está fazendo esse jogo. Mas mente ele próprio quando diz que Marina saiu do governo apenas quando decidiu se candidatar à Presidência. Sou testemunha direta no caso. Marina saiu em 2008. Começou a ser sondada e "cantada" pelo PV para ser candidata no segundo semestre do ano seguinte, 2009. Eu sei porque fui o autor do convite.

Para encerrar o "assunto Plínio", em relação a quem não pretendo mais tecer comentários, quero registrar que a menção que fiz a ele morar num apartamento de um milhão de reais se baseou numa declaração publicada no jornal *O Estado de São Paulo*. Ele a desmentiu, e afirmou que reside numa casa alugada. Na notícia de *O Globo*, que dá essa informação, também consta que ele declarou no TSE renda de R$ 2,1 milhões.

Nada tenho contra ricos honestos, e certamente considero Plínio uma pessoa honesta. Se expus essa questão, foi para confrontá-lo com a atitude que costumeiramente assumem seus partidários em relação aos ricos, em geral. Ou seja, olhei-o pelos seus (não pelos meus) óculos ideológicos, para que ele sentisse o gostinho. Certamente, o PSTU e o PCO vão patrulhá-lo por isso, mas não o PV. Ali, foi um troco por ter chamado Marina de "ecocapitalista", naquele tom patrulheiro típico da extrema-esquerda. Resolvi pautar os que estão à sua esquerda, para ele ver o que é bom para a tosse.

No mais, prefiro discutir se existe o "ecossocialismo" ou se essa discussão toda já não ruiu há duas décadas, junto com o muro de Berlim. O capitalismo é uma selva, e o socialismo foi uma imensa prisão, da qual resta em estado puro apenas o calabouço miserável do companheiro Kim Jon-Il. O dos *hermanos* Castro é um país de economia mista, com um setor turístico controlado pelo capital estrangeiro, que mantém praias exclusivas às quais o cidadão cubano simples não pode ter acesso. Temos ainda no mundo algumas ditaduras dos respectivos partidos comunistas, mas não são mais "socialistas", pelo menos dentro da ideia que tínhamos no passado de propriedade coletiva (na verdade estatal) dos meios de produção e serviços. Urge um choque de realidade.

12/8/2010

A governabilidade de Marina. A estratégia de governabilidade de Marina não está expressa nem representada com precisão naquela sua citação de "governar com os melhores de PT, PSDB, PMDB e DEM em um governo de coligação nacional", nem na caracterização de que Marina busca "a república dos homens de bem". Limitá-la a isso seria um simplismo e uma ingenuidade que nossa jaguatirica não tem.

Pode ser que Marina, durante a entrevista na Globo, tenha insistido no aspecto de existirem homens de bem em todos os partidos. Mas o principal em sua análise é aquilo que nós verdes denominamos "realinhamento histórico da social-democracia brasileira", que não se limita ao partido que ostenta esse nome: o dos tucanos. Estende-se ao PT, que sempre reagiu a essa classificação.

O ex-presidente Fernando Henrique Cardoso formulou a melhor síntese do "desalinhamento" social-democrata no Brasil: "O PSDB e o PT disputam para ver quem vai liderar o atraso." A governabilidade de ambos é dada pelas respectivas alianças: com o ex-PFL, hoje DEM, no caso dos tucanos, e com o PMDB — e, anteriormente, com uma pletora de partidos fisiológicos —, via mensalão, no caso do PT.

A governabilidade de Marina será mais coerente. Queremos governar primordialmente os dois partidos social-democratas: o PT, mais ao estilo de grandes partidos de origem sindicalista — SPD alemão, Labour Party inglês ou SD sueco; e o PSDB, sociologicamente mais classe média, como os PS francês e português.

No fundo, há mais elementos programáticos em comum entre eles do que elementos dissonantes. Mas há essa feroz disputa de poder e sua subjacente animosidade, que tem como epicentro o jogo bruto da política paulista.

Ainda que ambos tenham sido contaminados pelo fisiologismo — o PV também não chega, tampouco, a ser imune a isso —, esses dois partidos são diferentes de um PMDB ou um DEM, cujo objetivo primordial é sempre participar de algum naco de poder, como sócios menores, seja qual for o governo, mas sempre mantendo seu *jus mamandi* nas tetas do Estado. PT e PSDB são partidos que, como o PV, ainda mantêm objetivos programáticos e possuem um componente importante de quadros que se movem por eles.

Por isso, não é descabido pensar que a melhor entre as possíveis bases parlamentares — não há como prescindir de uma maioria no Congresso — seria juntá-los ao PV num eventual governo Marina, somando a esse bloco adesões individuais complementares e alguns pequenos partidos de esquerda.

Tucanos e petistas jamais se juntariam num governo presidido por uns ou por outros. É Marina, que nutre boas relações com ambos, a presidente que poderia operar esse difícil, porém indispensável, "realinhamento" na política brasileira. Mas será que eles topam? Já ouço mentalmente sua pergunta. Acredito que, na hipótese da vitória de Marina, topariam, sim. Isso inclusive lhes faria um imenso bem, permitindo, em ambos os partidos, a emergência daquilo que têm de melhor.

Quanto "às pessoas de bem" dos partidos que criticamos, como o PMDB e o DEM, elas existem e poderiam complementar essa eventual maioria parlamentar, embora não a lastrear primordialmente. Podemos mencionar alguns políticos com os quais pelo menos discutiríamos uma participação na governabilidade: Pedro Simon, mencionado por Marina, Jarbas Vasconcelos e, para citar alguém do DEM, Índio da Costa.

Porém, a base do bloco seria a social-democrata, liderada por alguém capaz de imprimir uma direção que vá além das limitações da social-democracia (brasileira ou não): o caminho da economia verde, dos programas sociais de terceira geração, da sustentabilidade, da revolução na educação e da reforma política, baseada nas boas práticas republicanas, com o fim do aparelhamento fisiológico-assistencialista do estado brasileiro.

14/8/2010

Tempos interessantes: voto útil em Marina? A se confirmar o "descolamento" de Dilma em relação a Serra, apontado na última pesquisa do Datafolha, e o risco de ela vencer no primeiro turno, o momento seguinte será o de muita gente começar a perceber que Marina não só é quem pode garantir a existência de um segundo turno. Ela é mais que isso. Nessa segunda e última etapa, Marina é a única capaz de derrotar a candidata do PT. Pode soar como arroubo de um coordenador de campanha de Marina, mas pode no futuro ser creditado como capacidade de antecipação. Ver adiante é o primeiro passo para qualquer virada histórica.

Segundo o Datafolha, Marina tem 15% no Rio de Janeiro. Vai ser o primeiro lugar em que ela vai passar Serra. Aguardem! O caminho do crescimento de Marina se dá em dois movimentos. Na classe média, são votos que poderão migrar de Serra pelas razões expostas acima. Na área popular, sobretudo entre as mulheres pobres, são votos que migrarão tanto de Dilma quanto de Serra, permitindo a subida de Marina e, ao mesmo tempo, a viabilização do segundo turno. No limite, isso colocará Dilma numa situação curiosa de ter de dosar a queda de Serra: deve cair o suficiente para dar a ela uma confortável dianteira, mas não a ponto de ele ser ultrapassado por Marina. É claro que a nova vantagem de Dilma na pesquisa do Datafolha pode se relacionar com seu *timing* em relação às entrevistas na TV Globo, mas sua dianteira agora me parece grande demais para se originar apenas desse fator.

Como dizia Groucho Marx, "é difícil fazer previsões, sobretudo quando dizem respeito ao futuro", mas que estamos vivendo tempos interessantes, não resta dúvida.

17/8/2010

Desastre ecológico... Não estamos numa situação que nos permita cometer erros básicos de comunicação política. Numa campanha de muita dificuldade, mas poucos erros, vemo-nos agora diante de um tremendo problema. Refiro-me ao programa de TV de Marina, ao qual não tive acesso prévio, assim como a grande maioria dos dirigentes do PV ligados diretamente à campanha.

Daria um bom documentário para a National Geographic, ou nosso programa institucional do PV dos anos ímpares, sem eleição. O programa que eu gostaria de veicular, em inglês, nas TVs norte-americanas, para pressionar o Senado, que mandou às favas o *Climate Bill*, apoiado por Obama. Mas como peça de campanha eleitoral, um desastre!

Como puderam esconder Marina no programa de estreia? Sua voz, que poucos identificam, narra em *off* as cenas catastróficas de aquecimento global. Ela não se presta a uma narrativa em *off*, que ficaria muito mais clara e expressiva com uma profissional. Marina Silva aparece apenas quatro segundos, no final, vestida de preto. No instante seguinte, vem o quarto partido nanico vermelho: o PCB, com sua foice e seu martelo.

O forte de Marina é seu olho no olho do telespectador, sua emoção, sua história de vida, suas tiradas inteligentes, seu astral, seu discurso abrangente, que foca a educação. Não tivemos nada disso, em prejuízo do grande diferencial. "Ananicamo-nos" por um dia. Fizemos pés de chumbo para os dois grandes objetivos-mensagens, que caberiam no primeiro dia de propaganda eleitoral gratuita: Marina está no páreo, pode vencer e ser presidente porque é melhor que Dilma e Serra, e mostrar por quê.

Por sorte, a memória desses programas é efêmera, e depois de terça-feira logo vem a quinta. Aí, por favor! Queremos Marina olho a olho com o povo brasileiro.

No mais, não há de ser nada...

> [Meu post acima provocou uma comoção no paulistério da campanha de Marina. Até ela me ligou, pedindo que eu maneirasse, mas acho que fui até moderado. Não penso que tenha chegado a hora de lavar a roupa suja e responsabilizar essa ou aquela pessoa pelo que não foi bem na fase final. Mas é importante caracterizar os principais erros: 1 - desmobilização da coordenação da campanha, que não é chamada a se reunir (admito que não é fácil). As decisões acabam sendo tomadas *ad hoc*, não se sabe bem como. 2 - O distanciamento e o pouco apoio às campanhas de governador e senador do PV, até aquelas surgidas por exortação da campanha presidencial e em relação às quais foram assumidos compromissos não cumpridos. 3 - Controle sobre a campanha por parte de seus fornecedores. Um erro básico de campanha é permitir que as pes-

soas contratadas para fazê-la passem a mandar nela, porque sua atitude humanamente compreensível sempre será garantir o seu primeiro. 4 - Fazer o programa de TV para agradar ao eleitorado de classe média sofisticada. 5 - Colocar pessoas sem experiência em funções logísticas e de planejamento de campanha eleitoral. O que eu não disse no *post*, para não passar recibo para os adversários, foi que o programa de TV, além daquilo tudo, exacerbava nosso principal ponto fraco que os adversários e a imprensa procuravam explorar sistematicamente, e que detectávamos claramente tanto nas pesquisas *quali* quanto na rua. Ali estava a confirmação quase caricatural do nosso suposto monotematismo ambientalista.]

18/8/2010

No *day after*, a volta por cima. Nada como um dia depois do outro. Dando a volta por cima do desastre ecológico do programa de TV de estreia, Marina mostrou a que veio no debate do UOL. Seu melhor desempenho até agora. Enfim, jaguatirica, Marina se colocou claramente dentro do jogo como alternativa, e sua simples e elegante presença fez a diferença, contrastando com o "quase pugilato" de Dilma e Serra.

Faço votos para que o programa de amanhã fique nessa faixa de onda, com Marina presente, olho a olho, ocupando o tempo que lhe é devido e passando as duas grandes mensagens: 1) Está na disputa pela Presidência. 2) Não é uma ambientalista monotemática, mas uma estadista em florescimento.

Recado. Poupem-me do argumento de que o programa de ontem era apenas um *teaser*, e que o fato de Marina não aparecer era uma forma de potencializar sua presença futura. O primeiro programa tem um papel todo especial na campanha. Baliza paradigmas. Define papéis. Por outro lado, o programa eleitoral não é uma telenovela que as pessoas acompanham. É, em termos televisivos, um espaço "sujo", de escassa atenção. Por melhor que seja a qualidade do programa — o de João Santana, marqueteiro de Dilma, é muito bom —, rapidamente enche o saco.

Ninguém acompanha o programa eleitoral como uma telenovela ou mesmo um Casseta & Planeta piorado. Mesmo quem assiste todo dia só presta atenção limitada àquelas episódicas enxurradas de imagens de escancarada propaganda, fora dos tempos de publicidade, aos quais estamos acostumados apenas com *spots* de quinze e trinta segundos.

Cada programa deve ser visto como um espécime único e autoexplicativo. É preciso conceber programas que contenham vários programetes menores com começo, meio e fim para dar, no fugaz momento de atenção dos desatentos, aquela noção resumida do que é nossa mensagem principal.

As pessoas com as quais converso, de todos os segmentos sociais, me dizem ter assistido em geral a uns três ou quatro programas ao longo de uma campanha. Muita gente diz que assistiu a apenas um. Na era da TV por assinatura, que serve a um grande contingente das classes A e B, o programa eleitoral em TV aberta atinge basicamente da classe C para baixo.

O que deve ter acontecido com nosso programa ontem? A grande maioria nem notou passar. Quem notou, viu geleiras em derretimento, chaminés industriais e lixo plástico, com uma narração em *off* de Marina, que pouquíssima gente identificou, a não ser quando ela, ao final, apareceu e desapareceu em quatro segundos, seguida de um nostálgico comunista. *Last but not least*. Um *teaser*, para funcionar, tem de ter massa crítica de repetição. Nesse caso, a repetição poderia ser fatal. Depois do debate do UOL, no entanto, tudo são flores novamente, e vamos seguindo serelepes pela montanha-russa da campanha eleitoral presidencial.

19/8/2010

Marina como Wally. Desgraçadamente, sou obrigado a voltar ao assunto. Garantiram-me que mudariam o programa, mas isso não aconteceu. Repetiram de tarde o Discovery Channel, sem a menor consideração pelas críticas generalizadas. A explicação é a praxe de trocar o programa à noite, para não abrir o jogo antes do horário de maior audiência. Bom, mas isso em condições normais. Na condição de se ter feito uma peça desastrosa, que comunica o contrário do que precisamos comunicar, seria necessário um mínimo de sentido de urgência. Não foi o caso.

À noite, o segundo programa. Novamente, um erro crasso de comunicação política. Sai o Discovery Channel, entra o teatro experimental. É interessante e até "politicamente correta" a ideia da história da vida de Marina ser narrada por homens e mulheres comuns do povo brasileiro, em jogral. Entendo a nobre intenção. Um pequeno problema: não comunica...

Apenas um atento conhecedor da história de vida de Marina Silva percebe do que se trata. Para o telespectador comum, fica confuso, cacófono. A mensagem escorre para um labirinto com som de jogral. A atenção do telespectador, sôfrego por sua novela, dissipa-se pela sala de jantar. Aí, Marina surge fugazmente, mal iluminada, num plano que não valoriza seu rosto expressivo, seu sorriso, seu olhar. Nossa candidata à Presidência vira atriz coadjuvante de sua própria saga!

É verdade, saímos da monotemática, mas os temas são simplesmente atirados ao léu — educação, saúde, meio ambiente — sem o protagonismo da personagem principal. Num filme de ficção, já seria grave; numa campanha presidencial, é um flerte com o desastre.

Ter Marina olho a olho, falando de sua vida e de suas propostas por um minuto e vinte segundos, com quatro segundos de vinheta de entrada e saída — a simplicidade máxima... Seria muito melhor essa busca pretensiosa de outro protagonismo, que não o dela, mas sim do programa, que ameaça devorá-la.

Nossa grande sorte é a cobertura absolutamente equilibrada e isenta que o jornalismo da TV Globo está realizando. O tempo igual nas edições do *Jornal Nacional* e demais noticiários nacionais e locais é o grande diferencial desta campanha. Costuma-se criticar muito a Globo, mas nesta campanha ela é um exemplo de isenção, equilíbrio e jornalismo sério, de qualidade. Se eu fosse citar um fator fundamental para que uma campanha com tão pouco tempo (e um programa de TV tão ruim como o nosso) não tenha sido esmagada — como, aliás, previam muitos analistas — assim que se iniciou o programa eleitoral gratuito, seria o fato de Marina aparecer todas as noites em condições iguais com Serra e Dilma. Pois em condições iguais ela desequilibra. O povo valoriza muito essas reportagens em condições iguais, quando os candidatos são eles(as) próprios(as) sem marketing, sem emoção fabricada.

24/8/2010

Segurança: avanços, carências e armadilhas eleitorais. Nós verdes temos como norma não fazer uma utilização leviana do problema da segurança no Rio como arma eleitoral. Entendemos que é preciso uma política de Estado, que transcenda essa ou aquela administração, em torno de diretrizes claras e com uma equipe profissional desvinculada de pressões e injunções políticas.

A questão de segurança tem uma realidade "real" e uma de percepção pública, dada pela mídia e pela repercussão espetacular de um ou outro episódio eventual. Durante muito tempo, foi praxe das oposições explorar tais episódios como forma de desqualificar seus adversários no governo. Já por parte desses governos, havia frequentemente uma intensa politização da área de segurança, com deputados interferindo na nomeação de delegados e comandantes de batalhão, e todo tipo de relações promíscuas envolvendo políticos com os imensos esquemas de propinas que há muito tempo infestam nossas polícias.

Houve avanços reais no atual governo do estado, com o corte dessa ingerência política em grau máximo e com a estabilização de uma equipe formada por policiais competentes como são o secretário José Mariano Beltrame, o comandante da PM, coronel Mário Sérgio, e o chefe da polícia civil, Alain Turnowski. O outro avanço significativo, embora ainda em fase "demo", são as UPPs. Elas corretamente atacam o problema maior do Rio: o controle territorial armado dos bandidos sobre favelas, promovendo uma ocupação permanente delas. Até o momento, sua ação se restringe a pequenas comunidades da zona sul, centro e norte, e não se estendeu ainda às grandes favelas dominadas pelo tráfico.

Não penso que esse fato, em si, seja merecedor de críticas. Foi correto começar pelas pequenas comunidades para ir testando com cautela os procedimentos, e não há como — haja vista a situação concreta das nossas polícias — ter outra abordagem que não seja gradualista. Mas não vamos, por outro lado, fazer das UPPs peça de propaganda eleitoral, pois isso só pode ser prejudicial.

A falha principal do atual governo foi não ter enfrentado o problema da má qualidade estrutural de nossas polícias, que, como venho afirmando, tem a ver com as antiprofissionais "escalas de serviço" e com o segundo emprego. Os policiais militares trabalham um dia sim, dois não, e os civis um dia sim, três não. Praticamente todos têm uma segunda atividade remunerada, que tende a pagar melhor que a policial. Na prática, esse "bico" — ou no caso dos oficiais, atividade empresarial na segurança privada — torna-se a principal fonte de receita, subalternizando o exercício digno de sua profissão. Para muitos, ser da polícia interessa apenas para ter porte de arma, carteira e trabalhar melhor na segurança privada. E não estou aqui me referindo às "bandas podres" e aos "arreglos" que contaminam parte do aparato policial — o problema mais grave, também facilitado por essa falta de controle cotidiano das instituições sobre seus quadros e pela falta da rotina profissional provocadas por esses horários descontínuos.

A verdade é que não há ainda efetivo suficiente em quantidade e qualidade para: 1) Ocupar permanentemente as grandes favelas dominadas pelo tráfico. 2) Instituir um patrulhamento preventivo, efetivo, a pé, em toda a cidade. 3) Melhorar substancialmente a capacidade de investigação e resolução da polícia judiciária.

Por isso, insisto na implementação real da "dedicação exclusiva" dos policiais à segurança pública, com um aumento salarial condizente — na ordem de mais ou menos 150%, só viável mediante a criação de um Fundo Nacional de Segurança —, além de treinamento permanente dos policias civis e militares, que substituiria as horas dedicadas aos "bicos".

A crítica que faço ao governador Sérgio Cabral é não ter usado sua relação privilegiada com o governo federal para fazer avançar essa questão estrutural. Não adianta muito fazer novos concursos para a PM se não se aproveita melhor, qualifica e depura o efetivo existente.

Essa é nossa postura sóbria e afinada com o interesse público sobre a questão da segurança, com o extremo cuidado de não prejudicar o trabalho que Beltrame, Mario Sérgio e Turnowski estão realizando, e não usar episódios de violência de grande realce na mídia, como o de São Conrado — que podem acontecer em qualquer época —, para tentar desgastar politicamente o governo. Seria de bom alvitre se Cabral adotasse uma atitude análoga e parasse de tentar usar a segurança como peça de propaganda eleitoral.

Segurança pública politizada é sempre faca de dois gumes, ambos cortando a carne da população.

30/8/2010

Meu amigo Dani. Conheci Daniel Cohn-Bendit em 1987, quando ele veio ao Rio a fim de entrevistar Gabeira e a mim para seu livro comemorativo de vinte anos do maio de 1968: *Nous l'avons tant aimeé, la Revólution*. Encontramo-nos muitas outras vezes, em Frankfurt, Paris e Bruxelas. Dani é deputado europeu desde os anos 1990, primeiro pelos verdes alemães, depois pelos franceses. Simbolicamente, esse judeu franco-alemão é quem melhor representa a Europa unificada. É um cidadão europeu que pensa que o problema da UE não é "excesso de Europa", mas "falta de Europa". Ele é um defensor de maior integração na comunidade, com mais poderes para a instância supranacional e menos para os países-membros.

Ele continua morando em Frankfurt, onde me alojou algumas vezes e onde foi secretário de assuntos multiculturais, num dos governos de coligação da social-democracia com os verdes, nos anos 1990. Passa os finais de semana em Frankfurt e o resto do tempo entre Bruxelas, Strasburgo (sede do Parlamento Europeu), Paris e outras capitais da Europa. Viaja frequentemente para fora da Europa, e atualmente, como líder do bloco verde, é um dos parlamentares mais influentes da Europa. Na França, é superpopular. Ano passado, jantamos em Paris no Le Fumoir, perto do Louvre, e fiquei impressionado com a quantidade de gente que veio pedir que ele se candidatasse à Presidência.

No entanto, não há a menor hipótese disso acontecer. Dani já disse seu "não" definitivo e está articulando a candidatura de sua colega do parlamento europeu, a juíza franco-norueguesa Eva Joly. Ele próprio vem dizendo que deseja deixar a política institucional em 2014, quando termina seu atual mandato. O que vai fazer depois? Ele diz que quer fazer cinema. Como é um aficionado por futebol e veio com um papo esquisito me perguntando o que aconteceria se o Brasil não ganhasse a copa de 2014 (eu disse que não havia essa hipótese), ocorreu-me uma excelente alternativa para uma nova ocupação: depois do vexame dos *bleus* na Copa de 2010, na África do Sul, que tal Daniel Cohn-Bendit como novo técnico? *Pouquoi pas?*

1/9/2010

Acertando a mão da TV. Finalmente o programa de TV de Marina acertou a mão: ela apareceu olho a olho do telespectador, parte do tempo em plano fechado, falando de sua presença no segundo turno. Era o que eu vinha reivindicando, já quase em desespero. Quando se tem apenas um minuto e 24 segundos para enfrentar dois blocões de sete e dez minutos, sendo que o de Dilma é muito bem-feito, não adianta tentar sofisticar na forma nem tratar de questões programáticas. Com exceção do primeiro programa — que desperdiçamos —, os horários eleitorais representam um espaço televisivo "sujo", de escassa atenção. Mesmo os mais politizados não aguentam prestar atenção àquilo durante cinquenta minutos. Quem assiste, assiste de forma descontínua.

Por isso, um programa longo e bem-feito, como o de João Santana para Dilma, é constituído de sucessivas historinhas, todas com a mesma mensagem. Se você só teve saco de assistir a trinta segundos de dez minutos, recebeu pelo menos uma delas. Todas variam em torno dos *leitmotivs*: Dilma é Lula. O Brasil melhorou muito com Lula, e vai continuar melhorando com Dilma porque ela é apoiada por Lula e está preparada.

Para quem vê o programa todo, ele é chato e repetitivo. Não tem a estrutura parabólica de um filme, mesmo documentário, que tem uma curva dramática, uma tensão crescente que chega ao clímax perto do fim. Essa não é uma forma de comunicação política bem-sucedida. Ao contrário do que alguns concebem, ela pode ser eficaz sendo meio chata, repetitiva, certamente simplista. Mas é assim que funciona.

Nosso programa de TV não deve se dirigir à "gente como a gente", a quem conhece Marina, já vota em Marina, já admira Marina. Nosso alvo são eleitores pouco convictos de Serra e Dilma ou os indecisos. A mensagem é simples: Marina está na disputa. Marina pode ir para o segundo turno. Marina tem mais chance na disputa com Dilma do que Serra. Marina está apta para ser a primeira presidente mulher do Brasil. Marina é Brasil. Tão simples (ou simplista, se preferirem) quanto isso. É o essencial. Quem tem tão pouco tempo, tem de focar no essencial e extrair o máximo de sua vantagem competitiva.

Nossa vantagem competitiva é que Marina é uma das raríssimas figuras da política brasileira capazes de sustentar um olho a olho em plano fechado com o telespectador/eleitor e encantá-lo com sua graça. A voz não é muito boa — por isso temos de evitar a narração em *off* —, mas o conjunto passa autenticidade, veracidade e integridade, e seu olhar e seu sorriso movem montanhas. Dilma melhorou muito, mas precisa de todo o talento de direção — a descoberta da leitura do *teleprompter* meio de lado foi um achado — e de uma edição apuradíssima para conseguir um mínimo de contato emotivo e persuasão. Serra é um excelente explicador, é didático, intelectualmente convincente, mas produz uma dissociação fatal entre texto e imagem; não envolve nem mobiliza.

A chance de Marina é ser Marina com 100% de exposição no escasso tempo que temos, pouco maior que o dos nanicos, e muito mais próximo destes do que dos dois blocões. O diferencial é justamente a forma aparentemente tosca e despojada, num contexto em que todos buscam certo estilismo visual, quase todos a um preço ridículo, pois, com exceção do de Dilma, os programas são bastante ruins.

A ideia é que a pessoa desinteressada em frente à TV, à espera da sua novela, no meio daquela saturação publicitária toda, de repente vê Marina lhe falando olho no olho. Talvez Marina consiga a façanha de reter a atenção dela por um pequeno minuto: "Olha só, essa tal de Marina, que será que ela tem para me dizer?"

Nesse instante de atenção, em meio àquele massacrante tédio, que nenhuma edição virtuosa de imagens consegue mais salvar, reside nossa oportunidade de chegar ao coração e à mente de eleitores fragilmente alinhados com nossos adversários ou indecisos, para seduzi-los a votar em Marina. Se conseguirmos mover 3% ou 4% nas próximas duas semanas, poderemos alavancar uma progressão na reta final que poderá levar Marina ao segundo turno.

Sim, nós podemos...

3/9/2010

Encontro com Santos. Embora tenha torcido pelo candidato verde Antanas Mockus, penso que a Colômbia ficou bem com a eleição de Manuel Santos. Ele vai continuar a política de combate implacável contra o narcoterrorismo das Farc, mas com uma postura mais proativa em termos diplomáticos, quebrando o semi-isolamento que Álvaro Uribe incorreu no plano continental, sobretudo a partir dos escândalos dos chamados “falsos positivos” — mortes de civis contabilizados com guerrilheiros —, de espionagem ilegal de diversas personalidades colombianas e da polêmica envolvendo a presença militar dos EUA.

Em relação a esse último aspecto, tratava-se muito mais de forma do que de substância. É inegável que a Colômbia não tem como prescindir do apoio militar dos EUA na luta contra o narcoterrorismo. Sem ele, não teria vencido o cartel de Medellín, no anos 1990, nem imposto duras derrotas às Farc. Entretanto, a presença de militares norte-americanos num país latino-americano é sempre uma questão politicamente delicada, e Uribe foi inábil na forma de anunciá-la e justificá-la. Uribe teve problemas de imagem até nos EUA, por conta de uma proximidade excessiva com a administração Bush. Santos parece mais afinado com uma fase de consolidação da pacificação.

Ontem, estivemos com Santos, acompanhando Marina Silva. Foi um encontro de uns quarenta minutos, e o novo presidente colombiano me pareceu consistente, bem-informado e disposto a uma aproximação estratégica com o Brasil. A maior parte da conversa girou em torno da Amazônia, da necessidade de intensificar a colaboração entre nossos países e de várias questões ambientais e energéticas importantes. O tema que me pareceu mais relevante na conversa foi o clima. Santos parece ter uma clara noção da ameaça que o aquecimento global representa. Acredita que a cultura cafeeira e a riqueza hídrica da Colômbia estão ameaçadas a médio prazo e quer ativar uma cooperação estreita com o Brasil em relação ao tema. Outro tópico seria a colaboração quanto à produção de etanol a partir da cana de açúcar. Santos anunciou que vai criar o Ministério do Meio Ambiente e pediu conselhos para Marina.

O tema segurança foi tratado muito rapidamente, com Marina reafirmando a solidariedade dos verdes com a luta do governo colombiano contra o narcoterrorismo. Penso que deveríamos ter sido mais explícitos, garantindo ao governo colombiano que, numa eventual administração nossa, eles teriam mais compreensão do que na ambígua atitude do governo Lula, que, dado seus vínculos com Hugo Chávez — e do PT com as Farc no âmbito do Foro de São Paulo —, não vem sendo claro em sua condenação. Penso que as Farc devem sim ser definidas como grupo terrorista pelo governo brasileiro, porque há pelo menos duas décadas a organização descambou para o puro e simples banditismo, passou a promover ativamente o cultivo e tráfico de cocaína e praticou violações horripilantes dos direitos humanos.

A caminho do P(RI)T. A violação do sigilo fiscal e bancário também de correligionários e familiares do candidato José Serra é um bom exemplo de por que a eleição de Dilma Rousseff seria ruim para o país. Se há duas coisas que não tolero em relação ao governo Lula, ainda que sua popularidade ultrapasse índices norte-coreanos e chegue a 99,9%, é a arapongagem e a promiscuidade com ditadores, como Ahmadinejad e os irmãos Castro, ou semiditadores histriônicos, como Hugo Chávez.

Concordo com a análise de Elio Gaspari, no domingo passado, mostrando que não é tão fácil assim, no Brasil, o PT virar P(RI)T. O Brasil é uma sociedade democraticamente mais madura e complexa que o México dos tempos de Lázaro Cárdenas, quando se consolidou a hegemonia do Partido Revolucionário Institucional por mais de seis décadas, tendo como método sucessório o famoso *dedazo*.

De qualquer maneira, o sonho petista de mais doze anos (*dedazo* com Dilma e depois mais oito anos de Lula) é um tanto sinistro — no sentido clássico da palavra —, sobretudo se associado a tais métodos e amizades.

7/9/2010

Menos, Lula, menos! Hoje o programa de Dilma, para além da qualidade técnico-empulhatória, enveredou por um desvão que lembrou a máquina de propaganda da ditadura na era Médici, quando brandia o "Brasil: ame-o ou deixe-o." O Brasil que nos impingiam era o do Estado, do regime, do governo ditatorial que se vestia de verde, amarelo, azul anil, que tentava — e conseguia — capitalizar para si o tricampeonato de 1970 e queria se ver em perfeita simbiose com a pátria.

Nem hoje nem na época um governo tem o direito constitucional ou a legitimidade pura e simples para pretender encarnar o Brasil, a pátria de todos, seus correligionários ou não.

Ao utilizar o hino nacional como tema musical de seu programa de TV, na sequência de uma intervenção facciosa, infeliz, raivosa e sem verdade do presidente Lula, o programa de Dilma foi longe demais. *Se le fue la mano* (errou a mão) é o dito hispano para esse tipo de situação. Aquele Lula, truculento, faccioso, totalmente despido de um mínimo de dignidade presidencial, mais o hino nacional como trilha sonora de comercialão eleitoreiro, inaugurou a fase *over* da campanha de Dilma.

[Em meados de setembro, começou finalmente a arrancada de Marina, que eu sempre acreditei que fosse acontecer. Começou pouco a pouco, em crescidas de 1% a cada pesquisa. Para mim, ficou clara a existência do chamado "voto oculto". Na verdade, Marina já estava bem mais à frente, mas dois tipos de eleitor não ousavam confessar o voto nela.]

12/9/2010

Eleição dura, momentos decisivos. Marina subiu 1% no Datafolha, basicamente nas classes A e B, na semana do escândalo da Receita Federal e da infeliz e truculenta intervenção de Lula no programa de Dilma. Dá a impressão de serem votos tanto de Dilma (PT *light*) quanto de Serra (início de voto útil em Marina?). Chegou a hora decisiva. É como naquela situação da Fórmula 1 em que o piloto fica a menos de um segundo do carro da frente e se prepara para entrar no "vácuo", a fim de tentar ultrapassá-lo na reta que fica duas curvas à frente. Essa reta está duas semanas à frente, e Marina precisa chegar ao vácuo de Serra.

Nossa aerodinâmica é melhor, mas o motor é menos potente, donde temos de aproveitar as curvas para sair do vácuo, lançados no início da reta. Os pneus dele estão gastos, e os nossos, nos trinques — mas é preciso entrar no vácuo!

Metáforas automobilísticas à parte, temos dois grandes desafios. O programa de TV, embora tenha melhorado, continua não condizente com a importância do momento. Não é mais hora de questões programáticas nem de sumir com a candidata para ficar mostrando o Movimento Marina e pedindo grana pela internet. Muito menos para aquele clima de "olhe como somos bacanas". A hora é de arrancar votos e de mostrar Marina com tônus presidencial. Marina pode ir para o segundo turno! Só Marina pode enfrentar Dilma! Marina está preparada para ser presidente! Plano fechado, olho no olho, drama, emoção forte! Desculpem, mas nossa narração em *off* carece de vigor. Falta emoção. Plano aberto ou alternar aberto com semifechado é enfraquecer o impacto daquilo que Marina tem de mais forte: o olhar e o sorriso. Temos pouquíssimo tempo; cada programa e cada inserção tem de ser um tiro de canhão emocional.

A maior fraqueza é não termos ainda (será que conseguimos?) atingido as mulheres pobres e o povo cristão. Não vamos chegar lá só conquistando votos da classe média de Serra e do PT *light*. Não são suficientes. Se continuarem a aparecer, servem como detonador, mas a pólvora da explosão e da ultrapassagem possível serão as mulheres pobres cristãs, ou então não chegaremos lá. Precisamos tomar votos de Dilma na área popular. Tomar votos de Serra na perspectiva do "voto útil Marina" pode ser o primeiro passo que a faça avançar uns 3% ou 4%, mas não será suficiente para garantir o segundo turno e nossa presença nele.

Temos ainda uma "janela de oportunidade". O clima que sinto na rua é de um maior crescimento de Marina do que aquele 1% do Datafolha. E existe o fator intensidade, paixão. As pessoas que votam Marina são apaixonadas. Os votos Dilma e Serra são frios, cerebrais. O de Marina é quente, de coração. Na reta final, o coração conta. Mas é preciso despertá-lo em grande escala.

Na briga para federal no Rio. Venho acompanhando pesquisas da eleição para deputado do Rio. Se as eleições tivessem sido no dia da pesquisa, eu não estaria eleito por pouco. Como faltam três semanas, finalmente arrumei tempo para fazer minha campanha. Agora, que estou trabalhando intensamente, penso que posso chegar lá. Mas vai ser uma pauleira, e só aos inimigos é permitido dizer: "Sirkis já tá eleito!" Essa eleição é muito dura porque o chamado "voto de opinião" está muito disputado. No Rio, temos na disputa de federal quatro candidatos a Prefeitura nas últimas eleições. Partem com a vantagem do *recall* e do "voto compensação". Isso divide muito esse limitado voto de opinião, menor a cada eleição, do qual dependo totalmente. Favorece a quem tem reduto regional. Além disso, ainda temos o "voto modismo" ou "voto originalidade". Toda eleição tem sua bola da vez.

Então, amigo(a), se você percebe o quanto os verdes do Rio precisam estar bem representados em Brasília — o Gabeira já não vai mais estar lá —, reconhece o trabalho que fiz ao longo desses últimos 22 anos, respeita minha biografia e se identifica com as propostas, não entre na onda sacana do "já tá eleito" — perdi uma eleição em 1996 por causa disso — e vote Sirkis, 4333!

Saciando um pouquinho da sua curiosidade. Não posso divulgar números de pesquisa, e as de candidaturas proporcionais são bastante precárias, sempre. Em geral, começo muito mal nelas e o resultado acaba sendo melhor. Mas uma vez já aconteceu o contrário.

No voto de opinião, não há surpresa. Estão muito bem-colocados os candidatos a prefeito de 2008: Chico, Molon, com Jandira surpreendentemente um pouco mais atrás, mas bem. Solange, até aqui, não se beneficia tanto do fator 2008. O PV, por enquanto, faz um federal e um estadual. Pode, no entanto, fazer mais. Se fosse um só federal, no dia da pesquisa, seria Dr. Aloísio, ex-candidato a prefeito de Macaé, com um forte voto de reduto. Novamente o fator 2008. Estadual seria Aspásia. Devemos ter uma boa votação de legenda, o que, somado a uma intensificação da campanha, deve levar o PV a um resultado melhor que esse. Mas esse é o formato da "nuvem" nesse dado momento, a três semanas da hora H. Por isso, por favor, não me venha com o "Sirkis já tá eleito", senão vou morder sua orelha!

13/9/2010

To PRI ou not to PRI? O PRI (Partido Revolucionário Institucional) governou o México por sete décadas. Em termos de longevidade e gestão azeitada do poder, foi superior ao Partido Comunista da União Soviética (PCUS), cujos processos sucessórios e lutas internas foram marcados pelos mais sangrentos expurgos. O PRI montou um sistema em que o presidente escolhia seu sucessor mas depois desaparecia de cena. Para mencionar os mais recentes, a partir dos anos 1960, Luiz Echeveria, López Portillo, Miguel de la Madrid, Salinas de Gortari e Ernesto Zedillo indicaram seus sucessores mas depois abandonaram a vida política. Não só a reeleição era vedada, como a volta a qualquer tempo para um segundo mandato. Nenhum deles virou eminência parda do sucessor, e no governo de Zedillo, o antecessor Salinas foi indiciado por corrupção.

O processo de indicação do sucessor, que incluía uma consulta aos "cardeais" do PRI, recebeu o nome de *el dedazo*, pois era o presidente de turno que apontava com o dedo o próximo primeiro mandatário mexicano e chefe do partido. Era um processo autoritário institucional, e não do tipo caudilhista, peronista, em que o general Juán Domingo Perón e, mais recentemente, o ex-presidente Néstor Kirchner colocaram suas respectivas mulheres na linha sucessória ou na sucessão como uma extensão de seu poder pessoal. O *dedazo* de Lula está mais na linha desse personalismo caudilhista do peronismo do que do hegemonismo de partido do estilo PRI, cujo exemplo mais eficiente de funcionamento é, sem dúvida, o PC chinês no pós-maoísmo.

Há várias outras características que diferenciam o *dedazo* de Lula e o PT do hegemonismo do PRI, desde os anos 1930, quando foi consolidado pelo único presidente mexicano maior que seu próprio aparato: Lázaro Cárdenas. De qualquer forma, essas distinções, que alguns analistas vêm sublinhando, não anulam o fato de que o *dedazo* de Lula — até porque ele sinaliza que vai permanecer como eminência parda —, a se consumar, traz perigos para a democracia brasileira. A dominação de um partido de influência leninista, com controle de uma máquina sindical e que ao longo dos últimos oito anos cooptou com sucesso as mais tradicionais oligarquias da política brasileira, é preocupante e precisa ser contraposta por um realinhamento histórico da social democracia, sob a condução dos verdes.

Há diversos quadros de qualidade no PT que compartilham dessa preocupação e que percebem que é Marina Silva, e não o *dedazo*, quem encarna o lado melhor do ideário de seu partido.

É fundamental que haja segundo turno e que lá esteja Marina Silva.

16/9/2010

Considerando minha eventual *desexistência*. Recebi uma sacaneada de um dos meus humoristas favoritos, o Marcelo Tas — o magistral *testa di cazzo* —, que me acusa de "poluição", exibindo a foto de uma plaquinha minha no posto 6. Uma incoerência dos verdes poluindo Copacabana.

Tá legal, Marcelo. Faço autocrítica. Vou ver se consigo lhe agradar. Que fazer? Bom, retirar todas as placas e deixar os concorrentes todos com as deles. Bem, preciso também parar de distribuir panfletos. Embora a gente sempre coloque neles "passe adiante ou jogue no lixo" e nossos militantes sejam instruídos a retornar aos locais para recolher alguns que tenham sido jogados no chão, sempre pode sobrar algum, né? Melhor então não panfletar.

Também vou tirar o programa de TV do ar; afinal, o horário gratuito é muito chato e, sem dúvida, é uma forma de poluição psicológica do telespectador, que aguarda ansioso sua mui educativa telenovela.

Carro de som com *jingle* e megafone, nem pensar. É poluição sonora, claro! Campanha pela internet? Ninguém mais aguenta esse tipo de *spam*. Limitar-se ao blogue, com seus mil e tantos fiéis? É melhor tirar do ar também, porque alguém pode sempre repassar a quem não solicitou, e acaba virando *spam*. Rede social? Com tanta gente falando coisas tão importantes, profundas, relevantes e edificantes sobre suas vidas, vamos poluí-las com papo de político? Ninguém mais aguenta esses candidatos no Facebook ou no Orkut comprometendo seu alto nível cultural e filosófico.

Comício doméstico? Não deixa de ser um desrespeito aos vizinhos. Imagina encontrar no elevador aquele bando de pessoas ansiosas, estranhamente interessadas nesse evento grotesco que são as eleições, atrasando o elevador. Uma forma de poluição intramuros... Já encontrei moradores reclamando. Quem esses candidatos pensam que são para invadir assim meu condomínio?

Anúncio em jornal? Não seria uma forma de compactuar com essa poluição que são os próprios jornais? Pense bem, verde de araque, quantas árvores — ainda que de eucaliptos, plantados com essa finalidade — custa uma edição dominical de um jornalão? Melhor não compactuar com isso, se de fato verdes somos.

Sair à rua cumprimentando as pessoas? Atrapalhar a vida dos outros e ocupar indevidamente as calçadas? Elas são feitas para que o povo circule produtivamente, e não para que fique parado, ocioso, ouvindo conversa fiada de político.

Bom, então o que fazer?

Elementar, meus caros, devemos fazer o que 90% dos políticos brasileiros já fazem: montar um centro assistencial; oferecer consulta médica, dentária e serviço de despachante; fornecer ambulância, cadeira de rodas, dentadura, etc... Tenho até um colega vereador que dá o maxilar de cima, antes da eleição, e, uma vez eleito, o debaixo. Aí não vai ter mais papel, nem poluição visual, nem sonora.

Não corremos mais risco algum de incomodar quem quer que seja com essa nossa ridícula imagem de ratos magros pedintes de votos. É pão, pão, queijo, queijo. Prestou o serviço, ganhou o voto. Coisa séria, rapaz. Outra possibilidade é comprar voto diretamente, como fazem com grande talento no Mato Grosso do Sul e em muitos outros lugares politicamente *high tech*. Isso, a rigor, dispensa essas campanhas eleitorais poluentes. Tudo é feito na intimidade do centro assistencial ou no apê do candidato, com o cabo eleitoral entre duas rodadas de uísque, sem poluir e sem incomodar.

Pena que para manter seus centros assistenciais benfazejos e comprar seus votinhos, os políticos de responsa, os profissas, tenham de roubar. Mas isso é detalhe. O importante é que sua relação com o eleitor é sólida, indelével. O político em questão pode até ser flagrado pelo *Jornal Nacional* num ato de pedofilia, mas vai continuar recebendo todos aqueles votinhos fiéis do "seu" povo, ao qual presta não menos fiel assistência. Isso que é uma base política sólida. Nada parecido com a patética fragilidade desses pretensiosos otários, vulneráveis a uma notinha de jornal, a uma sacaneadazinha na net. Uns votinhos a menos, e babau eles!

É isso aí, galera, vamos nos livrar de uma vez por todas da excrescência anacrônica que são esses políticos de "opinião", metidos a dar lições, falar de temas complicados e chatos e que insistem em encher nosso saco, querer nos obrigar a ler e a ver coisas na rua, informando que pensam, logo existem. Melhor que não existam! Não existindo, não precisarão tentar informar mediante placas poluentes, panfletos e outros subterfúgios vis que existem.

Desexistam, poluidores!

22/9/2010

Marina passa Serra no Rio de Janeiro! Posso afirmar com segurança que Marina, que já havia ultrapassado Serra na cidade do Rio de Janeiro há uma semana, acaba de fazê-lo no cômputo geral do estado. A situação no Rio é a seguinte: uma queda acentuada de Dilma, uma pequena recuperação de Serra e uma progressão forte e muito significativa de Marina, que começa a transcender a classe média politizada, na qual ocorreu o essencial desse crescimento. Há uma "onda Marina" em gestação, que vai se potencializar num crescendo até 3 de outubro. Ela se assemelha àquela que levou Gabeira ao segundo turno em 2008. Ele vinha em quarto lugar em meados de setembro; ultrapassou Jandira Feghali nos últimos dias e Marcelo Crivella no próprio dia da eleição.

Nas eleições contemporâneas, o processo de decisão vem sendo cada vez mais empurrado para os últimos dias. Isso se deve ao aparente paradoxo: o eleitorado é cada vez mais politizado, mas cada vez mais desinteressado por política. Nos últimos dias, sendo obrigatório o voto no Brasil, ele se coloca — "Agora vou precisar pensar nisso" — e entra em "modo de decisão", sensível à "contaminação" dos formadores naturais de opinião, que existem nas famílias, nos locais de trabalho, nos estudos, nos táxis e nos botecos.

Líderes carismáticos são mais suscetíveis de gerar ondas na reta final, e Marina tem esse atributo. Não é possível prever se essa "onda Marina" será suficiente para fazê-la ultrapassar Serra em âmbito nacional e tirar votos suficientes de Dilma para ir ao segundo turno com ela. Mas pode acontecer. Vai depender do impulso de cada um de nós de participar da onda e ser mais um.

Explica... Talvez o temor dessa onda explique o estranho episódio dos arrombamentos e furtos nas sedes do PV em São Paulo, Brasília e Acre. Estaremos entrando na alça de mira dos "aloprados"?

23/9/2010

Marina em segundo no Rio, detalhes. A pedidos, e na medida do possível, dou mais detalhes sobre a situação de Marina no Rio. O Datafolha assinala um empate entre ela e Serra na disputa pelo segundo lugar, mas posso afirmar que ela já o ultrapassou, com pelo menos um ponto de vantagem. Na capital, isso já havia ocorrido há mais de uma semana, e a vantagem é de pelo menos seis pontos. Ela já passou na Baixada, também por um ponto. Serra segue na frente no interior, mas Marina está subindo.

No cômputo geral, em votos válidos, Dilma caiu três pontos, Serra dois, e Marina subiu cinco. Na cidade do Rio de Janeiro, Marina encosta em Serra na zona sul (Dilma, atipicamente, está em terceiro lá). Na Grande Tijuca, subúrbios da Central e da Leopoldina, Jacarepaguá e na parte mais distante da zona oeste, Campo Grande e Santa Cruz, Marina já está em segundo lugar. Serra mantém essa posição apenas em Bangu.

O Rio costuma ser antecipador de tendências nacionais. No último Datafolha, Marina subiu 2%, chegando a 13%. Pode ultrapassar Serra e, simultaneamente, viabilizar o segundo turno contra Dilma. Não é impossível, se considerarmos que essas ondas de reta final costumam ser exponenciais, e não aritméticas, e que há claramente — para mim, pelo menos — uma subestimação da intenção de voto em Marina, em função do fenômeno que os especialistas em pesquisas chamam de "voto oculto" — o que penso estar ocorrendo na população mais pobre, sobretudo entre os evangélicos.

27/9/2010

Jaguatirica vence debate. Dessa vez, Marina matou a pau. Firme, incisiva, mas sempre elegante, foi o destaque absoluto do debate da TV Record, colocando-se claramente como a terceira via, mirando o segundo turno e se mostrando presidenciável. No curso desse debate, os brasileiros puderam vislumbrá-la como presidente. Serra não foi mal. Experiente, soube ser didático e se saiu razoavelmente bem das perguntas mais incômodas, como aquela de por que esconde Fernando Henrique Cardoso. Só perdeu o rebolado uma vez, diante de uma estocada sutil de Marina. Dilma foi a mais atacada; parecia uma búlgara tentando sambar na avenida, e sua explicação em relação aos eventos na Casa Civil foi inócua e evasiva. Atrapalhou-se várias vezes, mas ao fim e ao cabo sobreviveu, que é o que seu marqueteiro busca nesses penosos debates: não ir a nocaute. Não foi.

Plínio ofereceu um espetáculo hilário, por um lado, mas deprimente e altamente inquietante num determinado momento. Ele não esconde mais que seu objetivo é apenas ajudar seu partido a eleger deputados. [...] Pergunto-me, por exemplo, qual judeu, sionista de esquerda, não sionista ou até antissionista que tolera a defesa da aquisição de armamento nuclear por parte do regime dos aiatolás, que nega o holocausto nazista e defende "varrer Israel do mapa"? Será que o PSOL tem tantos eleitores assim que consideram, como Plínio, que os Estados Unidos são uma ditadura pior que o Irã, e que preferem Ahmadinejad a Obama?

Ao formular sua pergunta sobre política externa, Serra levantou a bola para Plínio. Quis usá-lo para criticar a posição de Lula em relação a Ahmadinejad. Surpreendentemente, o candidato do PSOL levou ao extremo a posição pró-proliferação nuclear dos expoentes geiselistas do governo Lula, cujo pensamento sobre energia atômica foi concebido na época em que o Brasil preparava seu artefato, a ser detonado no silo da serra do Cachimbo. A própria ditadura recuou, temendo uma corrida armamentista com a Argentina. No entanto, restaram os nostálgicos da bomba, que voltaram ao poder com o PT, como Samuel Pinheiro Guimarães. Por outro lado, Plínio não foi capaz de fazer uma única restrição à feroz ditadura liberticida, torturadora e lapidadora de mulheres que oprime o povo iraniano.

28/9/2010

O vermelho e o pardo. O fenômeno que os franceses rotularam de *rouge-brun* (vermelho e pardo) — a aproximação da extrema-esquerda com a extrema-direita — foi detectado há mais de uma década, na Rússia, mas desde então tem se instalado nos mais diversos países. Quais são os grandes pontos de identificação entre a ultraesquerda e o fascismo? Há dois principais: o antissemitismo e o antiamericanismo.

Há dias, vi numa banca de jornal uma publicação de extrema-esquerda tecendo loas à heroica resistência do Taleban ao imperialismo norte-americano. Já encontrei "esquerdoides" comprando a tese de Ahmadinejad de que os atentados de 11 de setembro foram fabricados pela CIA. Também já ouvi que haviam sido justificáveis por causa do apoio americano a Israel. Custa crer que alguém que se imagine "de esquerda" possa vibrar com os feitos de um movimento que proíbe as mulheres de estudar — corta narizes das que tentam fazê-lo — e de sair à rua sem burca, pune o adultério com lapidação e proíbe qualquer forma de música, arte, dança, e qualquer livre expressão política, chegando ao requinte de obrigar todos os homens a usar barba.

O PSOL é um partido que tenta se diferenciar da ultraesquerda clássica, a começar pela simbologia: um sol no lugar da foice e do martelo. Acolhe candidatos gays e assume algumas das bandeiras comportamentais que o PV começou a levantar nos anos 1980. Tem quadros de qualidade, com um passado íntegro, e, aqui no Rio, um deputado estadual, Marcelo Freixo, que fez um trabalho marcante em relação aos grupos parapoliciais, denominados "milícias" pela imprensa, e que certamente merece ser reeleito.

Por isso, causa espanto que seu candidato à Presidência, ao ser perguntado a respeito da política de "carinho" de Lula com Ahmadinejad, tenha: 1) Deixado de formular qualquer repúdio explícito àquela ditadura teocrática. 2) Defendido que o Irã possa ter a bomba atômica, algo que nem eles próprios admitem estar construindo. A seguir, ele rotulou os EUA como a pior das ditaduras.

Os EUA não são uma ditadura, ao contrário do Irã. São uma democracia que sofre, como todas as outras, de suas contradições — "o pior regime com exceção de todos os outros", era como Churchill a definia. Nesse momento, ela passa por uma perigosíssima ofensiva da extrema-direita do *Tea Party* republicano contra seu primeiro presidente negro, que trava uma luta difícil para tirar o país da terrível crise que a era Bush provocou no plano econômico e das duas guerras que deixou para Obama como legado.

Um jornalista me perguntou por que me incomodei tanto com Plínio, visto que Marina, diferentemente do primeiro debate na Band, tinha conseguido tirá-lo "de letra" e suas intenções de voto ficavam abaixo de 1%. Incomodei-me porque suas ideias sobre o Irã e os EUA têm um efeito pernicioso, principalmente sobre os jovens pouco politizados e informados. E são sentimentos que povoam a interseção do vermelho com o pardo, aproximando ultraesquerdistas, chavistas, jihadistas islâmicos, *skinheads* e nacionalistas europeus.

Ahmadinejad afirma inequivocamente que Israel deve ser "erradicado" do mapa, ao mesmo tempo que nega a existência do holocausto nazista. Ele quer convencer que a matança de mais de quarenta membros da família de meu pai, em Lodz, e mais de sessenta da família de minha mãe, em Pinsk — ambas na Polônia —, simplesmente nunca aconteceu... O presidente iraniano vincula-se a uma corrente apocalíptica do xiitismo iraniano, liderada pelo aiatolá Yazdi, que propaga um cenário para a volta do 12º imã (o imã oculto), similar ao de certas correntes fundamentalistas cristãs em relação à volta do messias: o Armaggedon como parteiro desse advento.

Por isso, a bomba iraniana representa uma ameaça existencial para os israelenses em geral, independentemente de serem partidários ou opositores do atual governo de Bibi Netanyahu, formado por uma coalizão de partidos de direita e extrema-direita. É também uma ameaça aos palestinos, pois dada a exiguidade territorial na qual ambos os povos vivem misturados, eles também sofreriam os efeitos de um ataque nuclear. Os partidários de Yazdi dizem que o Irã sairia vitorioso, pois sua extensão territorial permitiria que parte de sua população sobrevivesse, ao passo que Israel, devido à sua densidade populacional num pequeno território, seria "erradicado". Sabendo da disposição para o "martírio" por parte dos jihadistas islâmicos, quer sunitas, quer xiitas, essa é uma ameaça que não há como não levar a sério.

Há muito tempo já se disse que o antissemitismo (e hoje também o antiamericanismo, acrescento eu) é o socialismo dos tolos. Classicamente, o antissemitismo se originou na extrema-direita, mas vicejou também no stalinismo, e agora tem um forte caldo de cultura em algumas esquerdas, que extrapolam a justa solidariedade com o povo palestino e a oposição às políticas expansionistas dos vários governos de Israel, convertendo-se no ódio aos judeus em Israel e no resto mundo. Os mais hábeis substituem "judeus" por "sionistas"; outros, nem isso.

Fico totalmente à vontade para falar do assunto porque sou um judeu não sionista (diferente de ser anti). Oponho-me a qualquer tipo de estado confessional e defendo o estado laico em qualquer país do planeta. Sou favorável a um Israel-Palestina ou Palestina-Israel laico e binacional, embora pense que isso seja inviável nesse momento, e que só poderia acontecer passando por uma etapa histórica de dois estados convivendo pacificamente e se integrando econômica, cultural e humanamente, passo a passo. Em geral, os membros do PSOL que conheço (há judeus entre eles) têm uma visão parecida. Entre os petistas, muitos se constrangem e ficam indignados com o posicionamento de Lula em relação a Ahmadinejad, mas sua voz anda meio abafada nesses tempos de lulismo eufórico e acrítico.

Estou seguro de que no caso de Plínio não há antissemitismo, ainda que haja antiamericanismo primário. Porém, ao defender o direito de Ahmadinejad possuir a bomba atômica, enquanto este propugna a "erradicação" de Israel, Plínio inquieta a todo e qualquer judeu, desde o de direita até o mais à esquerda. Temos em nosso DNA a memória do holocausto, que Ahmadinejad tem a escrotidão de negar. Temos a determinação de — independentemente da nossa posição em relação a Israel e seus governos — impedir, por todos os meios necessários, que ele volte a se repetir.

28/9/2010

A onda verde cresce. Nos *trackings* dos quais tomei conhecimento hoje, terça-feira, a onda verde prossegue e ganha volume. Em escala nacional, Marina já aparece com 19 pontos. No Rio, com 23 pontos, já tendo ultrapassado Serra de modo substancial. Prepara-se agora para assumir o primeiro lugar no Rio junto com Dilma, que caiu de 50 para 35 pontos.

Decidi votar em Marcelo Cerqueira para senador quando a coligação pró-Gabeira foi oficializada. Meu segundo voto iria para Milton Temer, apesar das grandes diferenças ideológicas que nos separam. Por ser uma pessoa decente. Parece que ele anda dizendo por aí que "dispensa" meu voto, porque dei uma merecida cacetada no seu histriônico candidato presidencial, depois que ele transformou Marina no seu alvo principal e defendeu a bomba atômica para o Irã.

Ontem, milhões de mensagens surgiram em celulares, pagers e caixas de e-mail com uma mensagem *fake* do bispo Edir Macedo, supostamente pedindo voto para seu sobrinho Marcelo Crivella, com um discurso de dominação do Brasil, de clara provocação política. Sou há muito tempo um crítico da ação dos políticos ligados à Universal — minha experiência com eles na Câmara Municipal do Rio de Janeiro não foi das melhores —, e tenho muitas razões para criticar Crivella (uma delas foi o que fez no morro da Providência, tomando como base e distorcendo meu projeto Aquarelas do Porto), mas o considero uma pessoa correta, afável e muito mais bem-informada do que a maior parte das pessoas imagina.

É tão repugnante o que estão fazendo com ele que isso vai acabar gerando um voto útil, anti-Picciani, beneficiando-o.

1/10/2010

O último debate e meu último programa. Confesso que achei chato o debate final na TV Globo. O da TV Record foi melhor: os candidatos interagiram e se digladiaram de forma mais solta; houve mais drama, peripécia. O de ontem foi burocrático. Seu formato quis privilegiar o lado "programático", temas sobre os quais os candidatos teriam de obrigatoriamente fazer perguntas uns aos outros, e a política — o contraste que eles próprios gostariam de traçar entre si — ficou prejudicada; e, junto com ela, o espetáculo que inevitavelmente tem algum parentesco longínquo com os combates entre os gladiadores romanos.

Na verdade, as diferenças programáticas entre Marina, Serra e Dilma em relação à maioria daqueles pontos muito concretos, como "saúde", "trabalho", "previdência", etc., não são muito marcantes, e tudo ficou mais no plano do "mas você não fez, e eu fiz (ou faria)".

Plínio era o único "diferente", pois deixou claro desde o início que estava lá para promover o PSOL e tentar reeleger seus três deputados. Agressivo e sectário, conforme seu estilo — dessa vez, por força da dinâmica, não atacou Marina —, tentou se mostar como um velho "profeta", na tradição que Isaac Deutscher atribuía a Leon Trotsky. Implícita aquela ideia de se opor àqueles três reformistas, traidores do proletariado, o bom e velho banho de sangue de uma revolução, pois o "melhorismo" deles não presta. Teria sido mais interessante para os jovens que ele quer iludir com esse discurso — precursor das grandes tragédias do comunismo no século XX — que a discussão pudesse ter prosseguido. Isso lançaria luz sobre o que resta daquela utopia sangrenta: a Coreia do Norte, hoje o único país socialista no planeta, já que Cuba acaba de assumir a pequena e média empresa capitalista, depois de ter permitido há tempos o grande capital estrangeiro — com regras de repatriação de capitais mais liberais que as nossas — no setor de turismo, em *resorts* cujas praias são praticamente inacessíveis para os cubanos comuns. Aliás, ao tomar essa medida, o Estado cubano demitiu 500 mil servidores públicos, que terão de dar um jeito de virar pequenos capitalistas ou empregados destes.

Ouvimos dele mais algumas idiotices, como a defesa da moratória da dívida externa. Alguém precisa contar a Plínio que a dívida não é mais aquela. Está perfeitamente equacionada, e o Brasil se tornou um país credor. Talvez ele quisesse se referir à divida interna, realmente preocupante, e estivesse defendendo um "calote" ao estilo Collor. Alguém precisa explicar a essa jurássica criatura que, com a exceção das fortunas pessoais dos banqueiros — em geral, a salvo no exterior —, o dinheiro dos bancos é dos milhões de correntistas investidores, que seriam as grandes vítimas de um calote, como o foram no governo Collor. Os banqueiros nada sofreriam de dramático, assim como nada sofreram naquela ocasião. Alguém precisa explicar a ele que acabar com o ICMS levaria estados e municípios à falência, ferrando, em primeiro lugar, o servidor público.

Marina, como em todos os outros debates, saiu-se bem. Serra também pontuou, naquele seu estilo professoral, meio enfadonho. Teve um arroubo de agressividade com Marina quando rompeu com a disciplina que vinha adotando em relação a ela, ao reciclar a acusação de Plínio, no primeiro debate, de que ela era meio petista, "parecida com Dilma", e tinha "ficado no governo apesar do primeiro mensalão". Como isso aconteceu na tréplica, nossa jaguatirica se virou para ele, a fim de dar o bote — penso que só quem estava no estúdio viu a cena —, mas não pôde dar o troco.

Dilma teve um momento revelador, que começou com uma tropeçada cômica num ato falho. Quis dizer que todos os recursos de sua campanha eram de caixa 1, e conseguiu dar a entender o contrário. Diante das gargalhadas vindas da plateia de Serra e da nossa, arremeteu de forma ameaçadora contra as galerias. No mais, conseguiu se controlar, e foi indo aos trancos e barrancos com seu discurso bem-decorado e ensaiado. Acabou sobrevivendo, o que para ela é uma vitória, pois joga pelo empate nos debates.

Nessas eleições, a cobertura da Rede Globo foi extremamente importante e merece os maiores elogios. Seu jornalismo foi equilibrado, isento, justo e de boa qualidade. Com seu tempo de TV exíguo, nossa campanha teria sido muito prejudicada, não fosse esse espaço igual no *Jornal Nacional* e nos outros noticiários. Por isso, penso que a Rede Globo merecia ter promovido o melhor debate. Por culpa de todos nós — participei junto com o João Santana e o Gonzalez da negociação das regras —, acabou sendo meio chato, e não muito esclarecedor em relação aos outros. Afinal, a Globo é a Globo, e a melhor prova disso foi a situação meio constrangedora por que passaram os quatro, ao ficarem uns sete minutos imóveis nos púlpitos, à espera do fim da novela das nove, que atrasou. Que espetáculo! Os quatro postulantes à Presidência do Brasil petrificados ali em sua ansiedade, esperando o Tony Ramos terminar de desfiar seu macarrônico sotaque italiano de araque em *Passione*.

3/9/2009

Os últimos dias de campanha foram frenéticos. De jipe pelas ruas do Rio, aquela marchinha que Adriana Calcanhotto fez para Marina — "Gente, gente, gente, Marina presidente!" — tocando sem parar no megafone. Concentramo-nos no eixo Leblon-Madureira. Deixei de fora a zona oeste por absoluta falta de pernas e tempo.

A véspera da eleição, no sábado, foi antológica. Pegamos Marina de jipe no Santos Dummont e rumamos para Madureira, sob a ameaça de uma chuva que acabou não vindo (chegou mais tarde e continuou no domingo, dia da eleição). Na avenida Ministro Edgard Romero, Marina desceu do carro da Polícia Federal e passou para o nosso jipão. Ligamos o megafone: "Gente, gente, gente!" As pessoas das calçadas olhavam incrédulas, e explodiam em sorrisos. Em certo momento, perto do mercadão de Madureira, e depois na estrada da Portela, perto do Madureira Shopping, a multidão na calçada entoou o coro: "Gente, gente, gente! Marina presidente!" Foi um momento extraordinário de adesão popular. E foi se repetindo em outros pontos, com um pouco menos intensidade: na avenida Dom Helder Câmara, na Dias da Cruz. Com um segundo megafone, Carlos Vicente e o assessor de imprensa de Marina, Nilson de Oliveira, viraram dois exímios agitadores de massa. Mas começou a chover, e Marina quis voltar para o aeroporto, no qual a esperava o jatinho que a levaria para Goiânia e Rio Branco, onde votaria no dia seguinte. Participou de uma última coletiva de imprensa, perto do Santos Dummont, no píer junto à marina da Glória, e nos despedimos com um forte abraço. Eu estava seguro de que íamos fazer bonito no dia seguinte. Mais uma semana, teríamos ido ao segundo turno, e aí ia ser outra história.

4/10/2010

Uma grande vitória! Os quase 20%, vinte milhões de votos alcançados por Marina colocam o ideário verde brasileiro num novo patamar histórico. Falo de ideário verde porque é uma vitória que transcende muito o Partido Verde, um de seus instrumentos. É vital agora que iniciemos um processo democrático, lúcido e ordenado de decisão em relação ao segundo turno. Temos de preservar o extraordinário legado político que nos deixou esse primeiro turno e manter a coesão do PV. Temos de agir de forma coletiva, solidária, sem precipitações, com um imenso cuidado em relação ao futuro de nosso projeto, sem nos deixarmos levar pelo imediatismo nem alimentar as especulações, que são uma característica da mídia nessa era de blogues e noticiário contínuo, em que os fatos não acontecem na velocidade necessitada pela cobertura ininterrupta, sete dias por semana, 24 horas por dia.

Amanhã irei a São Paulo para começar a participar desse processo, e a primeira e mais importante conversa será com Marina. Conforme já revelei, combinamos nunca falar, mesmo na intimidade, sobre o segundo turno durante o primeiro, portanto não conheço sua opinião, que é absolutamente fundamental para que eu possa construir a minha e, penso, vice-versa. Portanto, estou numa fase de absoluto silêncio sobre o assunto, no que pese a grande ansiedade de quem cobre a campanha e quer descobrir os fatos antes que eles aconteçam.

Agradeço de coração a confiança dos 73 mil cariocas e fluminenses que me elegeram deputado federal. Na cidade do Rio de Janeiro, tive 8 mil votos a mais que em 2008, o que muito me orgulha. Foi uma eleição muito difícil, com o minguante "voto de opinião" muito dividido e disputado por concorrentes de qualidade, muito fortes. Pude me dedicar à minha campanha por apenas um mês e meio, durante o qual tive de compartilhá-la com viagens semanais a São Paulo e a coordenação da campanha presidencial no Rio, que teve um resultado espetacular. O PV elegeu dois deputados federais e dois estaduais pelo Rio. Nacionalmente, passou de treze para quinze eleitos à Câmara de Deputados.

Estou muito cansado. Amanhã é outro dia, e novos desafios se iniciam. Boa noite.

5/10/2010

No dia seguinte, segunda-feira, fui a São Paulo para tratar da delicadíssima situação de nossa tomada de posição no segundo turno. Dei uma entrevista ao reporter Sérgio Roxo, da sucursal de *O Globo* em São Paulo:

"Não pode ser negociação fisiológica"

Em entrevista para O Globo, *Sirkis dá o tom do PV para o segundo turno.*

Presidente do PV do Rio, o deputado eleito Alfredo Sirkis se reuniu ontem com a ex-candidata do PV à Presidência, Marina Silva. Depois, lançou a proposta de realizar uma convenção para decidir quem o partido vai apoiar, já encampada por Marina.

O Globo: Como será a definição do apoio do partido no segundo turno?

Sirkis: O fundamental é o programa. Não pode (ser) uma negociação do tipo fisiológica. Seria uma afronta a tudo que se conseguiu nesta eleição e ao extraordinário resultado que Marina teve. E o processo (de apoio) já foi deliberado em 2009, quando a Executiva Nacional do PV decidiu que haveria uma convenção depois do primeiro turno. E que o apoio ou a neutralidade será decidido nessa convenção.

O Globo: E como seria esse processo?

Sirkis: Antes da convenção, temos de elaborar uma plataforma mínima para ser discutida com os dois candidatos. E depois passar a deliberação coletiva a quem deve participar, inclusive segmentos que não estão dentro do partido. Quero que seja um processo exemplar de abordagem programática de segundo turno. Já que perdemos, podemos dar uma contribuição para a sociedade, melhorando a qualidade da discussão política e colocando a questão da sustentabilidade no centro do debate.

O Globo: Quem votaria na convenção?

Sirkis: Seriam basicamente delegados e dirigentes. Mas a gente teria de criar mecanismos de participação e de consulta de outros segmentos. Por exemplo, há novos parlamentares eleitos; você tem candidatos que não foram eleitos que têm grande representatividade, como nossos candidatos a governador e a senador em certos estados, e há um Movimento Marina Silva, que é uma voz que precisa ser ouvida. A gente está diante de um processo complexo.

O Globo: Quanto demoraria o processo?

Sirkis: Uns quinze dias.

O Globo: Quando houver uma definição, como seria a participação de Marina na eleição? Subiria em palanque?

Sirkis: A participação está a critério dela própria. Entendo que neste momento exista uma ansiedade por parte dos dois candidatos, que já mandaram seus emissários entrar em contato com as pessoas que têm mais relação dentro do PV, e existe uma ansiedade ainda maior por parte da mídia. Agora, vão ter de enfrentar essa ansiedade, porque queremos que seja um processo exemplar, de absoluta transparência, que faça jus à votação que Marina teve.

O Globo: O PV tem uma ligação maior com o PSDB. Participou do governo Serra e estavam aliados na eleição para o governo do Rio. Esse é um canal que facilita o entendimento?

Sirkis: Não quero especular a esse respeito. Existem vínculos e participações de governo tanto com o PT quanto com o PSDB.

O Globo: E sua posição pessoal?

Sirkis: Minha posição vai permanecer reservada até o dia da convenção.

6/10/2010

Convenção Nacional do PV. Domingo, dia 17, em São Paulo. Participam os membros da Executiva Nacional, os deputados federais eleitos, os candidatos a governador e senador e quinze delegados da campanha: cinco do Movimento Marina Silva, cinco do grupo de programa de governo e cinco de grupos religiosos. As opções são: 1) Dilma. 2) Serra. 3) Independência, com a não participação oficial do PV no processo eleitoral do segundo turno.

6/10/2010

Marina no segundo turno

(artigo publicado na *Folha de S.Paulo*)

É de praxe na política brasileira que os candidatos derrotados no primeiro turno procedam a uma rápida adesão a um dos remanescentes, em gabinetes fechados, almoços ou telefonemas nos quais são barganhados ministérios, fatias de orçamento, secretarias, diretorias, superintendências e cargos comissionados. No jargão corrente, são os tais "espaços políticos". Esse não será o caminho dos verdes. Nossa primeira responsabilidade agora é fazer jus aos vinte milhões de votos (quase 20%) obtidos por Marina Silva. Que fique claro: não são votos verdes, e nem Marina pretende que sejam "seus". Conforme ela própria vem afirmando insistentemente, são votos dos eleitores. De qualquer maneira, pairam sobre nós como uma enorme responsabilidade. Exigem que deles sejamos dignos. Não foram tantos votos "de protesto", mas sim de diferenciação e de esperança. Votaram em Marina a classe média iluminista, os jovens e as mulheres pobres, em grande parte cristãs. O voto verde veio incluído nos dois primeiros segmentos. O terceiro representa um poderoso vínculo de identificação pessoal com Marina. Um laço de amor.

O segundo turno exige uma definição. Dilma, Serra ou o não envolvimento eleitoral. Isso será deliberado em aproximadamente quinze dias por uma convenção nacional do Partido Verde, prevista desde o ano passado, na qual irá se garantir à posição minoritária o direito de ser expressa a título individual. Nossa responsabilidade imediata é criar canais de participação para segmentos que tomaram parte intensamente da campanha mas não pertencem aos verdes (grupo de programa, Movimento Marina Silva e apoios religiosos), e, sobretudo, condensar um programa mínimo a ser apresentado e discutido de forma séria, transparente e responsável com Dilma e Serra.

Vamos colocar a sustentabilidade socioambiental no cardápio das discussões com ambos, empedernidos desenvolvimentistas clássicos. No entanto, abordaremos também outros aspectos: garantias de conduta republicana e respeito às instituições (traduzidas em providências práticas), educação, segurança, saúde, etc. Será uma abordagem realista. Sem faca no pescoço, com direito à discussão aprofundada, checagem de números e fatos, mas que poderá demandar eventuais mudanças de rota e colidir com outros compromissos já por eles assumidos. No segundo turno, Marina torna-se uma referência para os questionamentos da sociedade e um instrumento para a elevação de um debate que tende a virar briga de torcida organizada, na busca da vitória a qualquer preço. Queremos ajudá-los a evitar esse destino, até porque, conforme Marina disse, caso vencesse iria tentar um realinhamento histórico que juntasse o melhor desses dois partidos social-democratas, que disputam entre si a "liderança do atraso".

O Brasil não pode deixar de discutir sobre como direcionar seus investimentos públicos e seu sistema tributário para a sustentabilidade; sobre o que seria uma nova economia "verde" de baixo carbono; sobre as ameaças à legislação ambiental; sobre como a esfera federal poderia contribuir melhor para a segurança nos estados; como os terríveis gargalos na educação podem ser vencidos; como o saneamento básico e a prevenção de acidentes podem reduzir a pressão sobre nosso sistema público de saúde; como podemos robustecer as boas práticas republicanas e as garantias individuais dos cidadãos; e de como, enfim, reformar um sistema político gravemente enfermo. A ausência de Marina no segundo turno, por força da decisão soberana dos eleitores, transforma-se assim numa presença ética e programática.

[Na verdade, não houve divergência alguma entre os dirigentes do partido em relação a qual posição adotar no segundo turno. Fui a São Paulo na segunda-feira, dia 4, dia seguinte ao primeiro turno. Na parte da tarde, fizemos uma reunião na casa de Guilherme Leal. Estavam presentes Marina, Guilherme, Brusadim, Capobianco, Carlos Vicente, Basileu, Penna e Zica. Apresentei a sugestão de fazermos um processo programático com os dois candidatos e uma convenção no dia 17 de setembro, ampliada para incluir representes do grupo do programa de governo, do Movimento Marina Silva e dos líderes religiosos. Foi uma reunião consensual, e o presidente do PV, José Luiz Penna, concordou com o encaminhamento. Ele, Capobianco e eu ficamos de expor essa decisão no dia seguinte numa conferência de imprensa. Porém, a imprensa, inconformada com a falta de racha, de briga, de divisão ou de fisiologismo explícito entre nós, resolveu virar ator político... A conferência de imprensa foi completamente ignorada pela *Folha de S.Paulo*, que preferiu buscar sua notícia — e foi manchete de primeira página — numa reunião que Marina fez à tarde, com cerca de setenta militantes de base do Movimento Marina Silva. Nessa reunião, respondendo a perguntas, ela fez uma crítica genérica ao fisiologismo, sem citar nenhum nome ou alvo especifico. Alguém gravou a reunião e entregou o aúdio para um repórter da *Folha*. Virou notícia não o processo real, que os dirigentes do PV haviam definido, mas uma frase fora do contexto, abusivamente gravada.]

7/10/2010

Jornalismo de tese, métodos de tabloide britânico e nota de Marina

Marina divulgou a seguinte nota sobre a matéria de primeira página da *Folha de S.Paulo*.

Em relação à matéria "Marina ataca apetite da direção do PV por cargos" (Folha 7/10), *a senadora Marina Silva esclarece que na mencionada reunião com ativistas de sua campanha não se referiu a dirigentes do Partido Verde. Os trechos reproduzidos na reportagem faziam uma crítica a práticas da velha política e comentavam uma nota do jornal especulando sobre um hipotético oferecimento do PSDB, que suscitara comentários na sala. Ao dar enorme destaque a declarações retiradas do contexto e ao lhes atribuir um objetivo que a senadora não visou, a reportagem termina por desinformar o leitor e cria uma situação inexistente no PV, que já definiu que seu processo de discussão com os dois candidatos ao segundo turno será exclusivamente programático.*[5]

5 Ver a íntegra do documento que Marina Silva e o Partido Verde encaminharam a Dilma Roussef e José Serra, na seção "Documentos".

Na verdade, ficou claro o seguinte: o repórter da *Folha* obteve uma gravação feita abusivamente na reunião em questão. Marina referia--se, genericamente, ao fisiologismo na política brasileira, e em nenhum momento mencionou a direção do PV, parte dela ou algum dirigente específico; mas, como dizem os italianos, *si non è vero è bene trovato*. Virou uma boa história obtida, em parte, com esses métodos dignos de tabloides londrinos e com a retirada das falas grampeadas de Marina do contexto em que foram ditas.

Jornalismo de tese. Um dos piores cacoetes da imprensa é o tal "jornalismo de tese". O repórter ou o editor tem sua tese preconcebida para a matéria e direciona sua "apuração". É o que acontece com a matéria principal da *Folha de S.Paulo* de hoje: "Marina critica apetite do PV por ministérios".

Qual é a tese? A direção do PV é um bando de fisiológicos que só pensa em cargos, e Marina condena esse fisiologismo. Em que fato concreto a matéria se baseia? Um monte de especulações circulares, daquele tipo que a própria imprensa lança, forçando os atores do processo a se pronunciarem sobre elas, e depois as transforma em fato, submetido aos seus editorializantes veredictos.

Qual é a realidade? Nas reuniões informais entre dirigentes do PV — sequer houve tempo para uma reunião formal da Executiva ou da Coordenação Nacional —, ficou acordado claramente entre *todos* que: 1) A discussão com Dilma e Serra seria programática. 2) *Não se discutiria participação em governo* nesse processo do segundo turno; portanto, nenhuma oferta de ministérios seria considerada, e, a partir dessa sinalização para ambos, dificilmente seria ao menos formulada.

Na reunião com os militantes do Movimento Marina, ela não se referiu em nenhum momento ao PV nem à "parte da direção". Quando muito, fez um discurso genérico do tipo que fiz no meu artigo, uma advertência em relação a tipos de comportamento que devemos evitar.

O ciclo de notícias de 24 horas induz à compulsão de se tentar especular a uma velocidade infinitamente maior do que a capacidade dos atores sociais de produzi-las. Passamos a viver um jornalismo insuportável, que vive quase exclusivamente de achismos, teses e *a prioris*. Alguém especulou que Serra poderia oferecer quatro ministérios — informação jamais confirmada —, e alguém saiu especulando sobre os resultados dessa especulação.

Fatos? Esses são o que menos importam: são lentos, chatos e sem o "molho" que os torne interessantes. Às favas com eles.

17/10/2010

A convenção foi redondinha. Por 88 votos a quatro aprovamos a independência. A ampliação com quinze delegados de fora do PV (cinco do Movimento Marina Silva, cinco do grupo do programa e cinco religiosos) funcionou muito bem. Seus representantes na mesa fizeram discursos muito bons — destaque para a pastora Vanice — e deram a dinâmica de um PV novo, aberto à sociedade, dialogando com ela.

Fiz uma longa explanação e uma análise crítica das discussões programáticas que Basileu e eu tivemos com Marco Aurélio Garcia, representando Dilma, e Aloísio Nunes Ferreira e Chico Graziano, representando Serra. Resumindo:

Reunião em Brasília com Marco Aurélio Garcia, representando a candidata Dilma Rousseff. Pelo PV, Basileu Margarido e eu. Aceitam todos os pontos, com ressalvas para: 1) Código florestal e usinas nucleares, pendentes de uma consulta à candidata. 2) No tocante à destinação de 7% do PIB para educação e 10% para saúde, dependendo de um maior aprofundamento em relação ao que pode ser contabilizado nessas rubricas. Por exemplo: os investimentos de pesquisa científica em formação e o saneamento estariam contabilizados nesses percentuais? 3) Fundo Nacional de Segurança para complementar o salário dos policias, de forma a poder exigir dedicação exclusiva: qual é a forma precisa de implementação? Deverão encaminhar até sábado, dia 16, uma resposta formal, por escrito, endereçada a Marina. Amanhã, reunião com o senador Aloísio Nunes e com Chico Graziano, representando a candidatura de José Serra.

Reunião no Rio com o senador eleito Aloísio Nunes Ferreira e o secretário Chico Graziano, representando o candidato José Serra. À semelhança de Marco Aurélio Garcia, que representou a candidata Dilma, eles concordaram com a grande maioria dos pontos apresentados. As objeções apresentadas foram de substância em relação ao Fundo Nacional de Segurança para complementar o salário dos policiais, de forma a poder exigir dedicação exclusiva, e à questão da moratória sobre novas usinas nucleares e leilões de térmicas a carvão e a óleo diesel, que, segundo eles, deveriam depender de um levantamento da demanda energética.

Houve uma objeção à supressão do IPI sobre veículos elétricos e híbridos, embora tenha havido concordância em relação a incorporar o critério de emissões de gases de efeito estufa (GEEs) como critério de tributação. De forma geral, houve concordância quanto à proposta tributária, com a ressalva do prazo, considerado pouco realista, e da metodologia de um pacote, com a preferência deles por uma ação mais gradualista. No desmatamento zero, houve uma contraproposta de moratória por cinco anos. Na questão crítica do Código Florestal, uma concordância em princípio de vetar projeto que reduza a reserva legal e a APP ou anistie desmatadores, com a ressalva de não incluir nas APPs, para efeito de recomposição, "áreas de cultura agrícola consolidada de longa data".

Observações sobre os documentos e levando em conta as conversas.[6] Ambos os documentos são fracos. O dos tucanos consegue ser pífio, dá a impressão de negligência, de ter sido feito "nas coxas". Nenhum dos dois candidatos aceitam a moratória de usinas nucleares para além de Angra III. Os tucanos sequer consideram a moratória de novas térmicas a carvão e a óleo combustível, a pretexto de ter de "estudar a demanda energética" (então ainda não calcularam?), omitindo o fato de que se ela for premente, as novas térmicas podem ser a gás natural, com muito menor emissão de CO_2. Na verdade, as usinas a carvão obedecem a um interesse comercial de rentabilizar a volta dos navios que exportam minério de ferro, trazendo carvão a preço de banana. Um negócio "marginal", com intensa emissão de CO_2. No ponto do Código Florestal, Dilma aceitou ir mais longe. No documento, os tucanos ficam aquém inclusive do exposto na conversa. Não falam de reserva legal e tornam ainda mais imprecisos seus

6 Ver a íntegra da entrevista feita com Alfredo Sirkis ao Terra Magazine na seção "Documentos".

limites em relação às APPs, embora aceitem — já é um passo — não anistiar os desmatadores.

Em segurança pública, os tucanos não identificam claramente a questão da falta de dedicação exclusiva dos policiais, em função de salários aviltados e da cultura do "bico", como uma questão central. Cometem uma gafe monumental ao dizer que estamos de acordo em torno do "voto distrital". O distrital é a morte dos pequenos partidos como o nosso. Nossa proposta é o distrital misto (sistema alemão). Deve ter sido devido à pressa ou ao descaso... Na política externa, o PT não passa recibo por escrito, embora na conversa seu principal ideólogo tenha admitido alguns erros de tom, o que foi honesto de sua parte. E, por fim, o texto do PT é assinado pela própria Dilma, e o do PSDB leva a assinatura de Sérgio Guerra.

Gabeira discursou em seguida à minha explanação. Havia uma expectativa injustificada da imprensa em relação à sua posição, pois desde o início da campanha já fora anunciado seu apoio a Serra, caso este estivesse no segundo turno contra Dilma. Mas ele defendeu com muita propriedade que o partido tivesse uma posição de independência, e deixou claro que subiria no palanque de Serra na condição de apoio individual, sem os símbolos e sua qualificação partidária. Zequinha Sarney, que apoia Dilma, fez um discurso mais curto no mesmo sentido. Fechando a convenção, Marina leu uma carta aberta para Dilma e Serra[7] que havíamos discutido e preparado na véspera durante uma reunião muito emotiva, na casa de Guilherme Leal, com direito a uma pressão fortíssima de última hora de Lula via Leonardo Boff [episódio narrado no prefácio].

Preparei um artigo para *O Globo* para explicar nossa posição e comentar o segundo turno, que se transformara numa competição de carolice muito preocupante. Twitteiros haviam fustigado incessantemente Marina, no primeiro turno, chamando-a de "fundamentalista" por causa de sua posição em relação ao aborto. Foi uma ironia da história ver Dilma agora se esmerar em agradar a católicos e evangélicos *pro-life* — para usar o jargão americano —, abjurando posição favorável à sua descriminalização, assumida recentemente. A esposa de Serra dera uma declaração horrível, acusando-a de favorecer

7 Ver a íntegra da carta na seção "Documentos".

o assassinato de criancinhas, e, por sua vez, foi alvo da denúncia de uma ex-aluna narrando que ela confessara ter praticado um aborto no Chile. Tudo muito deprimente.

19/10/2010

O sentido da nossa independência

(a íntegra do artigo publicado resumido em *O Globo*)

A posição de independência de Marina Silva e do Partido Verde em relação ao duelo de segundo turno entre Dilma Rousseff e José Serra era a única atitude a tomar se entendemos que a história do Brasil não para no dia 31 de outubro. Não se posicionar em apoio ou em hostilidade a um ou a outro nos pareceu o mais coerente, para quem tem uma visão crítica da política brasileira tal como é hoje. Recusamos a clássica negociação "pragmática" de segundo turno envolvendo promessas de cargos — que, aliás, justiça seja feita, sequer tiveram oportunidade de ser formuladas — e procuramos conduzir o debate com o PT e o PSDB para um campo de discussão programático. Recusamos a demonização de Dilma Rousseff ou de José Serra; não compactuamos com discursos paranoicos e anátemas. No caso, não cabe votar em um(a) só pelo fato de o outro ser mau candidato. Como disse Marina, vamos parar de infantilizar o eleitor.

Na nossa visão, tanto José Serra quanto Dilma Rousseff são pessoas dignas, têm uma trajetória limpa, representam ideias de um campo majoritariamente social-democrata, além de terem um passado de resistência à ditadura e participação na construção de nossa imperfeita democracia. Ambos fazem parte de alianças em que figura o pior das oligarquias políticas tradicionais e estão associados a interesses que resistem fortemente contra nossa agenda ambiental de sustentabilidade e economia de baixo carbono. Recebo e-mails de "dilmistas" afoitos ou "serristas" histéricos cujo grande argumento é a satanização por associação: "Não podem apoiar quem está com Katia Abreu, Blairo Maggi ou Ronaldo Caiado!", ou "Não podem apoiar quem está com Jader Barbalho, Stephanes e Calheiros!" Já fiz um corte e cola pelo qual envio os vilões de uns para os outros.

As propagandas negativas de ambos seriam francamente cômicas, não fosse trágica essa regressão cultural propiciada pela polêmica do aborto nos termos em que se dá. Estou seguro de que tanto Dilma quanto Serra concordam com a posição programática dos verdes. Somos contra a prática do aborto, queremos reduzi-lo cada vez mais (e idealmente a zero), mas achamos que o caminho para isso se dá pela via da redução do sofrimento e do respeito à vida das mulheres pobres. Passa pela descriminalização combinada à educação sexual e contraceptiva. É abjeta a hipocrisia de sua criminalização com todas essas clínicas — com nome de santo — funcionando normalmente para a classe média e pagando pedágio para a corrupção policial, enquanto milhares de jovens pobres ficam submetidas a situações de alto risco.

Uma inimaginável repressão, como uma que se esboçou nos anos 1960 pelas mãos do histriônico delegado Padilha, com prisões e fechamentos em massa de clínicas, provocaria pura e simplesmente uma epidemia de autoabortos e o recurso generalizado às "fazedoras de anjos", com centenas de óbitos — algo que até hoje governo algum ousou bancar (e a própria Igreja nunca buscou). A hipocrisia acaba servindo melhor a todos, sobretudo em período eleitoral.

Paradoxalmente, a própria Marina discorda por motivos religiosos dessa nossa posição programática, amparada na "cláusula de consciência" que o PV lhe garante. A grande diferença é que ela sempre expressou com clareza e sinceridade sua posição religiosa sobre o tema, e jamais a utilizou como arma eleitoreira. Pelo contrário, no início do processo foi insistentemente alvejada pelos tuiteiros e blogueiros petistas, que tentavam abafar seu potencial de crescimento à esquerda, tachando-a de "fundamentalista" ou conservadora. O tiro saiu pela culatra, e o feitiço se voltou contra os feiticeiros. Mas isso não nos serve de consolo, pois foi uma atitude regressiva e insincera na qual ambos os candidatos ao segundo turno se refugiaram bem. Sua neocarolice forçada é deprimente. Ao passo que Marina, a religiosa de verdade, soube subordinar o tema à soberania popular de nossa república laica — daí sua proposta de um referendo —, e sabe dialogar de forma sincera e amorosa com todos: religiosos de todas as denominações, agnósticos e ateus.

Procuramos elevar o nível do debate no segundo turno, apresentando nossa Agenda Verde de dez pontos e 42 itens. Houve, reconheçamos, um esforço meritório por parte das duas candidaturas em assimilar a maioria deles, com uma resposta por escrito mais consistente por parte do PT. De um modo geral, no entanto, a questão ambiental virou a grande ausente dos debates do segundo turno. O sentido da agenda não era subordinar à sua aceitação o apoio formal a um dos candidatos, mas colocar esses temas no segundo turno, fazendo ambos assumirem em público seus compromissos. No futuro, com nossa vigilância, a população e a imprensa vão lhes cobrar a palavra empenhada.

Nossa posição de independência é também de humildade. O fato é que não estamos no segundo turno, e os vinte milhões de votos do primeiro não pertencem a Marina Silva, muitos menos ao PV. Foram dados naquele momento; no dia seguinte voltam a pertencer ao eleitor. O que podemos fazer de melhor agora é oferecer-lhes os melhores subsídios para uma decisão consistente e adulta entre as duas opções que permanecem. E, sobretudo, apontar para o futuro, pois Marina e os verdes vieram para ficar.

22/10/2010

Chavezcando... Penso que há uma boa distância entre Lula e Hugo Chávez, mas ela ficou um pouco menor com a atitude de nosso presidente frente à agressão sofrida pelo candidato José Serra em Campo Grande (RJ), anteontem.

Ao acusá-lo de simular a situação e compará-lo ao goleiro Rojas, que cortou o próprio supercílio para simular ter sido atingido por um rojão, naquela famosa partida das eliminatórias, Lula, além de se despir totalmente da compostura que seu cargo impõe, foi faccioso. Ou bem foi desonesto ou bem irresponsavelmente precipitado e desinformado em suas reações.

A imprensa hoje noticia que houve dois momentos em que Serra foi atingido. No primeiro, uma desrespeitosa embora inofensiva bolinha de papel. No segundo, por um rolo de adesivos, que o machucou. Conversando ontem com Gabeira, que estava ao seu lado quando aconteceu, e com o dr. Jacob Kligerman, que o atendeu, estou seguro de que Serra foi atingido na cabeça por um rolo de adesivos com peso e impacto suficientes para provocar dor e deixá-lo grogue, e que não houve fingimento algum de sua parte — pelo contrário, houve uma tentativa de não demonstrar o abalo. Foi, insisto, num momento distinto e posterior ao da bolinha de papel, que também o atingiu numa cena divulgada com grande estardalhaço por SBT e Record.

Não penso que a agressão a Serra tenha sido comandada pela campanha de Dilma. Não se deve culpá-la por isso. É preciso, no entanto, responsabilizar a cultura política que produz esse tipo de coisa, e aí o PT tem culpa no cartório, pois nunca se preocupou em desestimular o sectarismo e a truculência, que emanavam de seu discurso clássico e que persistiram depois que se tornou partido de governo. O PT está longe de ter o monopólio dessa cultura. Na zona oeste, ela é dominante, inclusive entre os políticos fisiológicos, e produz coisa pior, como ameaças e até crimes de morte, cometidos por políticos ligados às chamadas milícias.

No caso, era o esquema de um candidato não eleito, que brande a duvidosa bandeira dos "mata-mosquitos", contratados por tempo determinado e que reivindicam sua incorporação, sem concurso público, à condição de assalariados do governo federal. O movimento, como outros corporativos, é manipulado politicamente por grupos de esquerda, nem todos do PT. Aqui estamos lidando com uma mentalidade de agressão moral e física e de intimidação, que o presidente da República e seu partido deveriam condenar e buscar coibir.

Ao não o fazer, Lula desperta o justificável temor de quem observa as práticas de seus "amigos", como Chávez, Morales e Ortega, que usam a violência e a intimidação sistemática como forma de lidar com suas oposições. Ainda estamos longe disso, mas, desde anteontem, um pouco mais perto.

30/10/2010

Tédio e comichão 43... O formato *town meeting* do último debate da TV Globo não melhorou o nível da discussão entre os dois candidatos remanescentes ao segundo turno. Diminuiu, é verdade, o teor de agressividade de um com o outro. A falta de uma interlocução direta limitou a agressividade a recriminações *en passant* do que os governos Lula e FHC deixaram de fazer ou fizeram errado sobre determinado assunto, na visão dos dois concorrentes.

No mais, ambos repetiram pela milésima vez seus pontos sobre educação, saúde, segurança e impostos, de forma a sempre prometer o melhor dos mundos com um discurso raso, que não desse margem ao adversário carcar em cima. Ambos sempre começavam com aquela afirmação de protocolo: "Muito obrigado por sua pergunta", ou "Sua pergunta é muito importante".

A novidade ficou por conta da linguagem corporal dos dois, que andavam pela arena, e de suas caras e bocas quando o outro respondia. Dilma mantinha um ar de desprezo e circulava por trás de Serra como um urso cambaleante. Serra mantinha um semblante malicioso, com a tensão revelada pela veia latejando no alto da careca.

Como sempre, Serra foi mais claro, didático, professoral. Com maiores dificuldades de expressão, Dilma no cômputo geral levou vantagem pela sua via de sempre: conseguiu passar pela prova, não foi a nocaute e em boa parte das perguntas foi melhor do que nos debates anteriores, reduzindo, embora não eliminando de todo, titubeios e trocas de palavras. A dada altura, defendeu "cortes nas folhas de pagamento", conquanto estivesse se referindo aos custos que incidem sobre elas. No contexto da competição, beneficiou-se mais uma vez da vantagem do empate.

Em termos de substância, fiquei chocado com a resposta que Serra deu à única pergunta sobre meio ambiente, a de um rapaz do Pará que perguntou sobre desmatamento. Dilma, previsivelmente, citou o avanço obtido nos governos Lula em relação à redução do desmatamento na Amazônia, que, sabemos, iniciou-se na gestão de Marina e depois continuou com Minc. É correto concluir que mais foi feito pela dupla Marina-Minc do que pela Krause-Zequinha, embora a gestão deste último tenha sido boa (a de Krause, no primeiro governo FHC, é que foi desastrosa).

Depois ela apresentou números simplificados, mas que dão uma ideia geral da redução, e uma proposta que combina monitoramento e repressão com mecanismos econômicos. Serra limitou seu discurso à relação pobreza/desmatamento e passou em brancas nuvens o aspecto de fiscalização e combate aos crimes ambientais, aparentemente para não assustar os ruralistas que o apoiam. No meio do raciocínio sobre como reduziria o desmatamento, soltou uma frase sobre sua intenção de asfaltar a Transamazônica, a BR-319, que será um poderoso vetor de devastação da floresta. Há dias, o governo Lula anunciou a mesma intenção. Não há diferença entre eles, mas o fato de Serra ter incluído isso em sua resposta sobre como fazer para conter o desmatamento me irritou profundamente.

Dilma naturalmente não vai reconhecer que boa parte dos avanços que ora capitaliza politicamente se deram não por causa da ação dela, mas dos ambientalistas no governo, apesar dela. No geral, no entanto, respondeu melhor à pergunta que Serra. Reiterou o compromisso de metas voluntárias assumido em Copenhague, de redução de 37% das emissões brasileiras de gases de efeito estufa (GEEs) até 2020, em relação a 1995. Essa meta nacional depende essencialmente da redução de 80% do desmatamento da Amazônia. Serra poderia ter brandido a Lei de Mudanças Climáticas de São Paulo, que estipula uma meta de redução de 20% obrigatória, o que no contexto paulista implica cortar GEEs em geração de energia, transportes, agricultura e indústria. A meta é obrigatória por lei, e isso representa algo muito importante, que Serra inexplicavelmente omitiu.

Como já comentei em relação à discussão da Agenda Verde, o posicionamento de ambos quanto à questão ambiental não é o único fator no seu julgamento. Existe também na balança a questão democrática, o hegemonismo petista, seu (des)respeito às instituições, o alinhamento externo com ditaduras tenebrosas e o comportamento inaceitável de Lula durante todo esse longo e tortuoso processo eleitoral. Razões pelas quais excluo a possibilidade de votar em Dilma no segundo turno.

Porém, fiquei seriamente indeciso entre votar Serra ou voltar a sapecar o 43 naquelas duas teclas! No debate de ontem, ao ouvi-lo anunciar sua intenção de asfaltar a BR-319 em meio a uma resposta sobre o que faria para combater o desmatamento na Amazônia, tive um comichão de 43 para me incluir fora dessa polarização melancólica.

Até amanhã hei de decidir (mas, por compromisso partidário, não conto). Excluo, no entanto, votar na candidata favorita e provável vencedora, embora na discussão em torno da questão ambiental, repito, tenha se saído melhor que seu oponente.

30/10/2010

Acabei decidindo, às sete da manhã de domingo, votar 43 mais uma vez, assim anulando o voto que Serra, com todo o respeito que lhe tenho, conseguiu perder ao responder, no último debate, à pergunta do paraense sobre o desmatamento da Amazônia prometendo asfaltar a BR-319.

Depois de votar na 41ª seção da 16ª zona eleitoral, fui à feira da General Glicério comprar frutas e verduras e fazer minha pesquisa *quali* costumeira, com Fátima, Ronaldinho, Ricardo e outros feirantes.

Um grupo de veteranos petistas — pelo menos não era "militância" paga — e um serrista solitário, patético, batendo boca com eles de forma provocativa. Um petista mais exaltado quase bateu nele. Os petistas (uns oito) naquela atitude intimidatória, coreando, "Dilmáá! Dilmáá!", bandeira vermelha ao vento. Parecia mais importante gritar alto, sobrepujar pelo número e pela atitude agressiva do que tentar persuadir os indecisos. À volta, as pessoas normais, meio intimidadas, cumprimentando-me pela posição de Marina e, diante da cena, confidenciando que vai ser 43 outra vez. Um microcosmo desta eleição.

4/11/2010

No caminho de Marina. O rumo que o Partido Verde deverá seguir nacionalmente, daqui para a frente, é o traçado pela campanha de Marina. A consolidação de uma terceira força, independente, dos blocos comandados pelo PT e pelo PSDB. A característica clássica de forças que aspiram a esse papel é uma postura radical e hostil aos dois grandes blocos. A originalidade da campanha de Marina foi justamente uma alternativa sem hostilidade ou radicalismo. Ela defendeu o realinhamento histórico e anunciou que, na hipótese de vitória, procuraria governar com o dois partidos social-democratas, os quais, nas palavras de FHC, "disputam para ver quem lidera o atraso".

Dilma venceu as eleições fundamentalmente porque a maioria do eleitorado brasileiro, satisfeito com o estado da economia, não quis uma mudança profunda de equipe de governo; preferiu apostar na continuidade. Devemos democraticamente aceitar sua vontade soberana. Durante a campanha, Dilma demonstrou grande força de vontade e determinação para ultrapassar suas próprias limitações, graves dificuldades e vicissitudes. Isso deve ser considerado e respeitado.

Marina sempre afirmou que defendia o "debate, e não o embate", e alertou para a absurda campanha suja que caracterizou as duas candidaturas no segundo turno. Buscou o diálogo com ambas em termos programáticos. Sua postura foi unanimemente encampada pela direção do PV e muito bem expressa na *Carta Aberta a Dilma e a Serra,*[8] que ela leu no dia de nossa convenção. Dialogamos com representantes de Dilma e Serra em torno da nossa Agenda Verde. Ambos aceitaram a maioria dos pontos e se posicionaram por escrito em relação a eles e aos que não concordaram total ou parcialmente. A discussão com o representante de Dilma, Marco Aurélio Garcia, foi séria e objetiva.

O documento, firmado por Dilma, é nosso guia de estrada no relacionamento com seu governo. Vamos cobrar esse compromisso e apoiar a execução dos vários pontos com os quais concordou. Vamos continuar lutando pelos demais. Todas as posições do governo que, na nossa avaliação, estejam conforme o interesse público e acreditemos boas para o Brasil serão apoiadas. O que acharmos criticável e susceptível de oposição será alvo de crítica, sempre de uma forma republicana, leal e construtiva.

Não haverá adesão nem oposição sistemática. O caminho é a independência. O caminho é o de Marina.

8 Ver a íntegra da carta na seção "Documentos".

Documentos

(1) Discurso de Alfredo Sirkis na filiação de Marina Silva ao Partido Verde, no Centro de Convenções Rosa Rosarum, em Pinheiros, São Paulo, no dia 30 de agosto de 2009. Lembrando Chico Mendes.

Companheiros e companheiras verdes: há dias que a gente vai contar para nossos netos, quando os tivermos, e esse é um desses dias! É um dia de profunda felicidade, de profundo sentimento de realização. Um dia de respostas para perguntas que são importantes. E, durante quase 21 anos, tive no fundo do coração uma pergunta que hoje vejo respondida.

Na vida, nós temos uma sucessão de fatos maravilhosos e auspiciosos, trágicos e terríveis. Há quase 21 anos, eu vivi uma sucessão dessas. Tivemos as eleições de novembro de 1988, e um resultado muito bom na cidade do Rio de Janeiro. Eu fui eleito o vereador mais votado, e nós decidimos, para celebrar essas eleições e nossa aliança com a Amazônia, fazer no Rio de Janeiro o "Salve a Amazônia". Uma maratona alegre, saindo do Jardim Botânico, passando por toda a orla marítima, terminando no Aterro do Flamengo, no monumento a Estácio de Sá, marco zero da cidade do Rio de Janeiro. E chamamos nosso querido amigo, companheiro Chico Mendes. Para aqueles que conhecem o vídeo que foi feito sobre o "Salve a Amazônia", vão lembrar que havia uma cena muito impressionante: um diálogo meu com Chico Mendes, dentro do carro.

Eu perguntava: "Vem cá, quem são esses caras que estão de guarda-costas seus lá no Acre? Quem são esses policiais? Quem escolheu eles? Foi você quem escolheu?" E ele dizia: "Não, foi o major quem escolheu para mim." E a gente chegou até a falar o nome de Darli Alves, que foi o mandante do crime. Onde está esse cara? Ele está foragido? O pessoal da Polícia Federal informou-lhe que havia um mandado de prisão contra ele enviado do Paraná para o Acre. Ele foi avisado.

O que as câmeras não registraram foi que no fim dessa conversa consegui convencer o Chico a permanecer no Rio de Janeiro até que conseguíssemos a ajuda de um grupo de empresários que na época estava se organizando em apoio à luta na Amazônia — o João Augusto Fortes era um deles —, para lhe pagar uma segurança particular. Não confiávamos na Polícia Militar do Acre. Ele se convenceu, e isso foi um alívio incomensurável. Ele ia ficar no Rio durante um mês, se fosse o caso, até que esse problema se resolvesse. Então, nós completamos o "Salve a Amazônia". Foi um sucesso absoluto. Estiveram presentes Betinho, Christiane Torloni, Lucélia Santos, Ney Matogrosso, Gabeira — enfim, foi um momento de extrema alegria.

No dia seguinte eu soube que o Chico havia voltado para o Acre, porque naquela mesma noite ele conversara com a família, que lhe dissera: "Chico, você vai passar o Natal no Rio de Janeiro? Não vai passar o Natal com a família?" E ele voltou para o Acre.

Um mês e dois dias depois, eu estava com Gabeira, Lucélia Santos e o maestro John Neschling — o grupo que fundou o Partido Verde — na casa do psicanalista Luiz Alberto Py, quando recebemos aquele terrível telefonema. Nosso companheiro Chico Mendes havia sido assassinado. Desde aquela época, desde aqueles dias sou atormentado por duas questões: a primeira delas é se eu podia ter feito alguma coisa a mais, se eu deveria ter telefonado à noite para Rosa — na casa de quem Chico estava hospedado no Rio — a fim de verificar se ele realmente ficaria no Rio; se não tinha mudado de ideia. A outra dúvida é se ele havia ou não morrido em vão.

Evidentemente, a morte dele elevou a causa amazônica a um patamar superior. Foi a primeira vez que o mundo falou sobre a questão da floresta amazônica. Foi a primeira vez que a repercussão do assassinato de um líder sindical e de um líder ecologista no Brasil teve tamanha repercussão internacional.

Então, a questão não era essa, mas a seguinte: se, ao assassiná-lo, eles não estavam matando uma pessoa insubstituível. Se, ao assassiná-lo, eles não tinham obtido uma vitória estratégica. Ao longo do tempo, essa hipótese foi sendo questionada. Tivemos a grande vitória da esquerda ecológica no Acre, com a eleição do nosso companheiro Jorge Vianna a governador. Tivemos a carreira política de Marina, que, de certa forma, no âmbito político conseguiu ocupar de forma abrangente o lugar de Chico Mendes, embora no âmbito do movimento sindical até hoje essa perda não tenha sido recuperada.

No entanto, hoje recebo aqui a resposta a essa pergunta, que me atormentou durante tanto tempo. Não, Chico Mendes não morreu em vão. Ele está aqui, com a gente, neste momento histórico e [palmas] em que nós vamos dar os primeiros passos para a transformação consensual, uma transformação que se dará somando, e não negando o que de bom possa ter sido feito ao longo dos últimos dezesseis anos por essas duas vertentes da social-democracia. Mas com uma proposta de ir além, muito além. De muito além, em termos nacionais; de irmos muito além, em termos planetários. Porque nós vivemos, neste momento, uma situação absolutamente dramática. Nós recebemos a cada mês, a cada semana, um relatório científico mais preocupante do que o anterior em relação às questões do aquecimento global.

As piores hipóteses vêm se verificando. O derretimento do Ártico vem sendo mais vertiginoso do que os cientistas previam há dez anos. O das geleiras do Himalaia, dos Andes. Enfim, existe uma situação mais grave do que aquela que se imaginava até há dois anos, na Conferência de Bali. Neste momento, a responsabilidade do Brasil é fundamental. Nosso país tem de estabelecer metas de redução das suas emissões de gás de efeito estufa. [palmas] Nosso país tem a possibilidade, pelas suas características, tanto ecológica quanto pelo seu papel estratégico no mundo, de liderar esse processo.

Porém, para liderá-lo temos de ter um presidente da República ou uma presidente da República consciente dessa situação, que não faça piadinhas com ela. Então, não só neste momento, os olhos do Brasil se voltam para o Partido Verde. Não só neste momento, os olhos do Brasil se voltam para Marina Silva e para nós. Não podemos decepcioná-los.

Meus amigos, é com confiança, é com amor, é com Chico Mendes no coração, que iniciamos essa caminhada. Iremos muito mais longe do que eles imaginaram. Muito mais longe do que nós mesmos imaginamos. [palmas]

(2) O Discurso de Marina Silva na sua filiação ao Partido Verde foi cheio de emoção, mas também de conteúdo, que emocionou e fez pensar as duas mil pessoas que o assistiram no Centro de Convenções Rosa Rosarum, em Pinheiros, São Paulo, no dia 30 de agosto de 2009.

1. O Partido que foi criando sua militância, que foi se estabelecendo, mas que também foi acolhendo aqueles que, mesmo não sendo partidários, se colocam como parceiros nessa grande rede de buscar um mundo melhor e um Brasil melhor.

Chego até aqui e não posso dizer para vocês que esse percurso foi fácil. Tenho trinta anos de militância dentro do Partido dos Trabalhadores, e durante todos esses anos, juntamente com pessoas valorosas, aprendemos muito, sonhamos muito, realizamos muitas coisas boas. Sofremos alguns constrangimentos pelos erros de poucos. Não venho mais com a ilusão dos partidos perfeitos, que acalentei durante minha juventude. Mas venho com a certeza de que homens e mulheres de bem podem aperfeiçoar as instituições [palmas], e que as instituições aperfeiçoam também os homens e as mulheres de bem.

Durante todos esses anos de militância social e política, tenho me dedicado à causa socioambiental. Na primeira parte, não tinha ainda o domínio dos conceitos, quando lá, no Acre, fazíamos desempate, lutávamos, eu, Chico Mendes, Jorge Vianna, Tião Vianna, Raimundo de Barros, tantas pessoas, para que não se destruísse a floresta e para que não se transformasse toda aquela beleza, toda aquela riqueza, em simples pastagem. Naquele momento, algumas pessoas do Rio de Janeiro olharam para nós e disseram: "Isso que vocês fazem é defesa do meio ambiente. Isso que vocês fazem é defesa da ecologia." E eu lembro que quando o Gabeira, o Sirkis e as pessoas que conversavam com o Chico Mendes começaram a fazer esse discurso e essa preleção para o Chico Mendes, ele chegou uma vez todo animado a uma reunião, dizendo: "O Gabeira e o Sirkis falaram que isso que nós fazemos aqui é ecologia." E, como ele era muito brincalhão, disse: "E eu perguntei para o Sirkis se isso era coisa para a gente comer." [risos]

O Chico começou a falar, na sua forma simples mas muito didática, desses novos conceitos. E, naquela oportunidade, começou a haver certo estranhamento sobre a postura e a visão do Chico Mendes. Algumas pessoas do movimento sindical não compreendiam por que ele não lutava pela reforma agrária clássica, que acontecia nas demais regiões do país, mas pela reserva extrativista. Algumas pessoas não compreendiam por que a luta não era pela terra — a luta era pela floresta —, e o Chico Mendes foi explicando muitas dúvidas. E, de certa forma, ele contribuiu para que, no Brasil, o primeiro projeto político que fez uma disputa em defesa de um modelo diferente de desenvolvimento para a Amazônia tenha acontecido no Acre, com a eleição de Jorge Vianna, e tudo o que vem acontecendo lá no estado do Acre. O Chico foi uma pessoa muito especial, como falaram aqui o Gabeira e o Sirkis. Vocês sabem como foi criado o Partido Verde no Acre? Foi criado por vontade do Chico Mendes. Ele queria um partido para coligar, mas ninguém queria coligar com o PT nem com o Chico Mendes, porque achavam que ele era contra o progresso.

O progresso que destruía a floresta e as biodiversidades, as comunidades, e que fazia todo aquele estrago que hoje nós vemos e que, graças a Deus, está mudando pela consciência de homens, de mulheres, de empresários, de cientistas, de movimentos sociais, no Acre e no restante do Brasil. Mas ninguém queria coligar com ele àquela época. E, ele disse: "Então, nós vamos criar o PV aqui." E nós falamos: "Mas como vamos criar o PV, se não tem militante do PV?" Ele disse: "Nós vamos emprestar militantes do PT para criar o PV." Fez uma grande assembleia, e um grupo de companheiros voluntariamente se dispôs a fundar o Partido Verde. Pois não é que eu acho que o Partido Verde aprendeu o caminho da roça até hoje?! [aplausos]

Estou contando isso para poder me conectar um pouco com este evento bonito, esta festa que o Partido Verde está fazendo para a entrada das pessoas que agora se filiaram, das milhares que vão se filiar, e a minha entrada. Eu tomo esse gesto como um gesto de acolhimento muito amoroso — Gabeira, Zequinha, Penna, Juca, Sirkis, Regina —, um gesto de acolhimento amoroso.

2. Eu sou uma pessoa que funciona por metáforas. E não foi fácil viver os últimos dias que vivi. Há algum tempo, eu venho pensando a questão da sustentabilidade como algo estratégico para o Brasil, como algo estratégico para o planeta. Nos últimos dez anos, tenho andado o Brasil afora e sinto que está germinando uma nova consciência, uma nova prática, uma nova forma de pensar as políticas públicas, de pensar o trabalho dentro das empresas, dentro das diferentes atividades econômicas, dentro da academia, dos movimentos sociais.

Está germinando uma nova forma de produzirmos a base material da nossa existência.

E por que isso está acontecendo? Porque nós estamos vivendo duas crises: uma crise econômica, com a qual todos se preocupam com razão. Mas também vivemos uma crise ambiental sem precedente, com a qual nem todos se preocupam com a mesma intensidade. Só que a segunda é mais grave que a primeira. E, se não resolvermos a segunda, qualquer saída para a primeira será uma falsa saída. Porque não há como resolver os problemas econômicos e sociais destruindo as bases naturais do nosso desenvolvimento. E o sistema climático, que está mudando com o aquecimento, nos dá conta, como um recado mais radical, da relação nefasta do homem com a natureza, de que chegamos à era dos limites, de que não é mais possível continuar com a mesma visão de desenvolvimento linear. Não é mais possível imaginar o desenvolvimento sem que isso se traduza em duas responsabilidades: como atender aos reais direitos das gerações presentes, sem que isso signifique comprometer os reais e legítimos direitos daqueles que ainda não nasceram? Essa é a equação que está colocada em todo o mundo, para todos os homens, para todas as mulheres, de todos os setores da sociedade. É isso que chamamos de desenvolvimento sustentável.

Porém, para que o desenvolvimento sustentável aconteça no Brasil e no exterior, é preciso que se crie uma cultura de sustentabilidade. E a sustentabilidade se refere, se reporta a várias dimensões: à dimensão econômica, à dimensão social e cultural, à dimensão política e estética e à dimensão ética. Não há como fazer a mudança que precisamos fazer, com a magnitude que precisa ser feita, sem que haja uma forte base social, um grande acordo social que viabilize a sustentabilidade política para esse novo fazer.

Um novo fazer que não pode mais ser remetido para o amanhã. É um novo fazer que tem de começar agora. [palmas] E nós não temos o direito de adiar essa responsabilidade, esse compromisso. Quando o Partido Verde se dispôs a fazer uma revisão programática, introduzindo a questão do desenvolvimento sustentável como a estratégia do seu programa, eu me comovi e me movi para esse desafio. Foi por isso que comecei um processo difícil, doloroso, de conversa com meus companheiros do PT, e me expondo aos seus argumentos, porque eu tenho a clareza de que tudo que fizemos juntos deve ser preservado no melhor lugar da nossa casa comum, que é este planeta Terra.

Durante esses diálogos todos, eu ouvia das pessoas: por que você não permanece e vamos fazer esse embate dentro do PT, para convencer o PT de que a questão da sustentabilidade deve ser estratégica? E eu percebi que não se tratava mais de continuar para fazer um embate, para convencer daquilo que o mundo inteiro já está convencido. [palmas] Tratava-se de fazer um encontro com aqueles que já estão convencidos e que se dispõem a fazer o convencimento de outras pessoas, inclusive de outros partidos. Eu espero que esse gesto possa contribuir para que a questão da sustentabilidade seja estratégica não apenas no PV, que é pioneiro e está de parabéns por isso, mas também no PT, no PC do B, no PSDB — em todos os partidos [palmas], que não podem se furtar a esse desafio.

Mais do que nos partidos, que a questão da sustentabilidade, em todas as suas dimensões, esteja presente no fazer da sociedade, na diversidade social e cultural, que é maior do que os partidos. Não temos de ter a pretensão de querer homogeneizar a sociedade. A sociedade é diversa, os núcleos vivos da sociedade, da academia, do empresariado, dos movimentos sociais, das ONGs, da arte, da espiritualidade — eles são disponíveis para contribuir com essa causa, mas muitas das vezes não querem se filiar. É muito bom que tenhamos pessoas assim, como médicos, empresários, cientistas e advogados na condição daqueles que vão fazer a transformação.

Porque não há mais espaço para a velha política de fazer as coisas para as pessoas; é preciso que se faça com as pessoas. [palmas] Há uma mudança de paradigma, e essa mudança tem de ser internalizada por todos. E o que significa isso? Significa respondermos à interpelação ética, que está diante de nós. Países ricos, o que vocês fizeram no passado com os recursos naturais de vocês? Com o processo de desenvolvimento de vocês, que nos trouxe tantas vantagens — temos de ser leais em afirmar —, mas que também nos trouxe muitos problemas? O homem, tentando superar os limites que a natureza lhe impõe, encontrou o limite da própria natureza, e nós nunca nos sentimos tão desamparados.

A pergunta a eles é o que fizeram que nos levou a comprometer as possibilidades de vida na Terra? Mas a interpelação ética que nos é feita é de outra natureza, em relação ao nosso futuro: o que vocês vão fazer com as florestas que ainda existem? O que vocês vao fazer com as espécies vivas que ainda existem? O Brasil tem 22% das espécies vivas do planeta. O que vocês vão fazer com a água doce, que, no planeta inteiro, só 3% é disponível para o acesso, para o cultivo, para a indústria e a dessedentação? O que vão fazer com os 11% de água doce que existem? O que vão fazer com os povos originários que ainda existem, que são mais de cem e que falam mais de cem línguas? É uma interpelação de outra natureza. E ela é instigante, porque aprendendo com os erros do passado, daqueles que ainda não sabiam que estavam prejudicando o planeta, podemos ressignificar nossa ação.

Existe um ditado chinês que diz: "Sábios são aqueles que aprendem com os erros dos outros. Agora, estúpidos são aqueles que não aprendem nem com seus próprios erros." [palmas] Se nós não formos capazes de aprender com os erros dos outros, que pelo menos sejamos capazes de aprender com nossos próprios erros. Porque no Brasil também já erramos. A Mata Atlântica era de 1,3 milhão de quilômetros quadrados, só restam 7%. Quando os portugueses chegaram aqui, eram cinco milhões de índios, só restam setecentos mil. Um milhão, a cada século, foi eliminado. Nós não temos o direito de não fazer diferente, temos de fazer diferente. E para isso vamos ter de contar com a ajuda e o trabalho de todo mundo. É por isso que estou aqui.

3. Eu disse que sou uma pessoa que funciona por metáforas para passar a minha dor, e quando eu estava naquela discussão foi difícil tomar essa decisão, que agora se faz alegre. Olhando para vocês, se faz alegre. [palmas] E eu disse para meus companheiros, quando chegou o momento de dizer que havia tomado a decisão, que às vezes, dentro de uma casa, é necessário que a gente saia, que um filho saia, às vezes o irmão sai, para fazer sua casa. E isso não significa que estamos rompendo com o passado, com as coisas boas, tampouco nos desresponsabilizando pelos erros que foram cometidos, porque o caminho mais fácil é o do rompimento e o de achar que pode levar apenas a herança boa e se descomprometer com toda a história que viveu.

No meu caso, não é possível. São trinta anos de história. E as pessoas podem me perguntar: "Mas por que só agora?" E essa pergunta é legítima. Então, eu disse: "Estou saindo para fazer outra casa. E para morar, talvez, na mesma rua, no mesmo bairro, na mesma vizinhança." Qual é a única forma de talvez continuarmos juntos? Não é para fazer um novo caminho. É uma nova maneira de caminhar. É uma nova maneira de caminhar que eu aprendi há muito tempo, com as pessoas que citei, que fizeram o bê-a-bá da ecologia para mim.

Tive de me segurar muito para poder fazer este discurso. Eu havia pensado algumas coisas. Mas eu resolvi e desisti, porque agora é o momento de falar com o coração. [palmas] Quero homenagear esse meu passado da seguinte forma... São palavras ditas por Guimarães Rosa, em um conto chamado "Nem um, Nem uma", e tem um momento em que o personagem diz:

"Será que você seria capaz de se esquecer de mim e assim mesmo, depois e depois, sem saber, sem querer, continuar gostando? Como é que a gente sabe?" Essa é a homenagem que eu faço para meu passado. [palmas]

Vou continuar gostando, e gostando sem querer, sem saber, de todas aquelas pessoas que construíram a história. Mas, Gabeira, Sirkis, quero homenagear esta nova casa, que já existe e que agora estou me dispondo a, junto com vocês, ampliar o alcance, fazer as mudanças, preservar aquilo que precisa ser preservado, com as palavras de um homem muito importante na minha formação ética, que é Santo Agostinho, e aí vocês vão entender por quê. Essa é a homenagem que quero fazer para os verdes, depois do Guimarães Rosa para o PT. Disse Santo Agostinho: "Tarde vos amei, beleza tão antiga e tão nova. Tarde vos amei."

4. Eu quero terminar dizendo para vocês, pois queremos fazer coisas: estamos aqui porque temos ideais, e que em cima de princípios éticos e valores morais duradouros nós podemos fazer alianças pontuais. Não somos obrigados a pensar da mesma forma, do mesmo jeito. Não somos sacos de estopa. Somos pessoas diferentes, com desejos diferentes. Não é errado ter diferentes interesses. O erro é quando alguém pensa que, de forma ilegítima, vai fazer seu interesse se sobrepor ao dos demais. [palmas]

O interesse da nação brasileira, da preservação do planeta, está acima de nós. E é em nome desse interesse maior que estamos unidos. Para isso, cada um vai ter de assumir sua posição, sua responsabilidade, e sempre digo que para essa mudança existir são necessárias três coisas: ter a visão — e que seja uma visão generosa, acolhedora da diferença —, que não pretenda hegemonizar as diferenças nem diluir os sonhos; que seja um processo democrático aberto, transparente, com lideranças multicêntricas, para processos e respostas multicêntricas; e que sejam estruturas flexíveis, capazes de comportar o melhor da academia, dos movimentos sociais, da política, dos governos, do empresariado, da arte e da espiritualidade.

Para isso, cada um vai ter de ajudar a construir. Isso não vem porque nós simplesmente desejamos. É uma construção histórica. E cada homem, cada mulher deve e pode fazer. Agora, uma coisa importante: essa transformação será fruto da vontade e da determinação de homens e mulheres que se colocam como mantenedores de utopia, mesmo em uma idade já amadurecida. Mas, para que isso aconteça, é fundamental a força e o envolvimento da juventude. É a juventude que faz mudança. Sem ela, nada muda. [palmas] Tudo fica no lugar.

No Acre, nós mudamos porque foi possível. Juca, um grupo de jovens sonhadores, ao lado de Chico Mendes, dom Moacir, Leonardo Boff, Clodovis Boff — eles nos davam suporte para sonhar. Eu nunca esqueço o dia em que d. Moacir me mandou, numa canoa, para levar alimentos para alguns trabalhadores que estavam no seringal Catuaba, isolados, com jagunços, e eu e a Celma íamos remando, na canoa. Ela tinha dezessete anos; eu, dezenove. Um pouco mais magrinha do que hoje, mas dava para ver, para perceber.

Quando passávamos, ninguém dava a mínima para aquelas duas meninas. Levávamos a comida e voltávamos. Um belo dia, já um pouco maior, numa reunião, deveríamos ter 29 para 30 anos — da idade da minha filha Shalom, que está aqui (minha filha Moara, minha sogra, meu sogro, meus amigos, minha família [palmas], que estão aqui) —, eu disse para d. Moacir: "D. Moacir, como o senhor teve a coragem de mandar aquelas duas meninas lá, no olho do furacão do conflito armado?" Obviamente, o inconsciente faz armadilhas, e eu queria que ele dissesse: "Vocês eram muito corajosas, vocês eram muito ousadas, vocês eram meninas muito fortes." Ele olhou para mim e disse: "Minha filha, quem não tem quem mandar, manda qualquer um." [risos e palmas]

Pois não é que essa história de mandar qualquer um dá certo? Então, não espere para se transformar primeiro no Obama, no Pelé, em quem quer que seja. Vai em nome de qualquer um, que é isso que faz a mudança. Se coloque no seu lugar e faça a diferença. [palmas] Vou terminar com uma poesia que fiz, que meus assessores não aguentam mais. O Capobianco não aguenta mais, o Fábio Feldman também não. Mas aqui no PV é nova, então posso dizer. [risos]

Está um pouco por aí, nos mangues, eu vi. É algo que nos chama a fazer esse revezamento, de que ninguém deve ser líder de tudo e ainda querer ser líder do resto. Isso não dá certo. E no Brasil, isso está destruindo a política um pouco. Na Amazônia, tem uma árvore chamada taxi. Tem umas formigas, e embaixo do taxi não nasce absolutamente nada. E lá no Acre eu dizia: "Não podemos taxi, porque é preciso que possam nascer novas plantas. Os lagos só são ricos na Amazônia porque de vez em quando eles são inundados pelas águas e levam novos nutrientes e novos peixes. Se você derreter tudo, vai acabar virando um mar morto.

Então, que cada um se coloque na posição de revezamento. É mais ou menos assim: "Do arco que empurra a flecha, quero a força que a dispara; do alvo que é mirado, quero o que o faz desejado. Do desejo, que busca o alvo, quero o amor por razão. Só assim não terei armas. E assim não farei guerras e fará sentido meu passar por esta Terra. Sou o arco, sou a flecha. Sou todo em metades. Sou as partes que se mesclam nos propósitos e nas vontades. Sou o arco por primeiro. Sou a flecha por segundo. Sou a flecha por primeiro, sou o arco por segundo. Buscai o melhor de mim, e terás o melhor de mim. Darei o melhor de mim onde precisar o mundo. Que o mundo possa levar o melhor de cada um de nós nesse ato, nesse gesto de acolhimento que é do Brasil, que é do planeta, que é de um mundo melhor. Muito obrigada e um beijo no coração dos verdes." [palmas]

(3) A entrevista de Marina ao site da revista *Cristianismo Hoje.*

Uma das melhores defesas que já li do estado laico, feita por uma mulher de fé cristã-evangélica...

Possível candidata à Presidência em 2010, a evangélica Marina Silva movimenta a sucessão com bandeiras como ética, sustentabilidade e respeito à diversidade. Quem espera encontrar em Marina Silva ingenuidade política e meras palavras de ordem de uma militante ambientalista vai se surpreender. Sua principal bandeira, a do desenvolvimento sustentável, já se mostra capaz de articular-se com amplos setores da sociedade, mudando os rumos do debate em torno da sucessão do presidente Luiz Inácio Lula da Silva.

A senadora pelo Acre, que se filiou ao PV em agosto, desponta como candidata a presidente e promete não fazer apenas figuração nas eleições do ano que vem. "Quero preservar as utopias", disse Marina, de 51 anos, ao filiar-se ao novo partido. Antenada com os esforços mundiais para frear o aquecimento global, ela afirma que estamos em uma "esquina civilizatória", na qual todo o planeta precisará repensar seu modo de crescimento e consumo. Casada, mãe de quatro filhos, Maria Osmarina Marina Silva Vaz de Lima tem o dom de surpreender. Quem poderia dizer que a cabocla acriana, filha de seringueiro, que só aprendeu a ler aos dezesseis anos, pudesse se tornar a senadora mais jovem da história, eleita pela primeira vez aos 36 anos, em 1994? Formada em história pela Universidade Federal do Acre, ela não parou de estudar, tendo feito vários cursos. Atualmente, com uma agenda superlotada, ainda encontra tempo para uma pós-graduação em psicopedagogia.

Herdeira política do líder seringueiro Chico Mendes (1944-1988), Marina foi ministra do Meio Ambiente entre 2003 e 2008, quando, após esgotar os esforços para fazer da política ambiental uma prioridade no governo Lula, preferiu voltar ao Senado. Sua saída teve grande repercussão na imprensa internacional. O impacto provocado por sua desfiliação do PT também não foi pequeno. Mas pareceu o caminho natural de Marina, que une sua voz frágil à firmeza de suas convicções. Em 2007, foi escolhida pelo jornal britânico ***The Guardian*** como uma das cinquenta pessoas em condições de ajudar a salvar o planeta. Sua lista de premiações é longa. Dentre muitos outros, ela recebeu o prêmio 2007 ***Champions of the Earth***, o maior das Nações Unidas na área ambiental. A aparente fragilidade física — ela foi vítima de muitas malárias e de hepatites, além de ter sofrido com a contaminação por metais pesados — desafia o fôlego de quem queira acompanhar seu ritmo de trabalho, que entra pela madrugada. Formada politicamente pelas Comunidades Eclesiais de Base, Marina não renega o que aprendeu, mas confessa com clareza sua fé evangélica. Desde 1997, congrega na igreja Assembleia de Deus, em Brasília. Ela procura preservar sua vida devocional da curiosidade alheia, evitando também o uso político de sua fé. Nesta entrevista, concedida com exclusividade a ***Cristianismo Hoje***, a senadora, em raro momento, se permitiu falar de sua conversão e de sua vida cristã.

Cristianismo Hoje — Como foi sua conversão à fé evangélica?

Marina Silva — A gente sempre tem a chance de se tornar cada vez mais dependente de Deus pelo amor que ele tem para conosco. Mas a maioria de nós busca esse amparo e segurança no momento de dor. E comigo não foi diferente. Eu me converti em 1997, numa situação de problema de saúde muito grave. Meu médico, o doutor Eduardo Gomes, após uma batalha comigo por muito tempo, me mandou para o Massachussetts General Hospital, nos Estados Unidos. Fiquei lá quase um mês, fiz uma série de exames, e o diagnóstico confirmou a contaminação por metais pesados. Não era mercúrio, era antimônio, que gerava problemas semelhantes. Só que o medicamento que poderia ajudar a combater a contaminação por antimônio não estava liberado ainda pela FDA [Food and Drug Administration, órgão do governo americano que regulamenta o setor farmacêutico]. E eles não aplicariam o remédio nem com minha autorização, devido ao risco de desencadear um choque anafilático ou uma hepatite medicamentosa grave — e eu já tinha tido três hepatites e cinco malárias. Na época, meus rins eram muito sobrecarregados, e eles disseram que o remédio poderia também levar a uma sobrecarga e causar uma paralisação renal. Então esqueci esse remédio. Voltei ao Brasil muito triste. Fui à nova consulta, muito mais para chorar minhas pitangas, e meu médico até brincou, dizendo: "Senadora, a senhora não precisa de médico, precisa de um milagre." Fui então apresentada a um grupo de oração. E me converti, me batizei e passei a ter uma relação de muita proximidade com a Palavra, de muito recolhimento e muita oração. Foram experiências muito profundas.

E como ficou a saúde?

Depois de dois anos — e toda quinta-feira eu ia para o círculo de oração —, em um momento de oração pelos enfermos, eu estava na fila e me vieram à lembrança as letras "DMSA". Na hora, não me ative. Mas depois me dei conta de que era o tal remédio e pensei: "Vou tomá-lo." Liguei para o doutor Eduardo e perguntei se poderia tomar o remédio caso eu me comprometesse. E conseguimos; veio o remédio. Tomei a primeira dose, não aconteceu nada... Tomei a segunda e nada e, no terceiro mês, tomei a última. Seis meses depois eu fiz um teste de sangue, que finalmente mostrou níveis de contaminação mais baixos do que o limite tolerado pela Organização Mundial de Saúde. Então, eu fui atrás da bênção de Deus e encontrei o Deus da bênção. Talvez, se eu tivesse encontrado primeiro a bênção, tivesse desistido de Deus. Mas ele sabiamente se deu primeiro a mim, e depois veio a bênção. E foi um milagre! Para mim, era um milagre, porque a maior dificuldade era remover aquela montanha de medo, de insegurança por tomar um remédio sobre o qual os médicos não se responsabilizavam. Então essa montanha foi removida pela fé e pela graça de Deus. E a ciência removeu a outra, que foi a do antimônio, que já estava impregnado nos meus tecidos.

Como se dá hoje sua vida devocional?

Se estiver em Brasília, nos finais de semana eu vou à igreja Assembleia de Deus. Ultimamente, as viagens são muitas. Mas também, durante a noite, eu sou convidada pelas igrejas Brasil afora. Então me sinto congregando itinerantemente. E, obviamente, leio a Palavra, faço minhas orações.

No cenário político nacional, cada vez que alguém se diz evangélico, vem uma chuva de perguntas sobre temas como aborto, eutanásia, homossexualidade, criacionismo. Como a senhora lida com isso?

Fui católica durante muito tempo, e desde 1997 me converti à fé cristã evangélica. Muitos dos fundamentos que tenho, sobretudo os valores éticos na política, eu os trago da minha experiência espiritual primeira, da teologia da libertação, que foram essenciais na minha formação política. Agora, como evangélica, sua experiência com Deus, sua intimidade com ele, não pode ser diferente da vivenciada por Jesus Cristo. Ele sabia fazer as mediações corretas. Havia momentos em que ele se recolhia com seus discípulos, ia para o Monte das Oliveiras, ia para algum lugar para viver aquela experiência, mesmo que fosse dentro de um barco isolado. E tinha momentos em que ele se colocava para a sociedade, preservando os mesmos princípios, os mesmos valores — mas sendo muito cuidadoso em respeitar as outras pessoas, que não professavam as mesmas crenças, que não tinham a mesma visão. Ele até confrontava a tradição de que você tinha de estar sempre com seus iguais. E procurava estar com os diferentes, e bastante diferentes: publicanos, estrangeiros... E o tempo todo, Jesus tinha uma abordagem também muito respeitosa dessas diferenças. Acho que a melhor forma de viver a espiritualidade é seguindo esse exemplo. Jesus tinha uma atitude respeitosa também em relação ao Estado. Em nenhum momento ele quis tomá-lo de assalto ou criar um Estado paralelo. Ele soube muito bem separar as coisas. E quando ele era confrontado, pelos receios políticos que se tinha da sua fé e da sua liderança, do seu ministério, ele dizia que seu reino não era deste mundo. Então, um reino que é de outro mundo fica mais difícil de combater... E fica também mais difícil de temer, sobretudo por aqueles que não acreditam.

É possível manter a ortodoxia evangélica no contexto de Estado laico?

O Estado laico não é crente, nem ateu, nem agnóstico. É o Estado laico que assegura que eu tenha uma fé e que, em função da minha fé, eu não venha sofrer nenhum tipo de sanção. Que eu possa vivê-la nos diferentes espaços: no meu trabalho, na minha casa, no mundo. O Estado laico não é só para proteger os não crentes dos crentes, é também para proteger os crentes dos não crentes e possibilitar que ambos sejam protegidos no espaço em que a alteridade possa ser realizada e vivenciada, sem que isso signifique que você tenha de viver uma "dupla personalidade". As pessoas querem que você diga que sua fé não tem nenhuma consequência. Obviamente tem. Mas, como diz a Bíblia, não é por força nem por violência que se convence as pessoas.

Existe ética na política?

Bem, se não existisse ética na política com certeza eu já teria desistido [da política] há muito tempo. Eu acho que a falta de ética está em todos os lugares, e a ética também está em todos os lugares — ou estaríamos contradizendo a ideia de que o trigo nasce junto com o joio. E esse joio da falta de ética talvez nasça mais em alguns lugares porque parece que a terra é mais fértil. Mas o joio, de uma forma muito disfarçada, nasce em todos os lugares, inclusive dentro das igrejas. A Bíblia fala com muita sabedoria: "Aquele que pensa que está de pé, tenha cuidado para que não caia." É uma luta de todos os dias, de todos os momentos, de todos os instantes, porque ninguém é perfeito. Ninguém pode evocar-se como dono da ética, da moral, da verdade... Mesmo Jesus teve de conviver com os antiéticos — obviamente, sem fazer alianças com eles...

A senhora gosta de citar Santo Agostinho. Ele é seu autor preferido?

Eu, de fato, gosto muito das coisas do Santo Agostinho. Acho que ele deu uma fundamentação muito significativa para o pensamento moderno, por incrível que pareça. Tudo o que ele foi capaz de fazer, integrando parte da filosofia grega com o cristianismo, deu uma contribuição muito relevante, inclusive para o avanço da própria ciência, da civilização ocidental. Não consigo imaginar como seriam as coisas sem essas contribuições. Sou, digamos assim, uma apaixonada pela psicanálise. E para mim foi muito encantador verificar que, antes de Sigmund Freud, Santo Agostinho já esboçava algumas coisas muito interessantes sobre a questão da libido e sobre o inconsciente — ele dizia que atrás da memória lembrada existia uma memória não lembrada, e que parece que é ela que nos dirige. Isso, em Freud, ganha o nome de inconsciente. E Santo Agostinho falava disso, mas falava também de outra memória não lembrada, que é o tempo em que nós tivemos a natureza do Éden, antes da queda. E ele tem uma oração muito bonita, uma poesia para mim, referindo-se ao Espírito Santo: "Tarde vos amei, beleza tão antiga e tão nova. Tarde vos amei. É que estáveis dentro de mim e eu estava fora de mim." E eu li isso várias e várias vezes, e cada vez era maravilhoso, sublime, que é quando a gente se encontra com a natureza daquilo que a gente é. Então, eu gosto muito dele, e gosto muito das coisas de [G.K.] Chesterton e do Philip Yancey, que passou a ser para mim uma leitura muito edificante. E, claro, ler essas coisas "no original" é mais encantador: é na Bíblia.

A senhora já declarou que não faz parte da bancada evangélica. Existe bancada evangélica?

Existe uma articulação. Respeito as pessoas que procuram se organizar, enfim. Há a bancada da saúde, da educação. E tem a bancada evangélica. Mas acho que quando se trata da questão religiosa, a gente tem de procurar estar integrado ao todo, assumir a posição de sal. O sal, ao se cristalizar em si mesmo, não tem como se diluir e dar o sabor. Eu acho que é muito melhor essa diluição e se transformar em sabor. Essa é minha percepção, sem nenhum demérito para os que assim se organizam e acham que essa é a melhor forma. Quando veio o convite para fazer parte da bancada evangélica, eu expliquei que achava que nós, os cristãos — católicos, evangélicos —, deveríamos atuar como parlamentares brasileiros do Congresso, sem precisar estar organizados como uma bancada, como se fosse uma coisa dos evangélicos trabalhando para o interesse dos evangélicos.

De que forma as igrejas podem contribuir para a conscientização e a participação políticas?

De muitas formas, inclusive com os valores que a gente gostaria de ver como reflexo de uma ação política justa, democrática, coerente, honesta. Isso tem de ser traduzido nas razões pelas quais se escolhe em quem votar. Às vezes a gente não faz essa ligação. E as pequenas coisas instituem aquelas que a gente tanto critica. As pessoas podem achar que é uma bênção comprometer o voto da igreja porque alguém promete dar as telhas para o templo... Será? Pois não é, não. Vai dar o púlpito para a igreja. Será?... Não significa que não se deva receber contribuições livres, de quem quer ajudar de forma liberal e feliz, com alegria. No entanto, isso não pode caracterizar nenhum tipo de troca, porque o voto é soberano.

É preciso ter essa consciência de que não devemos corromper nem ser corrompidos no nosso voto.

É errado usar a religião para obter voto?

Se for um uso de uma forma utilitarista, já é um erro em si. Se há alguma identidade programática, de visão, de propostas, aí são identificações legítimas que se expressam no mundo da política. O que você não pode, no meu entendimento, é ter uma relação utilitária e utilitarista com a igreja e transformá-la em palanque. É legítimo para as lideranças que tenham vocação política pleitear o voto, pois você procurará receber apoio entre aqueles que conhece e dos quais você é conhecido. Assim é no sindicato, e em todos os espaços. O que nós não podemos é perder a dimensão de que na Igreja teremos pessoas de todos os partidos, assim como pessoas que não têm partido, e de que aquele espaço ali deve estar à disposição para todas as pessoas. E uma posição tendenciosa faz com que as outras pessoas se afastem.

A senhora vê risco de se repetirem, no Brasil, os mesmos erros que a Igreja cometeu ao longo da história?

É preciso ter muito cuidado. Se a história só se repete como tragédia ou como comédia, por que iremos querer repeti-la? O que aconteceu historicamente no mundo inteiro não pode ser motivo de riso. Então não pode ser comédia. É algo muito grave e que nos ensinou a todos. Temos de perseguir o olhar do Mestre. Ele soube muito bem separar as coisas e não usar seu poder para transformar pedras em pão. Ele soube muito bem usar o poder da Igreja, o poder da fé, no momento certo, na hora certa, não teve nenhuma ansiedade em transformar pedras em pão, para deixar bem claro que nós, cristãos, vivemos mais de verbo do que de pão.

O que falta para as igrejas acordarem para a questão ambiental?

Algumas já estão acordando. Já existem muitas iniciativas embrionárias. Mas as igrejas não são diferentes das contradições que existem no mundo.

Esse despertamento da questão ambiental é muito recente. Nos últimos trinta anos, essa militância foi se ampliando cada vez mais e agora ela chega também às igrejas. Parece uma incoerência quando a gente diz que ama o Criador e não respeita a criação. A gente levou muito tempo para fazer essa ligação de respeito com a natureza, de respeito à vida, de respeito a outras formas de existência, de um uso cuidadoso dos recursos naturais. Leonardo Boff diz que ficamos muito presos a Gênesis 1.28 — "dominai [a Terra]" — e nos esquecemos de Gênesis 2.15, que diz que Deus colocou o homem no jardim para o cultivar e guardar. Eclesiastes diz que é melhor uma mão cheia com tranquilidade do que duas mãos cheias com aflição de espírito. Já era uma espécie de prenúncio do desenvolvimento sustentável. Quisemos encher as duas mãos e agora estamos vivendo várias aflições de espírito, por não usar adequadamente os recursos naturais. Eu acho melhor uma mão cheia de paz e tranquilidade.

A ministra Dilma Rousseff disse recentemente que sofre preconceito por ser mulher na política. A senhora tem uma experiência parecida?

Ela disse isso no contexto em que foi acusada de usar a máquina pública. Agora, eu acho que a gente tem de ter muito cuidado ao se colocar no lugar de vítima. Se há um desrespeito à lei, não se pode usar essa história do preconceito como escudo. Senão você banaliza o próprio preconceito. Se eu fizer uma coisa errada, e as pessoas me criticarem, não posso me escudar na condição de mulher para reivindicar o direito de ficar errando porque sou mulher. Se há preconceito, e ele existe em relação às mulheres, não posso utilizá-lo para ficar me vitimizando e continuar fazendo as coisas erradas. Então, alguém me critica e digo: "Ah, é porque eu sou mulher"? É uma banalização que não é pertinente.

A senhora disse recentemente que é preciso dar fim ao ciclo de FHC e Lula...

A gente tem de entender a história como processo. Acho que o Brasil acumulou coisas boas e coisas negativas nos últimos dezesseis anos.

Os acertos precisam ser reconhecidos: conseguimos estabilizar a democracia e consolidá-la; fizemos a estabilização econômica e, além dessa estabilidade, a distribuição de renda e justiça social. São coisas que devem ser preservadas. Tivemos aí a contribuição do sociólogo e a do operário. Mas a história não para por aí, e ainda bem que não. E eu não tenho dúvida de que o grande passo a ser dado na história do Brasil é a nova visão de modelo, saindo da visão de desenvolvimento predatório para o uso sustentável. Saúde, educação, emprego, moradia, mas sem a destruição do meio ambiente — que não venhamos a destruir as bases naturais do nosso desenvolvimento, nossas florestas, nossos recursos hídricos e a fertilidade das terras por processos de erosão e desertificação. O mundo está numa crise de proporções inimagináveis. É uma crise civilizatória, e a humanidade vai ter de fazer um movimento consciente para não inviabilizar as possibilidades de vida na Terra. Um aumento de dois graus Celsius na média de temperatura do planeta pode inviabilizar todo o resto. Então, cada país, cada governante, tem de estar comprometido com essa agenda — sobretudo, combatendo o aquecimento global e impedindo as mudanças climáticas.

Se eleita presidente, como lidaria com essas questões?

Qualquer governo terá que integrar as duas coisas: os acúmulos positivos herdados da economia do século XX e as possibilidades inéditas que começam a surgir da economia verde do século XXI. Essa economia nova não nega os avanços positivos que acumulamos à custa da degradação ambiental, mas também não tem como permanecer no mesmo caminho. Vai ter de se reelaborar e repensar como produzir, como consumir, com um questionamento mais profundo. O senador Cristovam Buarque [PDT-DF] chama esse momento de esquina ética ou esquina civilizatória. Estamos diante dela, e como diz Chesterton, não podemos colocar a modéstia no lugar errado. Ele afirma que a modéstia se deslocou para o lugar da convicção. Não podemos ser modestos na convicção de que devemos, sim, proteger os recursos naturais. Um grande ensinamento vem do patriarca Abraão, que plantou uma árvore não para ele, mas para as gerações que viriam.

A polarização entre desenvolvimentistas e ambientalistas não inviabiliza esse processo?

A sociedade primeiro acolhe a ideia, e isso já está acontecendo no Brasil. As pesquisas mostram que as pessoas preferem pagar mais para proteger a floresta. Isso é uma energia fantástica! Nenhum governo poderia desperdiçar uma energia como essa. [O sanitarista] Oswaldo Cruz teve de chamar o Exército para obrigar as pessoas a tomar a vacina contra varíola, no início do século passado. Hoje, 95% das pessoas querem vacinar o planeta contra a destruição. Isso não vai acontecer sem conflitos ou tensões, mas a luta ambiental foge ao padrão do modelo clássico esquerda/direita. É um espaço de integração. A pessoa de direita precisa de água potável, e a de esquerda e a de centro também. Todos vão precisar de terra fértil e de ar puro. Talvez seja o momento de uma integração generosa dos esforços, para que lá na frente possamos pontuar novamente nossas diferenças.

Se a senhora sair mesmo como candidata de um partido pequeno como o PV à Presidência da República, vai viver uma espécie de luta de Davi contra Golias, não é mesmo?

Sim, eu vou continuar fazendo questão de não usar a armadura de Saul.

(4) Discurso de Marina na Convencão Nacional do PV que lançou sua candidatura à Presidência da República.

Companheiros, companheiras, podem se sentar. Muito obrigada. Obrigada às minhas crianças e aos idosos. Em primeiro lugar, quero agradecer a Deus por estarmos aqui, e agradecer de antemão a todos os que estão aqui e os que nos acompanham pela internet — são milhares, neste momento, no Brasil e em vários lugares do mundo. Cumprimento, de um modo especial, meu querido amigo, companheiro que aceitou o desafio de junto comigo estar nessa jornada rumo à Presidência da República Federativa do Brasil, Guilherme Leal. Muito obrigada, Guilherme. Essa sua falta de jeito com a política só aumenta nosso respeito por quem é e pelo que vai fazer como político, junto comigo, lá na Presidência da República.

Quando se vê um empresário muito tinhoso, muito acostumado à linguagem da política, é porque está nela há muito, mas talvez de forma repetida. Quem faz política com "P" maiúsculo não treina como falar, apenas faz como gostaria de ver os políticos fazendo. Foi isso o que você fez. Obrigada, Guilherme. O Guilherme fez uma fala muito bonita dizendo que, na lógica do século XX, nós não teríamos nos encontrado. De fato ele tem razão. Mas eu queria aqui fazer uma revelação: o empresário Guilherme Leal, que achamos sempre que é paulista, é filho de paraenses, comedor de açaí. Então, nosso encontro também está nas origens, também está nas raízes que alimentam esse nosso coração.

Quero cumprimentar o presidente do meu partido, nosso companheiro Luiz França Penna. Muito obrigada, Penna. Vocês, do Partido Verde, que construíram esse partido durante esses 24 anos, para que hoje pudéssemos ser recebidos, partidários e não partidários, nesta festa que é de todos os brasileiros. Cumprimento, de modo especial, uma pessoa que para mim é muito significativa, altamente significativa: meu pai, o velho Pedro Agostinho. Fique de pé, papai. Fique de pé um pouquinho, papai, sr. Pedro Augusto da Silva. Obrigada, papai, muito obrigada por você estar aqui. Quero cumprimentar esse homem, ele é responsável na origem por tudo o que está acontecendo. Lembra, papai? "Pai, vou estudar porque meu sonho é ser freira." "Você quer ir agora ou na semana que vem?" Se você não tivesse essa visão, essa cabeça, esse coração, eu hoje não estaria ocupando este lugar. Então, você, na origem, junto com todos aqueles que me ajudaram e a força do nosso Deus, também é responsável por isso.

Agradeço à minha querida família, ao meu sogro, sr. Paulo, que está aqui junto com minha sogra, dona Neide, que virou uma quase mãe — perdi minha mãe aos catorze anos. Daí ser tão difícil esse homem ter deixado sua segunda filha — a mais velha já havia se casado —, deixar seus seis irmãos e ir para essa abençoada aventura que nos faz estar aqui.

Agradeço ao meu marido Fábio, à minha filha Shalom, ao meu filho Danilo, à minha filha Moara, à minha filha Maiara. Vocês são a principal assistência e sustentação de tudo o que sou, de tudo que faço. Obrigada por esse amor, por esse cuidado e, podem ter certeza, por essa doação — essa é uma família que se doa para que esse "palitinho", em plena forma, esteja se colocando neste lugar de mantenedora de utopias. Agradeço às minhas irmãs Lúcia e Dóia, que estão aqui representando as outras seis irmãs. Somos sete irmãs. Ao meu irmão Arleir, o único homem da família e, por isso, um sofredor no meio de mulheres tão fortes. É um sobrevivente. Agradeço aos meus sobrinhos presentes, o Eudes, o Tiago, o André, a Andréia, enfim, a todos eles. Eles vieram representar uma família que é enorme — família de nordestinos não para de crescer nunca; é pior do que preá.

Enfim, saúdo meus companheiros de partido, meus companheiros do Partido Verde.

Cumprimento Alfredo Sirkis, que fez esse lindo discurso. Sirkis, muito obrigada, você até agora trouxe essa pré-campanha, como coordenador, e me disse que quando esse período chegasse ao fim você iria assumir essa tarefa no Rio de Janeiro, como coordenador e candidato a deputado federal, e, se Deus quiser, será eleito. Cumprimento meu companheiro, futuro governador do estado do Rio de Janeiro. Sempre digo, meu professor Fernando Gabeira. Obrigada, Gabeira, por você ser quem é. Cumprimento um dos idealizadores persistentes do convite para que eu entrasse no PV, quase inconveniente, meu companheiro candidato ao governo de Pernambuco, [Sérgio] Xavier. Cumprimento as mulheres do Partido Verde na pessoa de minha companheira, Micarla, que fez esse lindo discurso. Obrigada, Micarla. Você é a primeira mulher do Partido Verde de capital da América Latina e do Caribe. Você não é pouca coisa. Marcos Antônio Mroz, meu companheiro Fábio Feldman, que representam, junto com Gabeira, todos os candidatos a governador.

Cumprimento aqueles que entraram no PV junto comigo, simbolicamente representados nas pessoas de Luciano Zica, Adriana Ramos e Pedro Ivo. Agradeço e cumprimento as pessoas que pertencem a outros partidos, que são muitos aqui. Cumprimento o coordenador desta campanha a partir de agora, meu companheiro do Ministério do Meio Ambiente, com trajetórias igualmente diferentes, mas com o mesmo DNA do socioambientalismo: João Paulo Capobianco. Obrigada, Capô. Cumprimento todas as mulheres na pessoa de minha recém-amiga, essa descoberta maravilhosa que cuida do programa de educação, Neca Setúbal. Agradeço a você, Neca, por tudo isso. Ricardo Young, agradeço a você juntamente com o Álvaro, um grupo de empresários que assumiram a sustentabilidade como parte do seu envolvimento de vida empresarial com responsabilidade ambiental, social, colocando a ética como parte do seu fazer empresarial.

Cumprimento meus companheiros da sociedade civil, associações, sindicatos, associações não governamentais. Cumprimento também aqueles que representam o mundo acadêmico; os gestores públicos, na pessoa do Eduardo Jorge. Agradeço a presença de todos os trabalhadores e trabalhadoras, profissionais liberais, à juventude tão bem representada aqui pelo idealizador do Movimento Marina Silva, Eduardo Rombauer. Obrigada, Dudu. Você, como todo jovem, tem a ousadia de antecipar o futuro. Agradeço aos intelectuais na pessoa de dr. Paulo Sandroni, Eduardo Viola, José Eli da Veiga, Beto Ricardo e tantos outros que não tenho como mencionar.

Agradeço e cumprimento todas as crianças que me homenagearam — inclusive aquele jovem que sentou na cadeira do vice-presidente, já colocando a que ele veio, na pessoa do Daniel, filho do Carlos Vicente, do Ives e da Iara. Quero cumprimentar todas as crianças. Uma saudação especial às pessoas que não estão presentes, mas que igualmente são importantes na minha vida: o bispo dom Moacir Grecchi, alguém que foi responsável não só por muito do que aprendi na política, mas pela minha própria sobrevivência quando me ajudou a salvar a vida.

Quero agradecer meus pastores, o pastor Sóstenes Apolo e a pastora Valnice, a pastora Eliana, na pessoa deles, os que me dão sustentação, apoio espiritual e que me ensinaram que neste país laico, a grande bênção é sermos um Estado laico, para que possamos respeitar todos os que têm crença, todos os que têm crença diferente e todos aqueles que não têm. Isso é, de fato, uma grande conquista da nossa democracia. Por último, saúdo os 190 milhões de brasileiras e brasileiros, de todos os lugares, de todas as cores, de todas as raças, de todas as formas e de todas as graças deste Brasil diverso que temos, e que nos dá orgulho de sermos brasileiros.

Meus irmãos e irmãs, estamos aqui para um desafio, um desafio que deve em primeiro lugar colocar quais são as referências que me trazem e que nos fazem chegar até aqui. Não quero, Gabeira, Sirkis, Guilherme, meus companheiros e companheiras, fazer um discurso em que vocês não estejam incluídos, os que estão aqui, os que estão nos assistindo e os que ainda vão nos assistir. Baseio-me em alguns referenciais. O primeiro deles — aprendi com o bispo dom Mauro Morelli —, lutar pelos que não são, pelos que não sabem, pelos que não podem, pelos que não têm, para que um dia saibam, possam e tenham.

Outro referencial, penso no da juventude. Sempre digo que os jovens não se envolvem em projeto de poder pelo poder, Shalom, você que é a minha filha mais velha. Os jovens, as crianças se envolvem onde há o cheiro da mudança, da transformação, da transformação responsável baseada em engenharia, processos e estruturas concretas, mas que não abrem mão de sonhar para ver mudar o futuro que a gente quer cada vez melhor para nossos filhos e netos. Eu quero agradecer a essa juventude que me trouxe até aqui, como sendo os primeiros a terem sonhado com essa ideia, Guilherme, de termos hoje uma candidatura. Este projeto está em cima de alguns pontos — não posso deixar de fazer primeiro, como professora de ensino médio, como sempre faço, uma contextualização.

Por isso, vou partir do Brasil que hoje temos, um Brasil que não precisa olvidar suas conquistas, mas também não precisa fazer uma apologia cega delas, esquecendo que ainda temos muitos desafios e que ainda temos muitos erros a serem corrigidos. Temos de reconhecer que o Brasil dos últimos anos foi capaz de grandes conquistas, a começar pela conquista da democracia, vinte anos de democracia reconquistada e estabilizada na realidade do Brasil, dezesseis anos em que este país tem lutado por estabilidade econômica e conseguiu fazer com que tivéssemos uma situação de controle da inflação, em que a crise que atravessamos, ainda que tenha nos afetado, não nos abalou. E estamos de pé, crescendo cerca de 9% em relação ao ano passado, e com uma perspectiva boa de crescimento, ainda que ele precise ser ressignificado para que não continuemos no mesmo diapasão do desenvolvimento pelo desenvolvimento, do crescimento pelo crescimento.

Essa é uma conquista que não podemos esquecer. Temos de lembrar que temos uma sociedade civil que foi capaz de se tornar rigorosa, capaz de cobrar, capaz de apresentar propostas, de ajudar a implementá-las e de corrigi-las quando não estão no rumo certo.

Essa sociedade civil, eu diria, cresceu juntamente com os formadores de opinião e foi capaz de construir algo nesses últimos trinta anos que irá surpreender a si mesma e ao Brasil; surpreenderá principalmente aqueles que ficaram com a velha política, com uma única forma de tentar dar resposta para a vida das pessoas e para o Brasil.

Temos ainda outra conquista: a redução da pobreza. Vinte e cinco milhões de pessoas saíram da linha da pobreza nesses últimos oito anos. Isso não é muita coisa, não é pouca coisa. Não preciso, em hipótese alguma, porque sou candidata agora por outro partido, em outra articulação, negar esse feito e essa grande conquista do operário Luiz Inácio Lula da Silva, que quebrou o paradigma. Antigamente se dizia: é preciso crescer para depois distribuir o bolo. Lula mostrou que foi distribuindo que continuamos e que crescemos. Então, essa conquista não pode ser olvidada.

Eu não poderia deixar de falar do que eu disse, os desafios, os problemas, os erros ainda a serem corrigidos. Quais são eles? O erro da desigualdade e de falta de oportunidades. Este país gigante ainda tem 18% dos seus jovens analfabetos. Sei o que é ser analfabeto, o que é ver pela metade, escutar pela metade; sei o que é ter chegado a Rio Branco, com dezesseis anos, Guilherme, e ficar mais de vinte minutos olhando para um lado, olhando para o outro, para perguntar qual era o ônibus que ia para a Estação Experimental. Por que eu estava perguntando e por que eu tinha vergonha de fazer essa pergunta? A placa dizia Estação Experimental, mas para quem não sabia ler, a placa e nada eram a mesma coisa. Tomei coragem e perguntei para um vendedor de rua: qual é o ônibus que se pega para ir à Estação Experimental? Obviamente, ele me olhou, sabendo que pela minha indumentária, pelas minhas mãozinhas sujas da fumaça de fazer o látex, que fica preta como um carvão, ele sabia que eu era uma menina analfabeta do seringal.

Este país ainda tem desigualdade de oportunidades e 18% dos seus jovens analfabetos. Este país ainda está com estagnação da qualidade do ensino. Quarenta por cento das crianças que entram no ensino fundamental não conseguem chegar até a oitava série. Precisamos superar esse desafio. Justiça seja feita. Hoje temos a possibilidade de 100% das nossas crianças irem para a escola, mas a escola precisa ser criativa, produtiva, precisa valorizar os professores, precisa dar formação continuada, precisa valorizá-los econômica e simbolicamente para que sintamos orgulho de dar aulas. Esse desafio ainda não foi superado no Brasil. Ainda temos um país que dilapida seu imenso patrimônio natural. São milhões e milhões de hectares de florestas destruídas, são cem milhões de hectares de terras de áreas degradadas. Isso precisa ser corrigido, além de outras mazelas de que precisamos cuidar.

Este é o momento em que, em vez de olharmos para a floresta, para a biodiversidade, para os recursos hídricos, para as áreas que já foram degradadas, assumimos o compromisso de, com os empresários, com os trabalhadores, com os cidadãos, com os cientistas, com os servidores públicos deste país, com os jovens e com todos os que se dispõem, recuperar esse prejuízo.

As pessoas estão discutindo no Congresso como flexibilizar o Código Florestal para perdoar quarenta milhões de hectares de áreas devastadas ilegalmente. Não queremos isso para o Brasil. Não podemos nos esquecer de dar uma resposta para isso. Quando estamos aqui para reconhecer os acertos, temos de estar também para reconhecer os erros e os grandes desafios que temos pela frente.

Por último, em termos de desequilíbrio, temos um mundo em que as grandes cidades vivem um verdadeiro caos urbano. É só pensar em como mora a maioria dos pobres, sujeitos a todo tipo de sofrimento, de falta de segurança e ainda vendo sua vida ser ceifada nos momentos das chuvas e das enchentes, pelos desastres ambientais; nas pessoas que, como foi dito, para chegarem ao trabalho levam horas e, para voltar para casa, para o repouso, para o local de estudar, levam o mesmo ou mais de tempo. Temos um desafio com as cidades: o da mobilidade, o de termos um ambiente saudável, em que uma política séria de cuidado e de combate aos graves problemas da insegurança ambiental façam com que olhemos para os problemas que estão acontecendo hoje no Brasil não como naturais, porque em 2007 cerca de dois milhões e meio de pessoas foram afetadas pelas chuvas e pelos desabamentos. Em 2009, foram cinco milhões e meio. Dá para continuar tratando isso como um problema natural? Não dá. É falta de prevenção, é falta de estratégia, é falta de ética e de visão para proteger essas pessoas que vivem em condições tão frágeis.

Feito o diagnóstico, eu gostaria de abordar mais algumas questões. Reiteramos várias vezes que estamos juntos pelo Brasil que queremos. Gostei muito desse nosso ***slogan*** ("Juntos pelo Brasil que queremos"), dessa nossa frase convocatória. Por que gostei? As pessoas têm cobrado a mim e ao Guilherme, dos nossos apoiadores de campanha, enfim, dos nossos simpatizantes, que não temos política de aliança — pensando as políticas de aliança apenas como o velho cálculo pragmático. Quem tem mais palanque, quem tem mais recursos, quem acha que tem mais votos porque se sente dono dos votos. Façamos um acordo, uma aliança e vamos dizer para o povo: fique em casa, que agora vamos debater o que interessa a nós e, no dia 3 de outubro, vocês votem naqueles que decidirmos serem os melhores para vocês. Não temos esse tipo de aliança. Queremos sim fazer alianças com os núcleos vivos da sociedade, com os empresários, com os jovens, com as mulheres, com os idosos, com os índios, com os negros, com todos os brasileiros e brasileiras.

Este palanque está dividido em duas partes, e, no meio, há um sanduíche. Isso é um símbolo. Não adianta achar que vai olhar só para trás, não tem como olhar só para a frente. É preciso olhar para trás e para a frente ao mesmo tempo. Para trás para aprender com os erros do passado e para consolidar as conquistas desse passado; para a frente, para não repetir os erros e para conquistar aquilo que ainda não foi conquistado. Por isso que, simbolicamente, estamos assim. Não há como olhar só para o passado ou só para o futuro. Tem de ser para as duas coisas. E isso é perfeitamente possível.

Por que estamos aqui, homens, mulheres, jovens, todos? Gostei muito de ter aqui meu amigo Leonardo Boff. Obrigada, Leonardo, sei o sacrifício que fez para vir aqui; veio de aviãozinho. O Tiago — esses dois homens de barba branca, de cabelos brancos, vieram nos prestar um pouco de suas sabedorias e alegrias, com a espiritualidade, a filosofia e a poesia.

Temos aqui todas as coisas. Temos aqueles que põem a mão na mó e sabem dela tirar o pó do mais fino trigo para alimentar este país, como é o empresário Guilherme Leal. Estamos ricos dessa diversidade. Nossa aliança é de novo tipo. Por isso, estarmos "juntos pelo Brasil que queremos" é muito importante. O Brasil da economia de baixo carbono. Um dia desses, um jornalista brincou comigo: tem-se de fazer um dicionário, o "marinês". Fizeram até uma matéria muito engraçada sobre essa estória do "marinês". Mas se não criarmos o novo na linguagem, na cultura, nos processos e nas estruturas, vamos ficar no mesmo lugar. É por isso que o mundo inteiro fala de economia de baixo carbono. O que é isso? É uma economia que não tem de ter tanta emissão de CO_2 para poder produzir a energia, o arroz, o feijão; para poder fazer com que o ônibus chegue até seu trabalho. A economia de baixo carbono é aquela que é capaz de produzir mais utilizando e destruindo cada vez menos os nossos recursos naturais.

Este é o Brasil que queremos. Um Brasil que tenha uma educação de qualidade, que seja colocada como a prioridade das prioridades. Como já falei anteriormente, isso é para mim um compromisso visceral de vida — hoje estou aqui graças a Deus, aos que me ajudaram e à educação. Ela precisa ser mais do que um direito, precisa ser uma força alavancadora da economia, alavancadora do conhecimento, da inovação, da tecnologia, do que faz melhorar o presente e sonhar que o futuro pode ser cada vez melhor. Isso a gente consegue com a educação. Sei que precisamos continuar enfrentando as desigualdades. Os 25 milhões que saíram da linha da pobreza já é um grande feito. Sei disso porque fui vice-presidente da Comissão de Combate à Pobreza e conheci os lugares mais pobres deste país. Foi ali que começou a surgir o Bolsa Família. Hoje tenho a felicidade de ter o economista Ricardo Paes de Barros — que não está presente porque é quinta-feira e ele está trabalhando no Ipea — liderando um programa social que chamamos Programa Social de Terceira Geração, que cria oportunidades para que todos possam desenvolver suas potencialidades. Todos nós as temos; o que nos faltam são as oportunidades.

Graças às frestas da educação que minha vida mudou; graças à educação de qualidade que um filho de classe média paulista, vindo de uma boa universidade federal, a USP, tornou-se um dos empresários mais prósperos do Brasil. Isso não se constitui ainda uma regra. Foi uma exceção. Não estamos aqui exibindo nossas trajetórias para dizer como dizem os conservadores, os reacionários: "Olha como nós vencemos. Se for trabalhador, se for interessado, se não for preguiçoso, vai vencer." Isso não é verdade: é uma agulha no palheiro que passa por essa fresta. Ele, com o FGTS dele, na garagem da casa dele — olha, gente, cuidado, não vão todos sair sacando todo o FGTS e botando uma empresa de cosméticos na garagem para não acabar com o cabelo dos outros por aí. Tem uma ciência por trás disso. É só uma brincadeira.

É isso que fez nossas trajetórias se encontrarem agora: igualdade de oportunidades para as pessoas, política social de terceira geração. Saímos da cesta básica, fomos para um bom programa de transferência de renda e agora vamos para um bom programa que mobiliza a sociedade brasileira, porque, junto com essa política, terá que vir outro tipo de Estado, sair da ideia de Estado provedor, que faz as coisas para as pessoas, para um Estado mobilizador, que faz as coisas com as pessoas. Não é fazer para os pobres; é com os pobres que temos de fazer.

O Bolsa Família está nos ensinando isso; vamos aprofundar aquilo que chamamos de programa de terceira geração. Queremos ser um Brasil próspero, um Brasil sustentável em todas as suas dimensões — na sua dimensão econômica, social, cultural, política; na sua dimensão ética e na sua dimensão estética, por que não dizer?

Quero homenagear, na pessoa do Hélio e do André Danilo, a diversidade cultural deste país. Não temos de ter medo da diversidade, da liberdade de ideias, da liberdade de expressão, mas a expressão de todas as ideias, para que não incorramos no erro de que o que pode se expressar são apenas algumas ideias. Todas as ideias devem ser respeitadas, debatidas democraticamente.

As diretrizes do programa de governo que temos — não vou cansar vocês; há uma publicação que todos receberão — ainda não é o programa, são apenas as diretrizes. A partir daqui vamos abrir um grande debate. Os meios modernos de comunicação permitem que possamos — mais do que em nossas reuniões partidárias, do grupo técnico, nas quais os economistas, os educadores e as pessoas que estão ajudando a fazer o programa de governo, como Tarso, Sandroni, Neca e tantos outros — participar sugerindo ideias, inclusive como fez o presidente Obama, não é? Temos uma inspiração nessa aprendizagem.

Vou citar apenas as diretrizes: política cidadã, baseada em princípios e valores, é o primeiro ponto; educação para a qualidade de vida, para formar cidadãos e cidadãs de uma sociedade que cada vez mais se organiza em rede; economia sustentável, fazendo com que juntemos o melhor da tradição ao melhor da modernidade, para dar as respostas, para produzir o emprego, a habitação, a energia, a infraestrutura, a arte e a cultura do Brasil que a gente quer; terceira geração de programas sociais. Qualidade de vida e bem-estar para todos os brasileiros.

Meus companheiros e companheiras, estou fazendo uma mistura desse roteiro para fugir da tentação de ler, porque as diretrizes estão muito bem-organizadas, muito benfeitas — Sirkis e Capô lideraram esse processo, juntamente com Tasso, Pedro Leitão e tantos outros, mas para honrar o compromisso de vocês fiz uma negociação com o roteiro, atendendo a um apelo do Sirkis que diz o tempo todo: "Pelo amor de Deus, não leia, faça um discurso de improviso." Confesso que se eu fosse ler seria mil vez pior do que aconteceu com meu amigo Guilherme Leal, que muito corretamente disse para vocês que está se iniciando. Quero mais é agradecer.

Quem vem de onde vim, quem tem registrado na alma, no corpo, na memória, tantas coisas, tantas histórias, já fica agradecida só por estar aqui olhando para vocês. Enquanto falavam nossos apoiadores, simbolizando nossa aliança, fiquei pensando: que convenção comportada! Parece que estamos em uma sala de conferência. Vem o Hélio e faz a conferência dele, vem o Leonardo, o André Danilo, o Álvaro, o Dudu, a Neca, todos que falaram aqui. Depois vem uma segunda bateria, aqueles que fazem uma espécie de conferência política, e aí entra o Gabeira, o Sirkis, a Micarla, o Guilherme e agora eu. Por que será?

Que coisa maravilhosa! Geralmente nas convenções é um barulho danado; as pessoas nem querem ouvir o que os candidatos estão dizendo; basta levantar a bandeira, basta aplaudir. Vocês estão prestando atenção, estão mais do que vendo, estão percebendo, estão mais do que escutando, estão compreendendo a urgência e a emergência de que este Brasil não pode mais ser adiado para amanhã. Ele começa agora. É por isso que não vamos aceitar o veredicto do plebiscito. Não há veredicto. Ele vai ser revogado pelo povo brasileiro, vai se entregar por inteiro ao Brasil que a gente quer. Muito obrigada. Para esta cabocla, já é muita coisa.

Companheiros, vou concluir. Eu havia perguntado para meus assessores: o que é um discurso razoável? Eles disseram: trinta minutos. Eu disse: quarenta minutos. Eles disseram: cinquenta. E eu já estou com medo de ter passado. Não quero descumprir o trato, porque esse auditório é alugado e tem horário para acabar. Obrigada por estarem aqui.

Fico olhando, [Sérgio] Xavier, aquela Marina gordinha que foi para o carnaval com samba no pé, não sei como conseguiu rebolar, não tenho tantas reservas cambiais como ela, mas espero que todos vocês me emprestem suas reservas — alguns até têm demais, cuidado —, sua força, sua energia. O pessoal diz: vocês não têm muito dinheiro. Eu disse: não custa caro um palanque no coração. Um palanque no coração faz com que o palhaço suba aqui e faça seu improviso, criando uma situação, Zequinha. Eu queria aqui dizer, na tua pessoa e do nosso líder, o Edson Duarte, que vocês têm feito uma luta de gigantes na defesa do Código Florestal. Obrigada, Zequinha, obrigada Fábio Feldmann, por vocês terem colocado o artigo 225 que protege os rios, as florestas, a terra, o ar, e tudo o que nela há.

O Brasil, nos últimos dezesseis anos, teve a oportunidade de ter como Presidente da República duas pessoas profundamente marcadas por suas vidas e trajetórias públicas.

O primeiro, um sociólogo bem-sucedido, um homem filho da cátedra brasileira que se dispôs a servir o país num trincado e difícil terreno da política, onde poucos sobrevivem à velha lógica da "dita" e da "desdita", mas com o Plano Real pôde dizer muita coisa, além do que precisamos corrigir, aquilo que precisa ser de fato desdito.

O segundo, um operário. Sobrevivente das mazelas do Brasil e de si mesmo, que se dispôs, a partir de suas próprias raízes, a alimentar e sustentar por mais de duas décadas o Brasil, com esperanças e sonhos, até ver a mesa posta das realidades mais expostas em dúvidas, acertos e erros. Esses foram os presidentes Lula e Fernando Henrique, que não tenho problema de reconhecer e criticar.

Fiquei no Governo durante cinco anos, nunca fiz um discurso fácil para o presidente dizendo "sim, senhor, sim, senhor" quando eu achava que o prejudicava e prejudicava o Brasil, e prejudicava aquilo que são os interesses estratégicos da gestão pública. Mas nunca me neguei a construir as melhores soluções para ajudá-los a fazer com que o Brasil saísse de 27 mil quilômetros quadrados de floresta devastada para sete mil no ano passado. Agradeço por ter feito parte desse governo.

Não posso deixar de dizer para vocês que estou aqui sem uma dorzinha no coração. É claro que estou. Sei que neste momento está tendo a convenção do Jorge, do Tião, dos meus companheiros de luta. Peço a Deus que eles continuem vitoriosos. Estamos separados momentaneamente, mas vamos nos encontrar no segundo turno, se Deus quiser. Eu disse que este país foi marcado pela trajetória de dois homens, um da cátedra e o outro da luta operária, que simbolizam a democracia brasileira. Quero agora falar para vocês uma coisa que fiz, para terminar aqui. Que marcas o povo brasileiro quer que tenha o próximo presidente ou a futura presidenta do Brasil? Que marcas deve ter? Essa resposta, por inteiro, só o povo brasileiro poderá dizer, quando terminarem as eleições.

Não podemos ser ansiosos, não temos como entrar no coração do povo, deixemos que ele se encante, se aquebrante, faça de novo tudo novo e dê a resposta no final das eleições. Enquanto o povo debate, dialoga, converge, diverge, se afasta, se junta e coliga, permitam só que, no afã de ajudarem suas decisões, lhes diga: Que marcas trago no peito? Que marcas trago nas mãos? Que marcas trago da condição feminina? Que marcas trago do chão? Que marcas trago das matas? Que marcas trago das atas, dos registros, dos porões? Que marcas trago em meus olhos e em meus sonhos, vontade, medo e paixões? Que marcas trago das cidades de encontro e separação? Que marcas trago da fé de quem crê para ver o quão este Brasil será gigante também pelas nossas mãos?

Por fim, que o coração que o povo brasileiro quer ver dirigindo a República Federativa do Brasil, a partir do dia 1° de janeiro de 2011, seja o coração dos 190 milhões de brasileiros guiados por suas próprias decisões. Essas marcas, esses registros, é o que quero que levem desta convenção.

Eu te agradeço, Guilherme, porque você está aqui. Concluo, dando um testemunho: tenho um amigo muito importante, é quase um irmão, meio filho, meio-irmão, o Binho, o governador do Acre. O Binho, o Fábio, meu marido, conhece muito bem, trabalha com ele, é seu secretário. Ele foi uma pessoa muito importante na minha vida. Era um menino de classe média alta e eu uma menina igrejeira da comunidade de base que me vestia mal. Achavam que eu me vestia mal, eu me achava a maior charmosa, nos meus vestidinhos de chita que minha mãe fazia e achava que eu era tão bonita, mas o pessoal achava que eu era feia.

O Binho me pegou pela mão e me ensinou a transitar em lugares que eu não conseguia entrar sozinha, me ajudou a comprar os livros, me trazia para os congressos de juventude, essas coisas que o Eduardo e o pessoal aqui continuam fazendo. Agradeço imensamente a tudo o que me ensinou.

Estou aqui agora, com 52 anos. A exemplo do que Binho fez, lá no passado, quando me ensinou o que era música popular brasileira, sentou no chão comigo, botou o disco e foi me ensinar os vários gêneros de música do Brasil, porque eu só conhecia o forró e a música caipira. Foi o mediador cultural para mim.

Agora estou aqui com um novo mediador cultural, aos 52 anos, o empresário Guilherme Leal. Estamos fazendo esse par político. Ele está me ensinando muitas coisas, diz que está aprendendo muito comigo, mas a maior aprendizagem que temos é a aprendizagem com o Brasil. Estou muito feliz de estarmos aqui.

Que cada um de vocês possa levar o compromisso de estarmos juntos pelo Brasil que queremos. Que cada um que está nos assistindo pela internet possa assumir o compromisso pelo Brasil que queremos. Que cada homem, que cada mulher de fé possam rezar; os que não têm, que possam torcer para que a gente consiga fazer com que, no dia 1° de janeiro de 2011, o Brasil possa ter a primeira mulher negra, de origem pobre, presidente da República Federativa do Brasil. Um grande abraço, um beijo no coração de vocês.

(5) O documento que Marina Silva e o Partido Verde encaminharam aos presidenciáveis Dilma Rousseff e José Serra, no segundo turno, e que serviu de base ao nosso diálogo, exclusivamente programático, com ambas as candidaturas, e a resposta por escrito de Dilma e do PSDB.

Agenda Verde para um Brasil justo e sustentável.

Transparência e ética

• Não instituição de qualquer mecanismo de tutela ou controle sobre a liberdade de imprensa.

• Transparência das informações sobre execução orçamentária do governo federal, disponibilizando na internet dados primários do Sistema Integrado de Administração Financeira do Governo Federal (Siafi), permitindo o acompanhamento da execução dos contratos e dos processos decisórios, inclusive dos conselhos de governo e agências reguladoras.

Reforma eleitoral

• Encaminhamento ao Congresso de reforma política, com adoção do voto distrital misto, lista cívica e financiamento público de campanhas.

Educação para a sociedade do conhecimento

• Elevação do investimento em educação do setor público para 7% do PIB, priorizando novos investimentos na direção da universalização do acesso à pré-escola e à creche.

• Eliminação do analfabetismo entre jovens de quinze a trinta anos até 2014 e erradicação do analfabetismo até 2018.

• Valorização dos professores da rede pública na sua remuneração, acesso universal a computador e internet, programas de aperfeiçoamento, formação continuada e fóruns democráticos para aprimoramento de currículos e métodos pedagógicos.

• Viabilização, nos primeiros seis meses de governo, da aprovação no Congresso da Lei de Responsabilidade Educacional e a criação do Sistema Nacional de Educação.

Segurança pública

• Programa de subsídios à manutenção na escola ou em curso técnico profissionalizante de todos os jovens em situação de risco.

• Fundo Nacional de Segurança para complementar os salários dos policiais civis e militares, de forma a garantir sua dedicação exclusiva à segurança pública.

• Encaminhar, no prazo de seis meses, PEC para reforma do modelo policial brasileiro.

Mudanças climáticas, energia e infraestrutura

• Agência reguladora independente para a Política Nacional de Mudanças Climáticas.

• Publicação de estimativas anuais de emissões de gases de efeito estufa (GEEs) no Brasil e, a cada três anos, seu inventário completo.

• Estabelecimento de indicadores de intensidade de emissões de GEEs na economia brasileira, com suas metas de redução previstas em lei, tornando-as obrigatórias.

• Aumento em 10%, até 2014, da participação das energias renováveis na matriz energética brasileira.

• Fim dos leilões de energia para novas termoelétricas movidas a óleo diesel ou carvão mineral.

• Inclusão efetiva da sociedade civil no Conselho Nacional de Política Energética.

• Supressão do IPI sobre fabricação de veículos elétricos e híbridos.

• Estabelecimento de um Plano Nacional Decenal de Infraestrutura, compatível com as metas de redução de emissões de GEEs.

• Moratória de novas usinas nucleares ainda não autorizadas pelo Congresso Nacional.

• Criação do Sistema Nacional de Prevenção e Alerta sobre Desastres Naturais, incluindo publicação anual de mapa de áreas vulneráveis a desastres naturais.

• Painel científico independente para monitorar a segurança na exploração do pré-sal.

• Universalização do acesso à banda larga em todo o Brasil.

• Plano de geração de empregos verdes na transição para economia de baixo carbono.

• Cumprimento das condicionantes socioambientais em relação ao projeto Belo Monte.

Seguridade social: saúde, assistência social e previdência

• Comprometimento de 10% do orçamento federal para saúde, conforme previsto na emenda 29/2000 e sua regulamentação no Congresso Nacional, em 2011.

• Programa Saúde da Família (PSF) para, pelo menos, 80% da população brasileira até 2014, com redução de três mil para dois mil do número de pessoas atendidas por cada equipe.

• Carreira para os integrantes do PSF feita de forma solidária entre governos federal, estaduais e municipais.

• Aumento para 75% dos domicílios com acesso à rede de esgoto, e pelo menos 50% com tratamento do esgoto coletado, até 2014, com vistas à universalização do serviço até 2020.

• Implantação da rastreabilidade e da rotulagem de alimentos transgênicos.

• Programas sociais de terceira geração, contemplando a inclusão produtiva como desdobramento dos programas de transferência de renda.

Proteção dos biomas brasileiros

• Desmatamento zero de vegetação nativa primária e secundária, em estágio avançado de regeneração, em todos os biomas brasileiros, ressalvadas situações de premente interesse público.

• Veto a propostas de alteração do Código Florestal que reduzam áreas de reserva legal, preservação permanente ou promovam anistia a desmatadores.

• Implementação da meta de 10% dos biomas brasileiros incluídos em unidades de conservação.

• Apresentação de Plano Nacional para Agricultura Sustentável.

Gasto público de custeio e Reforma Tributária

• Limitação da expansão dos gastos de custeio do governo federal à metade do crescimento do PIB.

• Proposta de reforma tributária nos seis primeiros meses de governo contemplando:

— Simplificação e restrição drástica da regressividade dos impostos.

— Informação clara ao consumidor do valor dos impostos na composição dos preços de produtos e serviços que adquira.

— Revisão da tributação, incentivos e renúncias fiscais, de acordo com impacto sobre o meio ambiente e intensidade de emissões de GEEs.

— Redução substancial dos cargos comissionados de livre provimento.

Política externa

• Política externa orientada pela promoção da paz, da liberdade, da democracia e do respeito aos direitos humanos.

Fortalecimento da diversidade socioambiental e cultural

- Conclusão da demarcação e da homologação das terras indígenas e criação de fundo para apoiar projetos indígenas e das demais populações tradicionais.

- Implementação do Sistema Nacional de Cultura, ampliando seu orçamento e promovendo a descentralização dos recursos e das políticas culturais.

- Combate a toda forma de discriminação racial, sexual e religiosa.

Respostas das campanhas Dilma e Serra à Agenda Verde

1 - Resposta da campanha Dilma

Transparência e ética

O Governo atual tem-se empenhado em garantir a mais absoluta liberdade de imprensa no país, posição com a qual me encontro pessoal e partidariamente comprometida.

Por outro lado, as avançadas medidas de transparência de informações sobre a execução orçamentária e de contratos deverão ser aprofundadas com rapidez nos próximos anos.

Reforma eleitoral

Tenho dito que este tema é fundamental para o amadurecimento da democracia no país. Sendo questão a ser tratada no âmbito do Congresso Nacional, considero que a Presidência da República não deve estar alheia ao tema. Penso que, sobre a maior parte das questões, estamos de acordo, e que a forma definitiva que deve assumir a reforma política tem de ser resultado de amplo acordo envolvendo o bloco de sustentação do Governo, partidos que nele não estejam incluídos e, igualmente, as oposições.

Educação para a sociedade do conhecimento

Manifestamos nosso acordo com todos os pontos deste item.

Segurança pública

Em sintonia com o sentimento da sociedade brasileira, temos dado especial atenção aos temas da segurança. Temos insistido — na contramão de outras propostas — que a segurança pública não se esgota nas ações repressivas, mas deve ser complementada por políticas públicas em regiões onde o Estado esteve e ainda está ausente. No plano puramente repressivo, defendemos o fortalecimento de ações de inteligência e o emprego de modernas tecnologias. O Governo Lula instituiu, no âmbito do Pronasci, a Bolsa Protejo, que beneficia jovens em processo de formação. Concordamos que a melhor remuneração dos policiais é fundamental para garantir a dedicação exclusiva a suas funções. Um primeiro passo foi dado a partir de 2008, com a instituição da Bolsa Formação, que beneficiou desde sua criação mais de 350 mil policiais. A necessidade indiscutível de um piso nacional de remuneração para policiais tem de ser objeto de um pacto entre a União, os estados e os municípios. Essas e outras questões deverão ser objeto de uma PEC a ser enviada no menor prazo possível, consultados os entes federativos. Meu programa prevê a revisão do modelo atual de segurança pública e a institucionalização de um Sistema Único de Segurança Pública.

Mudanças climáticas, energia e infraestrutura

Expressando nossa concordância com a maior parte dos pontos contidos neste item, considero que há questões que devem ser objeto de aprofundamento e/ou negociação.

É o caso da criação de uma Agência Reguladora para a Política Nacional de Mudanças Climáticas. Mas temos acordo quanto à necessidade de um arcabouço institucional capaz de coordenar, implementar e monitorar iniciativas nesse setor.

A supressão do IPI sobre a fabricação de veículos elétricos e híbridos deve ser compatibilizada com nossa produção de etanol e nossa capacidade de geração elétrica. Pode-se propor política tributária diferenciada para veículos e outros bens que emitam menos GEE.

A proposta de moratória sobre a criação de novas centrais nucleares exige aprofundamento à luz das necessidades estratégicas de expansão de nossa matriz energética.

Seguridade social: saúde, assistência social e previdência

Há concordância com todos os itens, com ressalva quanto à redução, no curto prazo, da população de referência para o PSF, pois implicaria aumentar as necessidades de profissionais além de uma capacidade imediata de resposta do sistema.

Proteção dos biomas brasileiros

Nosso programa dá ênfase à proteção dos biomas nacionais. Por essa razão, estamos de acordo com a meta de incluir 10% dos biomas brasileiros em unidades de conservação. A proposta de desmatamento de vegetação nativa primária e secundária em estado avançado de regeneração merece precisão. Estamos de acordo sobre a prioridade de proteção da amazônia, do pantanal, do cerrado e da mata atlântica, dentro de uma estratégia ambientalmente sustentável de ocupação e uso do solo e inclusão social.

Da mesma forma, é nossa prioridade a ação consistente na recuperação de áreas degradadas, a exemplo do Programa Palma de Óleo, na Amazônia.

Consideramos excelente a proposta de um Plano Nacional para a Agricultura Sustentável.

Sobre o Código Florestal, expresso meu acordo com o veto a propostas que reduzam áreas de reserva legal e preservação permanente, embora seja necessário inovar em relação à legislação em vigor. Somos totalmente favoráveis ao veto à anistia para desmatadores.

Gasto público de custeio e Reforma Tributária

Estamos de acordo com todos os itens.

Consideramos necessário afastar-nos de um conceito conservador de custeio, que traz embutida a noção de Estado mínimo. A eficiência do Estado está ligada à qualificação dos servidores públicos. Daremos prioridade ao provimento de cargos com funcionários concursados.

Política externa

Há acordo total com o expresso no documento.

Enfatizamos a necessidade de garantir presença soberana do Brasil no mundo, de fortalecer os laços de solidariedade com os países do Sul, em especial os da América Latina, com os quais compartilhamos história e valores comuns e estamos ligados pela necessidade de defesa de um patrimônio ambiental comum. Defendemos, igualmente, a necessidade de lutar pela reforma e pela democratização dos organismos multilaterais.

Fortalecimento da diversidade socioambiental e cultural

Pretendo dar continuidade e profundidade às políticas que foram seguidas neste campo pelo governo do Presidente Lula.

2 - Resposta da campanha de José Serra

O PSDB constata grande convergência entre o programa de governo do partido e as propostas do PV apresentadas em dez pontos para análise da candidatura de José Serra como plataforma de entendimento para o segundo turno destas eleições presidenciais.

As sugestões do PV mostram não apenas identidade com nossas diretrizes programáticas, mas também apresentam coerência com nossa prática política conforme demonstrado especialmente no estado de São Paulo.

O desenvolvimento democrático e sustentável aproxima as agendas políticas do PSDB e do PV, tanto na teoria quanto na prática. A ousadia da lei paulista de mudanças climáticas e o arrojo nas políticas de defesa ambiental foram implementadas em São Paulo contando com a participação do PV, aliado de José Serra desde a prefeitura.

A elaboração de um programa de governo comum poderá ser rapidamente concretizada a partir da definição partidária do PV esperada neste domingo próximo. O recém-eleito senador por São Paulo, Aloysio Nunes, e o coordenador da Proposta Serra, Xico Graziano, estão orientados a aprofundar os entendimentos prévios já mantidos na data de hoje, que resultaram na concordância sobre a agenda proposta, com as seguintes ponderações e suposições básicas.

a- Convergir nos itens da reforma eleitoral, visando substituir o voto nominal-proporcional pelo voto distrital e reduzir o custo das campanhas.

b- Promover a valorização profissional dos policiais civis e militares, de modo a que eles possam se dedicar exclusivamente às funções policiais, levando em conta as condições peculiares de cada Estado e considerando a futura criação do Ministério da Segurança Pública.

c- Analisar mais detidamente o quadro da oferta e demanda de energia no país para viabilizar o aumento da renovabilidade na matriz energética.

d- Convergir as propostas que propiciem vantagens tributárias a processos e produtos ambientalmente sustentáveis.

e- Veto à anistia aos desmatadores e definição das áreas de preservação ambiental, assegurando a manutenção das áreas de agricultura consolidadas e produtivas, especialmente aquelas dos pequenos produtores familiares no campo.

f- Reformas no sistema tributário nacional que simplifiquem o sistema, diminuam a regressividade dos impostos e reduzam os impostos sobre investimentos estratégicos.

(6) Entrevista de Sirkis ao *Terra Magazine*, sobre a discussão programática com PT e PSDB

Sirkis esclarece as circunstâncias da discussão em torno da Agenda Verde de dez pontos e 42 itens, apresentada pelo PV aos candidatos do PT e do PSDB.

O vice-presidente nacional do PV, Alfredo Sirkis, não está otimista com a sobrevivência das propostas que o partido sugeriu às campanhas do PT e do PSDB neste segundo turno das eleições presidenciais.

Os coordenadores das campanhas de Dilma Rousseff (PT) e José Serra (PSDB) à Presidência apresentaram documentos mostrando pontos de concordância com as ideias verdes, mas para Sirkis eles foram estimulados pelo "desespero" da véspera da eleição. O PV se declarou independente neste segundo turno, o que, diz o dirigente, deixou os outros partidos "levemente insatisfeitos".

"Neste último debate, por exemplo, a questão ambiental ficou completamente de lado. Ou seja, não assimilam, não dão importância. Quer dizer, concordam com o nosso programa à mira de escopeta?"

Sirkis criticou as propostas dos dois partidos, mas atacou especialmente o documento apresentado pela campanha do tucano José Serra, cujo programa é coordenado por Xico Graziano. No Twitter, Graziano chamou Sirkis de "arrogante" depois que o verde afirmou que as propostas do PSDB pareciam "feitas nas coxas".

Outros nomes importantes do PV, como Fernando Gabeira e Fábio Feldmann, declararam, nesta segunda (18), apoio a Serra. O fato era esperado e já vinha causando uma expectativa de que o partido tenderia a favorecer o tucano. "Nas reuniões, me fizeram pensar: 'ah, esses caras estão achando que a gente está no papo'", contesta Sirkis. Apesar do confessado desconforto, Sirkis diz que não foi esse o fator determinante para que o PV optasse pela independência, mas sim uma perspectiva de fortalecer o partido e a ex-candidata Marina Silva para 2014.

Leia a entrevista na íntegra.

***Terra Magazine*: Como o senhor avalia a recepção que teve a posição do PV de se declarar independente neste segundo turno?**

Sirkis: Eu acho que está sendo muito bom, inclusive a mídia deu um tratamento favorável, que remete a gente ao futuro e fala de 2014. As pessoas entendem que essa opção tem a ver com o futuro. Por outro lado, os militantes do partido que não são presidentes dos estados, o presidente nacional e o vice-presidente, podem se posicionar individualmente. O que também oferece um campo de participação.

Acho que Marina ficou bem preservada. Eu acho que ficou tudo muito redondinho. Eu estava apreensivo no final do primeiro turno, tinha uma grande apreensão de a gente se desagregar por conta de divisões em torno de qual candidato apoiar.

Eu acho que a questão foi equacionada com grande sabedoria. Acho que a gente saiu bem dessa história. Havia um risco de problema, mas a gente acabou fortalecido.

Houve conversas com as campanhas tanto do PT quanto do PSDB, que se comprometeram a incluir questões ambientais nos programas dos candidatos.

***Terra Magazine*: Depois dessa decisão, será que essas campanhas vão se sentir decepcionadas e deixar de incorporar essas questões?**

Sirkis: Não, porque a gente não colocou para eles que aquilo era condição dentro de um processo de adesão. A gente colocou claramente que aquilo eram coisas diferentes, que nossa decisão ia ser tomada em cima de uma análise política de conjuntura e de uma análise política de o que é que representam esses dois candidatos.

O programa era uma proposta que a gente estava fazendo para elevar o nível do debate do segundo turno e para confrontá-los em relação a questões que nós achamos importantes, das quais a questão ambiental fazem parte. Na verdade, o programa contemplava educação, saúde, segurança e outros aspectos. Mas a gente nunca disse que iria optar por um partido como se fosse uma prova de múltipla escolha, por quem mais acertasse questões. E o compromisso que eles estão assumindo, em relação aos pontos que eles disseram concordar, é um compromisso perante a imprensa, perante os eleitores.

***Terra Magazine*: Pelo Twitter, o coordenador do programa de José Serra comentou isso. Escreveu: "PV queria apoio às teses deles. Mas não se comprometiam a apoiar ninguém. Pior, menosprezaram nossas ideias. Não é estranho?!"**

Sirkis: O Xico Graziano não entendeu direito o espírito da coisa, razão pela qual talvez eles tenham mandado um documento tão fraquinho. A gente tem uma análise do segundo turno, do que representam essas candidaturas e o que é o interesse do PV a longo prazo.

Colocamos o programa para abrir o diálogo. Nunca falamos "se vocês aceitarem até aqui, nós apoiamos". Até porque o compromisso com programa em época de eleição é muito relativo. Qual garantia eles dão de que cumprirão? No desespero, você promete qualquer coisa. Ainda mais do jeito que está o negócio, muito apertado.

As duas respostas apresentaram restrições, mas eu acho que o PT foi mais longe na concordância com alguns pontos. E o documento escrito do PT foi um pouco mais apropriado ao que nós estávamos fazendo que o do PSDB, que foi uma coisa meio genérica. A impressão que dá é que eles levaram menos a sério o processo do que o PT.

***Terra Magazine*: É curioso o senhor dizer isso porque muitos apontaram uma aproximação entre o PV e o PSDB, justamente pela posição de Fernando Gabeira ou de Fábio Feldmann.**

Sirkis: Talvez até por causa disso. Eles achavam que "ah, isso daí é uma mera formalidade".

Nas reuniões, me fizeram pensar: "Ah, esses caras estão achando que a gente está no papo e cumprindo uma mera formalidade." Não estavam nem se esforçando para entender o que a gente está propondo em relação a uma série de pontos.

***Terra Magazine*: Isso teve influência na decisão do PV ter se declarado independente?**

Sirkis: Não... Não teve, mas poderia eventualmente ter sido significativo. Por acaso, não teve.

Na verdade a gente nunca esperou uma adesão total ao programa. Achamos que o fato de eles terem concordado com uma porção de coisas já é satisfatório. Mas isso não era nosso único critério. Por respeito aos dois, a gente acha que nenhum dos dois é tão ruim ao ponto de justificar que a gente vote no outro só para ele não ganhar. A gente considera que ambos são pessoas dignas, com uma trajetória limpa, com grandes contribuições na luta pela democracia no Brasil e dentro de um espectro ideológico social-democrata.

Então a gente parte do princípio da não desqualificação e do não maniqueísmo.

Agora, por outro lado, nós achamos que ambos estão dentro de um sistema de alianças por forças retrógradas da política brasileira que travam seus aspectos mais progressistas.

Ambos estão num sistema de alianças com forças que se opõem a muitas das bandeiras que o Partido Verde levanta. É gozado os e-mails que chegam. Eu recebo e-mail de gente do lado de Dilma que diz: "Bom, mas você não vai ficar do lado da Kátia Abreu (DEM-TO), do Abelardo Lupion (DEM-PR) e mais um vilão desses aí..."

Aí eu recebo outro dizendo: "Não, você não vai ficar do lado do Jader Barbalho (PMDB-PA) e do Fernando Collor (PTB-AL)." A gente está rejeitando esse maniqueísmo e essa agressividade, essa coisa destrutiva que está predominando no segundo turno.

Você vê, neste último debate, por exemplo, a questão ambiental ficou completamente de lado. Ou seja, não assimilam, não dão importância. Quer dizer, concordam com nosso programa à mira de escopeta?

***Terra Magazine*: O senhor falou que as propostas de programa do PT foram um pouco mais longe. Mas havia um ponto de tensão com relação às mudanças no Código Florestal, que parte do PT apoiou.**

Sirkis: O PT aceitou a questão do Código Florestal de uma forma mais completa que o PSDB, que fez uma série de ressalvas. Agora, o que pegou mesmo foi a qualidade dos dois documentos. O documento do PT não é nenhuma Brastemp, mas ele ali contempla e discute os pontos. O documento que o PSDB entregou para a gente é um troço absolutamente político, genérico e dá a impressão de ter sido feito em cima do joelho, nas coxas. É um negócio feito apressadamente, com gafes. No caso do Código Florestal, o PT concordou com a não anistia aos desmatadores, preservação da reserva legal e áreas de proteção permanente, embora tenha de haver inovação. Já o PSDB falou uma coisa no papo e no papel ficou confuso. Colocaram uma série de considerações sobre as áreas de proteção permanente que não ficou claro aonde queriam chegar. E não mencionaram reserva legal. Acho que houve uma atitude negligente por parte de quem fez os documentos do PSDB, talvez por uma suposição de que haveria uma maioria a favor deles, quando na verdade já estava acordado praticamente desde o primeiro turno que a melhor posição política para o PV era marchar sozinho. O PT aceitou melhor isso.

***Terra Magazine*: Por quê?**

Sirkis: No fundo, acho que os dois tinham de ficar felizes. A pior coisa que poderia acontecer a Dilma seria o PV apoiar Serra, e a pior coisa que poderia acontecer a Serra seria Marina apoiar Dilma. Eu acho que os dois ficarem levemente insatisfeitos com nossa decisão é melhor para eles. Acho que, se eles pensarem bem, é a melhor solução para eles também.

(7) Carta aberta de Marina Silva a Dilma Rousseff e José Serra lida na convenção do segundo turno.

Prezada Dilma Roussef, Prezado José Serra,

Agradeço inicialmente a deferência com que ambos me honraram ao manifestar interesse em minha colaboração, e a atenção que dispensaram a propostas e ideias contidas na ***Agenda para um Brasil justo e sustentável***, que nós, do Partido Verde, lhes enviamos neste segundo turno das eleições presidenciais de 2010.

Embora seus comentários à Agenda mostrem afinidades importantes com nosso programa, gostaríamos que avançassem em clareza e aprofundamento no que diz respeito aos compromissos. Na verdade, entendemos que somos o veículo para um diálogo de ambos com os eleitores a respeito desses temas. Nesse sentido, mantemo-nos na posição de mediadores, dispostos a continuar colaborando para que esse processo alcance os melhores resultados.

Aos contatos que tivemos e aos documentos que compartilhamos, acrescento esta reflexão, que traz a mesma intenção inicial de minha candidatura: debater o futuro do Brasil.

Quero afirmar que o fato de não ter optado por um alinhamento neste momento não significa neutralidade em relação aos rumos da campanha. Creio mesmo que uma posição de independência, reafirmando ideias e propostas, é a melhor forma de contribuir com o povo brasileiro.

Já disse algumas vezes que me sinto muito feliz por, aos 52 anos, estar na posição de mantenedora de utopias, como os brasileiros que inspiraram minha juventude com valores políticos, humanos, sociais e espirituais. Hoje vejo que utopias não são o horizonte do impossível, mas o impulso que nos dá rumo, a visão que temos, no presente, do que será real e terreno conquistado no futuro.

É com esse compromisso de maturidade pessoal e política e com a tranquilidade dada pelo apreço e respeito que tenho por ambos que ouso lhes dirigir estas palavras.

São Paulo, 17 de outubro de 2010

Quando olhamos retrospectivamente a história republicana do Brasil, vemos que ela é marcada pelo signo da dualidade, expressa sempre pela redução da disputa política ao confronto de duas forças determinadas a tornar hegemônico e excludente o poder de Estado. Republicanos ***versus*** monarquistas, UDN ***versus*** PTB, MDB ***versus*** Arena e, agora, PT ***versus*** PSDB.

Há que se perguntar por que PT e PSDB estão nessa lista. É uma ironia da História: dois partidos nascidos para afirmar a diversidade da sociedade brasileira, para quebrar a dualidade existente à época de suas formações, se deixaram capturar pela lógica do embate entre si até as últimas consequências.

Ambos, ao rejeitarem o mosaico indistinto representado pelo guarda-chuva do MDB, enriqueceram o universo político brasileiro, criando alternativas democráticas fortes e referendadas por belas histórias pessoais e coletivas de lutas políticas e de ética pública.

Agora, o mergulho desses partidos no pragmatismo da antiga lógica empobrece o horizonte da inadiável mudança política que o país reclama. A agressividade de seu confronto pelo poder sufoca a construção de uma cultura política de paz e o debate de projetos capazes de reconhecer e absorver com naturalidade as diferentes visões, conquistas e contribuições dos diferentes segmentos da sociedade, em nome do bem-comum.

A permanência dessa dualidade destrutiva é característica de um sistema político que não percebe a gravidade de seu descolamento da sociedade. E que, imerso no seu atraso, não consegue dialogar com novos temas, novas preocupações, novas soluções, novos desafios, novas demandas, especialmente por participação política.

Paradoxalmente, PT e PSDB, duas forças que nasceram inovadoras e ainda guardam a marca de origem na qualidade de seus quadros, são hoje os fiadores desse conservadorismo renitente que coloniza a política e sacrifica qualquer utopia em nome do pragmatismo sem limites.

Esse pragmatismo, que cada um usa como arma, é também a armadilha em que ambos caem e para a qual levam o país. Arma-se o eterno embate das realizações factuais, da guerra de números e estatísticas, da reivindicação exclusivista de autoria, quase sempre sustentada em interpretações reducionistas da história.

Na armadilha, prende-se a sociedade brasileira, constrangida a ser apenas torcida quando deveria ser protagonista, a optar por pacotes políticos prontos que pregam a mútua aniquilação.

Entendo, porém, que o primeiro turno de 2010 trouxe uma reação clara a esse estado de coisas, um sinal de seu esgotamento. A votação expressiva no projeto representado por minha candidatura e de Guilherme Leal sinaliza, sem dúvida, o desejo de um fazer político diferente.

Se soubermos aproveitá-la com humildade e sabedoria, a realização do segundo turno, tendo havido um terceiro concorrente com quase 20 milhões de votos, pode contribuir decisivamente para quebrar a dualidade histórica que tanto tem limitado os avanços políticos em nosso país.

Essa etapa eleitoral cria uma oportunidade de inflexão para todos, inclusive ou principalmente para vocês que estão diante da chance de, na Presidência da República, liderar o verdadeiro nascimento republicano do Brasil.

Durante o primeiro turno, quando me perguntavam sobre como iria compor o governo e ter sustentação no Congresso Nacional, sempre dizia que, em bases programáticas, iria governar com os melhores de cada partido. Peço que vejam na votação concedida à candidatura do PV algo que ultrapassa meu nome e que não se deixem levar por análises ligeiras.

Esses votos não são uma soma indistinta de pendores setoriais. Eles configuram, em seu conjunto, um recado político relevante. Entendo-os como expressão de um desejo enraizado no povo brasileiro de sair do enquadramento fatalista que lhe reservaram e escolher outros valores e outros conteúdos para o desenvolvimento nacional.

Quem tentou desqualificar principalmente o voto evangélico que me foi dado, não entendeu que aqueles com quem compartilho os valores da fé cristã evangélica vão além da identidade espiritual. Sabem que votaram numa proposta fundada na diversidade, com valores capazes de respeitar os diferentes credos, quem crê e quem não crê. E perceberam que procurei respeitar a fé que professo, sem fazer dela uma arma eleitoral.

Os exemplos de cristãos como Martin Luther King e Nelson Mandela e do hindu Mahatma Ghandi mostram que é possível fazer política universal com base em valores religiosos. São inspiração para o mundo.

Não há por que discriminar ou estigmatizar convicções religiosas ou a ausência delas quando, mesmo diferentes, nos encontramos na vontade comum de enfrentar as distorções que pervertem o espaço da política. Entre elas, a apropriação material e imaterial indevida daquilo que é público, seja por meio de corrupção ou do apego ao poder e a privilégios; a má utilização de recursos e de instrumentos do Estado; e o boicote ao novo.

Assim, ao contrário de leituras reducionistas, o apoio que recebi dos mais diversos setores da sociedade revela uma diferença fundamental entre optar e escolher. Na opção entre duas coisas prepostas e excludentes, o cidadão vota "contra" um lado, antes mesmo de ser a favor de outro. Na escolha, dá-se o contrário: o voto se constrói na história, na ampliação da cidadania, na geração de novas alternativas em uma sociedade cada vez mais complexa.

A escolha agora estende-se a vocês. É a atitude de vocês, mais que o resultado das urnas, que pode demarcar uma evolução na prática política no Brasil. Podemos permanecer no espaço sombrio da disputa do poder pelo poder ou abrir caminho para a política sustentável, que será imprescindível para encarar o grande desafio deste século, que é global e nacional.

Não há mais como se esconder, fechar os olhos ou dar respostas tímidas, insuficientes ou isoladas às crises que convergem para a necessidade de adaptar o mundo à realidade inexorável ditada pelas mudanças climáticas. Não estamos apenas diante de fenômenos da natureza.

O megafenômeno com o qual temos de lidar é o do encontro da humanidade com os limites de seus modelos de vida e com o grande desafio de mudar, de recriar sua presença no planeta não só por meio de novas tecnologias e medidas operacionais de sobrevivência, mas por um salto civilizatório, de valores.

Não se trata apenas de ter políticas ambientais corretas ou incentivar os cidadãos a rever seus hábitos de consumo. São necessários nova mentalidade, novo conceito de desenvolvimento, parâmetros de qualidade de vida com critérios mais complexos do que apenas o acesso crescente a bens materiais.

O novo milênio que se inicia exige mais solidariedade, justiça dentro de cada sociedade e entre os países, menos desperdício e menos egoísmo. Exige novas formas de explorar os recursos naturais, sem esgotá-los ou poluí-los. Exige revisão de padrões de produção e um fortíssimo investimento em tecnologia, ciência e educação.

É esse, em síntese, o sentido do que chamamos de Desenvolvimento Sustentável e que muitos, por desconhecimento ou má-fé, insistem em classificar como mera tentativa de agregar mais alguns cuidados ambientais ao mesmo paradigma vigente, predador de gente e natureza.

É esse mesmo Desenvolvimento Sustentável que não existirá se não estiver na cabeça e no coração dos dirigentes políticos, para que possa se expressar no eixo constitutivo da força vital de governo. Que para ganhar corpo e escala precisa estar entranhado em coragem e determinação do estadista. Que será apenas discurso contraditório se reduzido a ações fragmentadas logo anuladas por outras insustentáveis, emanadas do mesmo governo.

E, finalmente, é esse o Desenvolvimento Sustentável cujos objetivos não se sustentarão se não estiver alicerçado na superação da inaceitável, desumana e antiética desigualdade social. Essa é ainda a marca mais resistente da história brasileira em todos os tempos, em que pesem os inegáveis avanços econômicos dos últimos dezesseis anos, que nos levaram à estabilidade econômica, e das recentes conquistas sociais que tiraram da linha da pobreza mais de 24 milhões de pessoas e elevaram à classe média a cerca de trinta milhões de pessoas.

A sociedade, em sua sábia intuição, está entendendo cada vez mais a dimensão da mudança e o compromisso generoso que ela implica, com o país, com a humanidade e com a vida no planeta. Os votos que me foram dados podem não refletir essa consciência como formulação conceitual, mas estou certa de que refletem o sentimento de superação de um modelo. E revelam também a convicção de que o grande nó está na política, porque é nela que se decide a vida coletiva, se traçam os horizontes, se consolidam valores ou a falta deles.

Essa perspectiva não foi inventada por uma campanha presidencial. Os votos que a consagram estão sendo gestados ao longo dos últimos trinta anos no Brasil, desde que a luta pela reconquista da democracia juntou-se à defesa do meio ambiente e da qualidade de vida nas cidades, no campo e na floresta.

Parte importante da nossa população atualizou seus desafios, desejos e perspectivas no século XXI. Mas ainda tem de empreender um esforço enorme e muitas vezes desanimador para ser ouvida por um sistema político arcaico, eleitoreiro, baseado em acordos de cúpula, castrador da energia social, que é tão vital para o país quanto todas as energias de que precisamos para nosso desenvolvimento material. Estou certa de que estamos no momento ao qual se aplica a frase atribuída a Victor Hugo: "Nada é mais forte do que uma ideia cujo tempo chegou."

O segundo turno é uma nova chance para todos. Para candidatos e coligações comprometerem-se com propostas e programas que possam sair das urnas legitimados por um vigoroso pacto social entre eleitos e eleitores. Para os cidadãos, que podem pensar mais uma vez e tornar seu voto a expressão de uma exigência maior, de que a manutenção de conquistas alie-se à correção de erros e ao preparo para os novos desafios.

Mesmo sem concorrer, estamos no segundo turno com nosso programa, que reflete as questões aqui expostas. Essa é nossa contribuição para que o processo eleitoral transcenda os velhos costumes e acene para a sustentabilidade política que almejamos.

Como disse, ousei trazer a vocês essas reflexões, mas não como formalidade ou encenação política nesta hora tão especial para o país. Foi porque acredito que há terreno fértil para levarmos adiante este diálogo. Sei disso pela relação que mantive com ambos ao longo de nossa trajetória política.

De José Serra, guardo a experiência de ter contado com sua solidariedade quando, no Senado, precisei de apoio para aprovar uma inédita linha de crédito para os extrativistas da Amazônia e para criar subsídio para a borracha nativa. Serra dispôs-se a defender em plenário a proposta porque havia o risco de ser rejeitada caso eu a defendesse.

Com Dilma Roussef, tenho mais de cinco anos de convivência no governo do presidente Lula. E, para além das diferenças que marcaram nossa convivência no governo, estas não impediram que houvesse de sua parte uma atitude respeitosa e uma disposição para a parceria, como aconteceu na elaboração do novo modelo do setor elétrico, na questão do licenciamento ambiental para petróleo e gás e em outras ações conjuntas.

Estou me dirigindo a duas pessoas dignas, com origem no que há de melhor na história política do país, desde a generosidade e o desprendimento da luta contra a ditadura na juventude até a efetividade dos governos de que participaram e participam para levar o país a avanços importantes nas duas últimas décadas.

Por isso me atrevo, seja quem for assumir a Presidência da República, a chamá-los a liderar o país para além de suas razões pessoais e projetos partidários, trocando o embate por um debate fraterno em nome do Brasil. Sem esconder as divergências, vocês podem transformá-las no conteúdo do diálogo, ao compartilhar ideias e propostas, instaurando na prática uma nova cultura política.

Peço-lhes que reconheçam o dano que a política atrasada impõe ao país e o risco que traz de retrocessos ainda maiores. Principalmente para os avanços econômicos e sociais, que a sociedade brasileira, com justa razão, aprendeu a valorizar e preservar.

Espero que retenham de minha participação na campanha a importância do engajamento dos jovens, adolescentes e crianças, que lhes ofereçam espaço de crescimento e participação. Que acreditem na capacidade dos cidadãos e cidadãs em desejar o novo e mostrar essa vontade por meio do seu voto. Que reconheçam na sociedade brasileira uma sociedade adulta, o que pressupõe que cada eleitor escolha o melhor para si e para o país e o expresse, de forma madura, livre e responsável, sem que seu voto seja considerado propriedade de partidos ou de políticos. Pois, como repeti inúmeras vezes no primeiro turno, o voto não era meu, nem de Dilma, nem de Serra. O voto é e sempre será do eleitor e de sua inalienável liberdade democrática.

Esta é minha contribuição, ao lado das diretrizes de programa de governo, que são um retrato do amadurecimento de quase trinta anos de construção do socioambientalismo no Brasil. Espero que a acolham como ela é dada, com sinceridade. A utopia, mais que sinal de ingenuidade, é mostra de maturidade de um povo cujo olhar eleva-se acima do chão imediato e anseia por líderes capazes de fazer o mesmo.

Que Deus continue guiando nossos caminhos e abençoando nossa rica e generosa nação.

Marina Silva

Produção editorial
Ana Carla Sousa
Frederico Hartje

Revisão
Rayana Faria

Diagramação
Leandro B. Liporage

Organização e direção de arte
Ana Borelli

Foto de capa
Cacá Meirelles

Capa
Luxdev / Giselle Macedo

Todos os esforços possíveis foram feitos para determinar a autoria das fotografias utilizadas neste livro. Qualquer eventual omissão não foi intencional e pedimos para que os autores entrem em contato, para que sejam devidamente creditados na próxima impressão.

Este livro foi impresso em maio de 2011, pela
Ediouro Gráfica, para a Editora Nova Fronteira.
A fonte usada no miolo é IowanOldSt BT, corpo 10.5/14,5.
O papel do miolo é reciclato 90g/m², e o da capa é cartão 250g/m².